Beck's Archäologische Bibliothek

Herausgegeben von Hans von Steuben

Beck's Archäologische Bibliothek

Bereits erschienen:

Peter C. Bol
Antike Bronzetechnik

Antje Krug
Heilkunst und Heilkult

Ingeborg Scheibler
Griechische Töpferkunst

Olaf Höckmann

Antike Seefahrt

Ellen Machamo

Verlag C.H. Beck München

Mit 135 Abbildungen

CIP-Kurztitelaufnahme der Deutschen Bibliothek

Höckmann, Olaf:
Antike Seefahrt / Olaf Höckmann. – München:
Beck, 1985.
   (Beck's Archäologische Bibliothek)
ISBN 3 406 30463 X

ISBN 3 406 30463 X

Einbandentwurf: Bruno Schachtner, Dachau
Umschlagbild: Dionysos' Meerfahrt. 6. Jh. v. Chr.;
Staatliche Antikensammlung
© C. H. Beck'sche Verlagsbuchhandlung (Oscar Beck), München 1985
Gesamtherstellung: C. H. Beck'sche Buchdruckerei, Nördlingen
Printed in Germany

Inhaltsverzeichnis

Manche sagen: Heere von Reitern, andere: Fußvolk,
andere: Schiffe seien der dunklen Erde Schönstes.

Sappho

Vorwort

Das Stichwort „Antike" erweckt primär Assoziationen aus dem Bereich kultureller Leistungen. Man denkt an Statuen oder edle Gefäße, an Tempel und eine fremde Götterwelt, an Literatur und Wissenschaft, vielleicht an Ereignisse der Alten Geschichte. Dieses Bild ist einseitig; es erfaßt nur fertige Ergebnisse, nicht den dorthin führenden Weg. Dafür ein Beispiel: im 6. Jh. v. Chr. wird der ionische Dichter Anakreon, vor den Persern nach Thrakien geflohen, dort so berühmt, daß ihn der Tyrann Polykrates an seinen Hof nach Samos zieht. Nach dessen Tod durch die Perser lädt Peisistratos den Dichter nach Athen ein und läßt ihn sogar mit einem Kriegsschiff aus Samos abholen: Anakreons Dichterruhm hatte sich schon im ganzen Griechenland verbreitet. Entfernungen waren schon zu dieser frühen Zeit kein unübersteigbares Hindernis mehr; man wußte, was rings in der Welt vorging, und kam selbst weit herum.

Damit wären wir beim Thema dieses Buches. Denn der Verkehr, zumal der Fernverkehr, verlief im Altertum weitgehend über See. Er setzt eine leistungsfähige Schiffahrt voraus, und das keineswegs nur für die Berufsreisen weithin begehrter Künstler wie Theodoros. Viel nachhaltiger war die Wirtschaft auf den Güterverkehr zur See angewiesen. Und die Bevölkerung von Weltstädten wie Athen, Rom und Konstantinopel konnte nur auf diesem Wege versorgt werden.

Zum Schutz der Seewege und als Machtinstrument sui generis haben die antiken Staaten Kriegsflotten unterhalten, und immer wieder sind Kapitel der Weltgeschichte buchstäblich mit Schiffsschnäbeln – technisch korrekt: mit Rammspornen – geschrieben worden.

Das Buch will versuchen, einen knappen Überblick über die Seefahrt der Antike, ihre Entwicklung und Bedeutung für Wirtschaft, Staat und Kultur des Altertums zu geben. Ich habe mich bemüht, besonders die wichtigen Neufunde der letzten Jahre anzusprechen, die zum Teil unser Bild vom antiken Schiffsbau wesentlich verändern. – Beim Nachweis von Literatur in den Anmerkungen mußte ich mich auf die Nennung zeitloser Standardwerke und der jeweils neuesten Beiträge beschränken: von ihnen aus läßt sich die Forschungsgeschichte erschließen. Für Abkürzungen und Sigel sei auf das Verzeichnis S. 189 verwiesen.

Es erschien mir ratsam, griechische Worte mit Betonungszeichen zu versehen. Sie sollten nicht mit den Akzenten in dieser Sprache, wie sie dem Humanisten geläufig sein dürften, verwechselt werden.

Die Institute und Firmen, denen ich Abbildungsvorlagen und Publikationserlaubnisse verdanke, sind in den Bildnachweisen genannt. Umzeichnungen wurden in der Regel von mir selbst ausgeführt.

Für vielfältige Hilfe, die für mich als Außenseiter besonders wertvoll war, habe ich vor allem den nachfolgend Genannten zu danken: F. Brommer, Maria Bruskari, I. Carradice, O. Crumlin-Pedersen, D. Djafar-Zadeh, D. Ellmers, F. Foerster Laures, A. Göttlicher, F. J. Hassel, E. Künzl, K. Painter, Dorothea Renner, St. Steingräber, D. van Berchem, D. Viereck, F. W. von Hase, C. K. Williams sowie ganz besonders meiner Frau. Dem Herausgeber, Professor H. von Steuben, und dem Verlag bin ich nicht zuletzt für die Geduld dankbar verbunden, die sie den Verzögerungen beim Abschluß des Manuskripts – eine Folge meiner Verwicklung in die Ausgrabung und Auswertung der spätrömischen Schiffe von Mainz, die sich aus der Arbeit an diesem Buch ergab – entgegengebracht haben.

Ich widme das Buch meinen Schwiegereltern.

Mainz, den 22. März 1984   *Olaf Höckmann*

Historischer Überblick

Vorgeschichtliche Zeit

Die Natur hat den Menschen dazu bestimmt, ein Landbewohner zu sein, und gewiß wird er in den ersten Jahrhunderttausenden seiner Existenz dem Meer nicht anders gegenübergestanden haben als Landtiere: neugierig vielleicht, einem erfrischenden Bade nicht abgeneigt – aber ohne Ehrgeiz, sich das fremde Element untertan zu machen. Doch 71% der Erdoberfläche werden von den Ozeanen und ihren Randmeeren eingenommen. So mußte unausweichlich einmal der Punkt erreicht werden, von dem an der Mensch ernstlich versuchte, ein neues – aktives – Verhältnis zu diesem Medium zu entwickeln: mit anderen Worten, Mittel und Wege zu finden, die Gewässer zu befahren, um sie für seine Zwecke zu nutzen.

Wann das war, welche künstlichen Schwimm-Hilfen zuerst genutzt wurden, ist unbekannt. Ist schon der Neanderthaler – wie heute der Eingeborene Nordostaustraliens – auf vom Wind gestürzten Baumstämmen, mit den Händen paddelnd, in geschützte Buchten hinausgefahren? Wir wissen es nicht. Erst aus der Frühzeit der heutigen Menschenrasse, aus dem Endpaläolithikum (vor 8000 v. Chr.), liegt ein archäologischer Beweis dafür vor, daß der Mensch gelernt hat, Wasserfahrzeuge zu bauen: es handelt sich um einen aus Rengeweih geschnitzten Spant eines Fellboots, der in Husum gefunden wurde.[1] Die Bauart ist so ausgereift, daß eine gewisse Entwicklung vorausgegangen sein dürfte. Demnach hat der Mensch schon im Endpaläolithikum gelernt, das fremde Element Wasser zu bewältigen, und im Boot das älteste Verkehrsmittel erfunden.

Wenig später wird in der Ägäis deutlich, daß man sich schon regelmäßig aufs Meer hinausgewagt hat. Die Bewohner der Franchthi-Höhle auf der Peloponnes spezialisierten sich bereits im 7. Jt. v. Chr. auf den Thunfischfang, und von der küstenfernen Insel Melos holten sie Obsidian (vulkanisches Glas) als Rohstoff für ihre Steinwerkzeuge heran. Das spricht für die Tüchtigkeit dieser frühen Seefahrer und ist auch der erste Beleg für die enge Wechselbeziehung zwischen Seeverkehr und Wirtschaft. Im 6. Jt. v. Chr. wurden die großen Inseln Zypern und Kreta von neolithischen Bauern kolonisiert, die auf ihren Booten oder Flößen sogar Haustiere mitführen konnten.

Ebenso frühe Seefahrten lassen sich aus Funden in Japan und Taiwan, Portugal und Norwegen erschließen, und wenn nicht ein Zufall die Archäologen täuscht, dürften im Neolithikum sogar Fischer aus Japan, durch die

Meeresströmungen verschlagen, lebend die Küste von Ecuador erreicht haben!

Diese wenigen Beispiele zeigen, daß das Meer für den neolithischen Menschen keine unüberwindliche Sperre mehr war. Es war zu einem Verkehrsweg geworden, dessen man sich regelmäßig bedienen konnte.

Die folgende Entwicklung ist nicht geradlinig verlaufen. Phasen des kühnen Ausgreifens über die bekannten Horizonte hinaus haben mit solchen abgewechselt, in denen die Seefahrt mehr lokalen Interessen gedient zu haben scheint. Am Mittelmeer zeichnet sich im 3. Jt. v. Chr. (Frühe Bronzezeit) erstmals ein lebhafter Fernhandel ab, der sich vor allem auf die Route von Ägypten nach Byblos (im Libanon, dem späteren Phönikien) und die Ägäis konzentriert. Die Handelsgüter sind vielfältig: Libanonzedern, die man in Ägypten als Baumaterial für Großarchitektur und auch für Schiffe importieren mußte, stehen auf der Byblos-Route obenan, doch wurden auch mancherlei Luxusgüter ausgetauscht. Außerdem erwacht zu dieser Zeit ein Hunger nach Metallen (Zinn, Kupfer, Gold, Silber), der offenbar die Bewohner der Kykladen und der nordwestkleinasiatischen Küstenländer zu Prospektionsreisen bis ins ferne Portugal veranlaßt und dort zur Gründung von Metallurgenkolonien geführt hat.[2] Der Schiffstransport wertvoller Güter und ihre Ansammlung in küstennahen Orten scheint bereits im späteren Teil des Jahrtausends den Anstoß zu einem mediterranen Erbübel gegeben zu haben: der Seeräuberei. Doch sind bisher keine Hinweise dafür bekannt, daß aus Goethes untrennbarer Dreiheit von ,,Krieg, Handel und Piraterie" auch der Krieg schon zur See ausgetragen worden wäre.

Auch für das 2. Jt. v. Chr. (Mittlere und Späte Bronzezeit) ist es unsicher, ob es in der Ägäis – abgesehen von der Piraterie – zu Seekämpfen gekommen ist. Die viel späteren griechischen Historiker Herodot und Thukydides geben zwar an, daß der halbmythische Kreterkönig Minos (wohl im 15. Jh. v. Chr.) die Piraten unterdrückt und erstmals eine Seeherrschaft – Thalassokratie – in der Ägäis errichtet hätte,[3] doch ist es höchst unwahrscheinlich, daß dabei schon Kämpfe Schiff gegen Schiff stattgefunden haben. Zwar gab es schon recht schnelle Ruderschiffe, doch scheinen sie hauptsächlich zu überfallartigen Landungsunternehmen nach Piratenart verwendet worden zu sein. Seeschlachten im klassischen Sinne können erst im späteren 2. Jt. für Ägypten, Syrien und das späte Hethiterreich vorausgesetzt werden.

Zur Zeit des Minos scheint Kreta auch eine Handels-Großmacht gewesen zu sein. Doch bald überflügeln die mykenischen Bewohner des griechischen Festlands die Kreter und reißen den einträglichen Luxusgüter-Handel mit Ägypten und der Levante an sich.[4] Wie groß gegen 1200 v. Chr. die Flotten mancher mykenischer Staaten gewesen sind, läßt sich aus dem ,,Schiffskatalog" in Homers Ilias (II, 493 ff.) ersehen: Verbände aus mehreren Dutzenden von Schiffen sind keine Seltenheit. Der Großteil des Heeres reiste auf Langschiffen nach Troja und stellte dabei die Rojermannschaft; doch müssen zum Transport der Streitwagen und der Pferde auch Rundschiffe mitgeführt worden sein. Schiffsdarstellungen sowie Angaben im Archiv des spätmykenischen Palasts von Pylos[5] bestätigen die Bedeutung der Marine im spätbronzezeitlichen Hellas.

Kurz nach dem Troja-Zug geht eine Welle von Verwüstungen über Griechenland hinweg und beschleunigt den Niedergang der mykenischen Kultur- und Staatenwelt. Die Gründe für diese Folge von Katastrophen scheinen vielfältig gewesen zu sein; doch zeigen die Archivakten von Pylos, daß dieser westpeloponnesische Staat unmittelbar vor seinem Ende einen Angriff von See her erwartete. Die Angreifer – vielleicht nichtmykenische „Barbaren" aus dem Adriagebiet – waren erfolgreich. Es läßt sich vermuten, daß sie zu den „Seevölkern" gehören, die zur fraglichen Zeit am Zusammenbruch des Hethiterreiches und der syrischen Staaten beteiligt sind und erst vor den Toren Ägyptens durch den Pharao Ramses III. in einer Land- und einer Seeschlacht (Abb. 21) zurückgeschlagen werden. Ihre Schiffe vertreten einen Typ mit symmetrischen Enden, der in der Ägäis fremd wirkt, besonders auf Zypern aber die folgende Entwicklung beeinflußt zu haben scheint.

Der katastrophale Niedergang der mykenischen Kultur- und Staatenwelt gegen 1100 v. Chr. führt, wenn wir Thukydides (I,2) glauben dürfen, in Griechenland zu einem völligen Erliegen des Seewesens. Das Machtvakuum wird ostmediterranen Seefahrern aus Zypern und Phönikien zugutegekommen sein, von denen zumal die letzteren den Grund für ihre bald führende Position im Mittelmeerhandel legen.

Das 1. Jt. v. Chr.: Griechen, Phöniker und Römer

Im 9./8. Jh. v. Chr. beginnen die Phöniker, die Seewege durch die Gründung von Kolonien zu sichern. Die wichtigste darunter ist Karthago. – Bald folgen die Griechen diesem Beispiel. Ihre Kolonialstädte reichen vom Schwarzmeergebiet über Süditalien und Sizilien bis zur nordafrikanischen Kyrenaika, nach Südfrankreich (Massilia/Marseille) und Nordostspanien. So können Konflikte mit Karthago nicht ausbleiben. Anscheinend ist es um 540/530 v. Chr. vor Massilia zu einer Seeschlacht gekommen, in der die Massilioten einen karthagischen Angriff zurückschlagen konnten.[6] Der Erfolg der Massilioten scheint eine Ausnahme gewesen zu sein, denn Karthago gelang es, fremde Seefahrer und Händler in zunehmendem Maße aus dem Westmittelmeer zu verdrängen. Gegen Ende des 6. Jhs. v. Chr. erobert es das iberische Reich von Tartessos im Guadalquivir-Gebiet, das die griechischen Besucher Kolaios und Euthymenes als märchenhaft reich be-

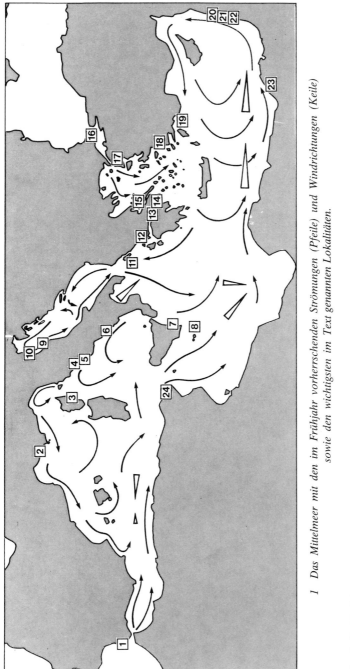

1   *Das Mittelmeer mit den im Frühjahr vorherrschenden Strömungen (Pfeile) und Windrichtungen (Keile) sowie den wichtigsten im Text genannten Lokalitäten.*

1 Gadir (Cádiz)	9 Ravenna
2 Massilia (Marseille)	10 Spina
3 Alalia	11 Kerkyra (Korfu)
4 Caere (Cerveteri)	12 Actium
5 Rom mit Ostia und Portus	13 Korinth
6 Kyme (Cumae) mit Misenum und Puteoli	14 Athen mit Piräus, Salamis und Ägina
7 Syrakus	15 Kap Artemision auf Euböa
8 Malta	16 Byzanz (Konstantinopel/Istanbul)

17 Troja
18 Milet
19 Rhodos mit Lindos
20 Byblos
21 Sidon
22 Tyros
23 Alexandria
24 Karthago

schrieben. Dann sperrt Karthago die Straße von Gibraltar, angeblich unter Androhung der Todesstrafe für nicht-karthagische Schiffer, und errichtet im Westen ein Handelsmonopol, für das es in der Antike kaum eine Parallele gibt. Die afrikanischen und europäischen Atlantikküsten werden von Hanno bzw. Himilko erforscht, und Hanno legt in Nordwestafrika Kolonien an. Die Kanaren und sogar Madeira scheinen aufgesucht worden zu sein, und wahrscheinlich hat Karthago nicht nur vom Export des tartessischen Zinns aus den Flußseifen des Quadalquivir, sondern auch vom Zinnhandel mit Cornwall profitiert.

Vom 7. Jh. v. Chr. an gelangen auch Griechen in den Atlantik. Um 640 wird der Samier Kolaios nach Tartessos verschlagen und bringt angeblich unglaubliche Reichtümer heim. Wohl um 530 v. Chr. besucht auch der Massiliote Euthymenes Tartessos, dessen Zinnreichtum er preist, und erkundet dann nicht nur die afrikanische Küste, sondern auch das Zinnhandelsland der Oistrymnier, wohl die Bretagne. Diese Hinweise auf wichtige Handelsgüter wie auch die Angabe, er habe ein Segelhandbuch *(períplus)* über Teile des Mittelmeers und den Ozean verfaßt, sprechen für eine kommerzielle Zielsetzung seiner Reise. Vielleicht ist zu erwägen, ob nicht diese drohende Konkurrenz durch die Griechen die genannten Monopolmaßnahmen Karthagos ausgelöst hat.

Auch eine im Auftrag des neuen Oberherren Kleinasiens, des persischen Königs Dareios, ausgeführte Reise des Griechen Skylax von Karyanda zur Erkundung des Seewegs vom Indus nach Ägypten dürfte vor allem wirtschaftliche Gründe gehabt haben. Überwiegend wissenschaftliche Motive hingegen lassen sich dem milesischen Geographen Hekataios zutrauen, der bis ins westliche Mittelmeer gelangt, den Pontos bereist und, wie es scheint, seine Kenntnisse sogar in einer Weltkarte verarbeitet hat.

Im Westen reißen die Konflikte zwischen Karthago und den Griechen Siziliens und Unteritaliens nicht ab, und dies mag der Grund dafür gewesen sein, daß Karthago im 6. Jh. v. Chr. eine Allianz mit den Herren des Tyrrhenischen Meeres eingeht: den Etruskern, die sich an der Westküste Italiens der Gründung selbständiger Griechenkolonien nördlich von Kyme (Abb. 1) ähnlich konsequent entgegenstellen wie die Karthager im Westen. Dies schließt nicht aus, daß etruskische Staaten wie Caere und Tarquinia, in dessen Hafen Graviscae (Abb. 121) sogar die Niederlassung griechischer Kaufleute zugelassen wird, am Import griechischer Luxusgüter höchst interessiert sind. Die meisten griechischen Vasen in unseren Museen stammen aus Etruskergräbern. Anscheinend hat dieser Handel vorwiegend in griechischer Hand gelegen; ob auch etruskische Frachtschiffe in die Ägäis gelangt sind, läßt sich noch nicht recht greifen.

Für die Griechen sind die Etrusker (Tyrrhener) gefürchtete Seeräuber, aber das dürfte nur eine Seite des etruskischen Seewesens gewesen sein. – Gewiß sind die unteritalischen Griechen mit den Handelsschiffen ihrer karthagischen und etruskischen Nachbarn auch nicht zimperlich umgegangen, wenn sie ihrer habhaft werden konnten. Als bei der persischen Eroberung Kleinasiens die Griechen von Phokaia auf ihren Schiffen ins westliche Mittelmeer flüchten und sich in Alalia auf Korsika festsetzen, wird ihr Seeräubertum in wenigen Jahren so bedrohlich, daß um 535 v. Chr eine verbündete karthagisch-etruskische Flotte gegen sie ausläuft und den Phokäern eine schwere Niederlage beibringt. Zwar behaupten die Griechen, den Sieg errungen zu haben; doch sie müssen Korsika räumen und sich nach Unteritalien zurückziehen.

Im östlichen Mittelmeer und im Schwarzmeergebiet (Pontos) blüht derweil der griechische Seehandel. Im 7. und frühen 6. Jh. v. Chr. ist korinthische Keramik besonders weit verbreitet, die jedoch sicher nicht nur von korinthischen Schiffen befördert worden ist, denn auch die ionischen Griechen dürften im Seehandel eine bedeutende Rolle gespielt haben. Allerdings spricht für den hohen Stand des korinthischen Seewesens, daß der Korinther Ameinokles wohl im frühen 7. Jh. v. Chr. den für die folgenden Jahrhunderte so wichtigen Kriegsschiffstyp der Triére erfunden haben soll. Auch für die ostgriechischen Samier hat er angeblich solche Schiffe gebaut.

Die Triéren sind den älteren Schiffstypen durch höhere Geschwindigkeit klar überlegen; sie konnten also mit größerer Wucht rammen. Anfangs scheinen sie bei den Flotten der ionischen Staaten verbreiteter gewesen zu sein als im Mutterland. Das mag unter anderem wirtschaftliche Gründe gehabt haben; denn Bau und Betrieb der dreireihigen Ruderschiffe sind erheblich kostspieliger als jener von einreihigen Fünfzigruderern alter Art. Die wohlhabenden ionischen Städte, die stark im Seehandel engagiert sind und Erkundungsreisen bis in den Atlantik unternehmen lassen, können sich die modernen Wunderwaffen leisten und erfinden während des Aufstands gegen die persische Oberherrschaft 500–494 v. Chr. mit dem ,,Durchbruch'' *(diékplus)* und der ,,Umzingelung'' *(períplus)* auch taktische Manöver, die den Triéren zum größtmöglichen Erfolg verhelfen. Dennoch siegen in der Entscheidungsschlacht bei Lade 495 v. Chr. die phönikischen, ebenfalls mit Triéren ausgerüsteten Geschwader der persischen Reichsflotte über die Ioner, und 490 v. Chr. befiehlt der persische Großkönig Dareios eine Flottenaktion als Strafmaßnahme gegen Athen, das den ionischen Aufstand durch einen kleinen Flottenverband unterstützt hatte. Die Perser landen bei Marathon, und die Bedrohung für das durch Parteienkämpfe geschwächte Athen ist um so größer, als die Stadt noch keine nennenswerte Kriegsflotte besitzt und die Gefahr nicht zur See abwenden kann. Die Perser werden zu Lande geschlagen und ziehen sich zurück. Beide Seiten wissen aber, daß nun ein noch ernsthafterer Waffengang bevorsteht.

Athen rüstet in einer Weise auf, die den Vergleich mit den beiden Weltkriegen nicht zu scheuen braucht. Themistokles versteht es durchzusetzen, daß in kürzester Zeit eine Flotte von 200 Triéren geschaffen und mit Bürgern aus den unteren Steuerklassen bemannt wird. Zugleich schließt Athen mit Sparta, Korinth und anderen Staaten des Mutterlandes Bündnisse gegen das Perserreich. Als 480 v. Chr. der Perserkönig Xerxes nach sorgfältigen strategischen und diplomatischen Vorbereitungen, wodurch er einen Teil der Griechenstaaten im Mutterland auf seine Seite zieht, mit einer riesigen Flotte aus phönikischen, ägyptischen und ionischen Schiffen und einem unzählbaren Landheer über Makedonien nach Griechenland einrückt, sind die Athener und ihre Verbündeten gerüstet. Ihre Flotte mißt sich bei Kap Artemision an der Nordspitze von Euböa erstmals mit dem Gegner. Obwohl die Perser im Kampf – und mehr noch durch Sturmkatastrophen – Verluste erleiden, muß die Griechenflotte nach dem Durchbruch des persischen Landheers an den Thermopylen zurückgenommen werden und sammelt sich wieder bei der Insel Salamis im Saronischen Golf. Hader bricht aus; ein Teil der Flottenführer will noch weiter zurückweichen und sich auf die Verteidigung des Isthmus von Korinth beschränken. Doch wieder erreicht es Themistokles (in einem listigen – scheinbaren – Doppelspiel), den weiteren Rückzug unmöglich zu machen. Die Flotte muß sich Ende September 480 v. Chr. bei Salamis zur Schlacht stellen. Sie wird durch die überlegene Taktik und hohe Moral der Griechen und durch Fehler der Perser zum überwältigenden Sieg, dem 479 v. Chr. der Landsieg bei Platää folgt. Die Perser geben ihre Eroberungspolitik in Europa auf.

Die Sage will, daß am Tag der Salamisschlacht auch die sizilischen Griechen bei Himera eine Entscheidungsschlacht gegen ,,Barbaren" schlagen mußten und sie ebenso überlegen gewannen wie ihre Brüder im Mutterland: gegen Karthago, das offenbar mit Xerxes Absprachen zu einem gleichzeitigen Angriff von Ost und West getroffen hatte.[7] Jedenfalls haben die griechischen Zeitgenossen einen Zusammenhang zwischen den beiden Feldzügen gesehen und sich durch den Doppelsieg in ihrer Eigenart und besonderen Berufung bestätigt gefühlt.

Athen zieht die richtigen Schlüsse aus den Erfahrungen von Salamis. Für die nächsten 150 Jahre sind Seemacht und Seehandel die wichtigsten Maximen seiner Außen- und Wirtschaftspolitik. Diesem Zweck dient die Gründung des Attischen Seebunds, eines Zusammenschlusses maritim orientierter griechischer Staaten erst unter dem Vorsitz, später faktisch unter der Oberherrschaft Athens. Der Seebund wird bald zum Antipoden der herrschenden Landmacht Sparta.

Zunächst setzen die verbündeten Griechen, dann nur noch die Mitglieder des Seebunds eine Weile mit wechselndem Erfolg den Krieg gegen Persien fort. Wie die Funde in der griechischen Faktorei Poseideion (al Mina, an der Orontesmündung) zeigen, erhalten sie aber während der Kriegsjahre ihre Handelsbeziehungen mit dem Osten aufrecht. – In den Kämpfen wird Ionien befreit und schließt sich dem Seebund an. Als 454 v. Chr. ein attischer Feldzug zur Unterstützung des ägyptischen Aufstands unter Inaros gegen Persien in einer Katastrophe endet, schließt der Seebund nach einem letzten Sieg bei Salamis auf Zypern (449 v. Chr.) mit dem Perserreich den Kallias-Frieden und wendet sich nun mit ganzer Kraft dem Ringen um die Vormachtstellung in Griechenland selbst zu, das schließlich im Peloponnesischen Krieg (431–404 v. Chr.) zwischen dem Seebund und den Landmächten unter Führung Spartas seinen Höhepunkt findet.

In diesem ungleichen Kampf zwischen ,,Walfisch und Elefant" überläßt Athen größere Landfeldzüge nahezu ausschließlich verbündeten Landmächten. Selbst setzt es seine große, vorzüglich ausgebildete Triérenflotte so geschickt zu Angriffen auf feindliche Küstenstriche und -städte und zum Handelskrieg ein, daß Sparta erst durch ein Bündnis mit der sizilischen Seegroßmacht Syrakus und besonders durch den Aufbau einer eigenen Flotte die Oberhand gewinnt. Eine mit riesigen Mitteln unternommene Expedition der Athener gegen Syrakus endet 413 v. Chr. nach mehreren Seeschlachten im Hafen von Syrakus in einer Katastrophe, und als 405 v. Chr. Lysandros mit spartanischen und syrakusanischen Schiffen die attische Flotte bei Aigospotamoi vernichtend schlägt, ist Athens Kraft am Ende. Es muß 404 v. Chr. kapitulieren.

In diesem Krieg hat Athen es fast widerstandslos hingenommen, daß feindliche Heere mehrfach die Anbaugebiete rings um die schwer befestigte Stadt verwüsteten, und darauf gesetzt, daß es die Lebensmittelzufuhr aus dem Pontos und Ägypten unter allen Umständen in Gang halten könne. Das war kein Problem, so lange der Gegner die Getreideflotten nicht ernsthaft gefährden konnte. In den letzten Kriegsjahren, als Sparta eine kampferprobte Flotte und in Lysandros einen fähigen Admiral besitzt, werden die Dardanellen mehr und mehr zum neuralgischen Punkt der attischen Strategie. Jede feindliche Flottenbewegung in dieser Richtung zwingt zu sofortigen Gegenmaßnahmen, so daß der Hauptvorteil maritimer Kriegführung, die freie Wahl des Operationsgebiets, mehr und mehr verlorengeht. So ist es nur konsequent, daß die Entscheidungsschlacht des langen Krieges bei Aigospotamoi am Marmarameer geschlagen wird. Und es entbehrt nicht tragischer Ironie, daß hier die einst meerbeherrschende Flotte Athens am Ufer liegt und ihr taktisches Können gar nicht anwenden kann, weil der spartanische Admiral nach allen Regeln der Seekriegsführung einen blitzartigen Überfall durchführt: nur ein Teil der attischen Schiffe kann mit unvollständiger Bemannung zu Wasser gebracht werden, und einem noch kleineren Teil gelingt die Flucht. Die Schlacht läßt sich im strengen Sinne nicht als Seeschlacht bezeichnen.

Athen kann, als sich in Griechenland die Machtkonstellationen ändern, im 4. Jh. v. Chr. den Seebund nochmals erneuern und wieder eine starke Trierenflotte aufbauen. Es scheint aber, daß es zu starr an diesem Schiffstyp festgehalten hat, dem es einst seine Größe verdankte. Denn die modernsten ,,Schlachtschiffe" dieser Zeit – um die Kerneinheiten der Flotten mit einem vertrauten Wort zu bezeichnen – führen bereits vier oder sogar fünf Ränge[8] von Rojern; wahrscheinlich handelt es sich um eine karthagische Erfindung. Athen übernimmt die neuen Typen nur zögernd, zu spät, um die Niederlage durch eine weitere ,,junge" Seemacht abwenden zu können: Makedonien, das zuvor rein land-orientiert war. Im Jahre 340 v. Chr. gelingt es Philipp II. von Makedonien, in den Dardanellen die attische Getreideflotte abzufangen und so die Verwundbarkeit des attischen Wirtschaftssystems erneut zu demonstrieren. Und als Athen nach dem Tode Alexanders des Großen, an dessen Operationen es als Zwangsalliierter teilgenommen hatte, die makedonische Suprematie abzuschütteln versucht, erringt zwar sein Landheer im Bunde mit anderen griechischen Staaten Siege; doch sie werden zunichte, als 322 v. Chr. die modern ausgerüstete makedonische Flotte die attische bei Amorgos entscheidend schlägt.

Dies ist das Ende der Großmachtstellung Athens nicht nur im militärischen, sondern auch im merkantilen Sinne. In der hellenistischen Epoche verlagern sich die Haupt-Handelsrouten nachhaltig, zum Nachteil Athens.

Die Herrschaft Alexanders des Großen von Makedonien (336–323) v. Chr.) und sein Eroberungszug gegen das Perserreich (335–327 v. Chr.) haben zu keinen nennenswerten Seekriegshandlungen geführt. Zwar operieren anfangs makedonische und griechische Flotten in kleinasiatischen Gewässern, doch kommt es zu keiner Entscheidungsschlacht gegen die bis zuletzt intakte phönikische Flotte des Perserreichs. Selbst die Eroberung der phönikischen Inselstadt und Flottenbasis Tyros, der Abschluß dieses eigenartigen ,,Seekrieges", gelingt erst, als das makedonische Landheer einen Belagerungsdamm vom Festland zur vorgelagerten Insel aufschüttet und Tyros mit den Mitteln des Landkrieges bestürmt (332 v. Chr.). Später setzt Alexander mehrfach Flotten ein, aber nur zum Transport bzw. zur Versorgung des Heeres. Er läßt vom Mittelmeer aus Kriegsschiffe quer durch die syrische Wüste zum Euphrat schaffen, die dann zusammen mit einheimischen Flußfahrzeugen seinen Vorstoß nach Babylon unterstützen. Und auf dem Rückmarsch von seinem Indien-Zug läßt er am Indus eine Flotte bauen, die dann unter Führung des Nearchos einen Teil des Heeres nach Babylon zurückbringt und dabei die auf Skylax zurückgehende Kenntnis dieser Gewässer erweitert.

Gewiß wäre der Marine bei der von Alexander anscheinend geplanten Eroberung des westlichen Mittelmeergebiets große Bedeutung zugekommen. Doch der frühe Tod des Herrschers läßt diese Pläne nicht reifen.[9]

Erst unter den Diadochen – Alexanders ehemaligen Heerführern, die in Teilen des eroberten Reichs eigene Monarchien errichten –, nimmt das Seewesen einen beispiellosen Aufschwung. Das hat sich bereits bei dem makedonischen Seesieg von Amorgos über Athen angedeutet. In der Folgezeit entstehen in den Diadochenreichen, besonders im Kernland Makedonien und im ptolemäischen Ägypten, riesige Flotten aus Schiffen, wie sie die

Welt noch nicht gesehen hatte. Ausgehend von der wohl karthagischen Neuerung, einen Remen von mehr als einem Rojer bedienen zu lassen, wird der Bau von ,,Superschlachtschiffen" mit bis zu 40 Rängen von Rojern möglich. Die größten scheinen wie ein Katamaran zwei Rümpfe nebeneinander gehabt zu haben. Sie sind so solide, daß ihnen der Rammstoß nichts anhaben kann. So verlagert sich gerade bei den Schlachtschiffen die Kampfweise vom schnellen Bewegungskampf mit dem Ziel des Rammstoßes zur uralten Taktik zurück, das Schiff als schwimmende Plattform für den Nahkampf von Marineinfanterie zu verwenden. Von einem dieser hellenistischen Schlachtschiffe ist bekannt, daß es zweimal im Enterkampf erobert worden ist: es zu versenken, fehlten die technischen Mittel.[10]

Auch die jetzt erstmals als Fernwaffen an Bord aufgestellten Katapulte und Steinschleudern sind wohl zu schwach, die Rümpfe zu zerstören, und ob die Diadochen schon Brandwaffen eingesetzt haben, ist ungewiß. Man kennt sie zwar schon aus hellenistischer Zeit von der kleinen, doch vorzüglichen Flotte der Republik Rhodos, doch ihr Einsatz gegen hellenistische Großkampfschiffe ist erst für die Schlacht von Actium 31 v. Chr. sicher bezeugt.

Es wäre irreführend, das Seewesen der hellenistischen Epoche allein unter dem militärischen Aspekt zu betrachten. Obwohl die zeitgenössischen Quellen selten darüber berichten, ist es sicher, daß auch der Seehandel größte Bedeutung hatte. Am deutlichsten ist das für Rhodos nachzuweisen, das in mancher Hinsicht Venedig gleicht. Aber auch in den Diadochenreichen, in Kleinasien, Syrien und Ägypten, hat die Handelsschiffahrt einen bedeutenden Aufschwung genommen. Die östliche Lage dieser wirtschaftlich führenden Großmächte erklärt es, daß die alten Handelsstaaten Athen und Korinth ihre zentrale Stellung einbüßen. Selbst der Verkehr zwischen den hellenistischen Staaten im Osten und den Griechen in Unteritalien und Sizilien berührt das Mutterland nur noch peripher. Allein Rhodos versteht es, aus seiner Lage am Südostrand der Ägäis und aus seiner erfolgreich verteidigten Unabhängigkeit Vorteil zu ziehen.[11]

Wrackfunde aus hellenistischer Zeit deuten an, daß sich die Entwicklung zum Großschiff kaum auf die Frachtsegler ausgewirkt hat. Der größte Frachter dieser Zeit ist allerdings nur aus der antiken Literatur bekannt: Da im Westen offenbar kein Bedarf an ,,Superschlachtschiffen" besteht, läßt Hieron II. von Syrakus wohl gegen 240 v. Chr. einen Riesenfrachter bauen, die ,,Syrakusia". Erst als der Leviathan mit Mühe und Not zu Wasser gebracht ist, merkt man, daß er für alle Häfen im Westmittelmeer zu groß geraten ist. So bleibt Hieron nichts anderes übrig, als seine kostspielige Fehlinvestition als Staatsgeschenk an Ptolemaios III. nach Alexandria zu schicken, wo sie – auf den Namen ,,Alexandris" umgetauft – ihre Tage als Kuriosität beschlossen haben dürfte.

Bewunderung verdient die Entdeckungsreise eines Westgriechen, der den

Hellenen um 300 v. Chr. genauere Kenntnisse vom Atlantik vermittelt als Euthymenes, und wahrscheinlich sogar die Nordsee erreicht hat. Pytheas aus Massilia gelingt es auf unbekannte Weise, trotz der karthagischen Sperre die Straße von Gibraltar zu durchfahren, um die Atlantikküste Westeuropas zu erkunden und zu vermessen. Als Mathematiker und Astronom ist er dazu bestens qualifiziert. Teile seines Berichts sind umstritten, doch ist er sicher nach Irland gelangt, hat England und Schottland rings umsegelt und nördlich davon ein Land unter der Mitternachtssonne entdeckt, das er „Thule" nannte und das seither unter diesem Namen durch die Entdeckungsgeschichte geistert. Auch die Nordseeküste mit ihren Wattenmeeren wird erreicht und eine im Kern richtige Erklärung für das Phänomen der Gezeiten gegeben, die vielleicht auf den Theorien des Euthymenes oder Hekataios fußt. Pytheas präzisiert die Angaben seiner Vorgänger über Herkunft und Abbaumethoden des Cornwall-Zinns. Als erster berichtet er über den Ursprung des Bernsteins, der auf der „Königlichen Insel" (*Basíleia:* Helgoland?) angeschwemmt und über einen Handelsplatz auf dem unfernen Festland vertrieben wird.[12] Die Reise darf zu den Großtaten der wissenschaftlichen Geographie gezählt werden.

Es ist an der Zeit, einen Blick auf die Ereignisse im westlichen Mittelmeer während der klassischen und hellenistischen Epochen zu werfen. Wenige Jahre nach dem Sieg über Karthago bei Himera entledigt sich Syrakus unter Hieron I. in der Seeschlacht bei Kyme 474 v. Chr. auch der Bedrohung durch die Etrusker. Ihre Flotte wird so zugrundegerichtet, daß später nicht mehr von einer etruskischen Seemacht gesprochen werden kann. Als die Etrusker im Peloponnesischen Krieg mit Athen verbündet sind, können sie dessen Angriff auf ihren Erbfeind Syrakus nur mit Landtruppen auf drei Fünfzigruderern unterstützen. Wer im 5. Jh. v. Chr. das Tyrrhenische Meer wirklich kontrolliert hat und was aus dem etruskischen Seehandel geworden ist, liegt weitgehend im Dunkel.

Rom ist noch weit davon entfernt, eine Seemacht darzustellen. Sein Einsatz von 20 Kriegsschiffen bei der Belagerung von Antium (Anzio) 341 v. Chr. wirkt wenig eindrucksvoll, wenn man ihn an den Verhältnissen im Ostmittelmeer mißt. Zudem ist es unsicher, ob Rom in der Folgezeit außer dem (Titular-?) Amt der beiden Flottillenchefs (duumviri) auch die kleine Flotte selbst beibehalten hat. Auch seine Handelsmarine kann nicht bedeutend gewesen sein. Das zeigt sich an Handelsverträgen mit Karthago, deren erster wohl 509 v. Chr. geschlossen wurde. Einem ernstzunehmenden Konkurrenten hätten die Punier schwerlich einzelne, genau vorgeschriebene Häfen in ihrem Machtbereich geöffnet. Bis in die Kaiserzeit bleibt der Seehandel in erster Linie den Griechenstädten Unteritaliens und Siziliens vorbehalten, die nach und nach zu Verbündeten Roms werden. Man braucht in der Politik des republikanischen Rom kaum nach merkantilen Beweggründen zu suchen, die allenfalls bei der Getreideversorgung der

Hauptstadt eine Rolle spielen. Selbst die Ernennung von Delos zum internationalen Freihafen 166 v. Chr. – eine bedrohliche Konkurrenz für Rhodos – dürfte mehr den anderen griechischen Verbündeten zugutegekommen sein als dem römischen Staat.

Rom sieht sich erstmals zu eigener Flottenrüstung gezwungen, als 264 v. Chr. im Gefolge interner sizilischer Streitigkeiten der 1. Punische Krieg gegen Karthago ausbricht. Es zeigt sich schnell, daß die Flottillen der verbündeten Griechenstädte nicht ausreichen, die karthagische Herrschaft in den Gewässern um Sizilien zu brechen. Die punische Flotte ist groß, besteht vorwiegend aus kampfstarken Fünfruderern und weist einen hohen Ausbildungsstand auf; *diékplus* und *períplus* werden beherrscht und angewendet.

Rom beschließt 260 v. Chr. den Bau einer eigenen Schlachtflotte. Da eigene Erfahrungen im Kriegsschiffsbau fehlen, nimmt man einen gestrandeten feindlichen Fünfruderer zum Vorbild und stampft angeblich in 60 Tagen eine Flotte von wahrscheinlich 130 Schiffen aus dem Boden, eine organisatorische Großtat. Die Rojer werden schon vor Fertigstellung der Schiffe auf Gerüsten an Land eingeübt. Erste Scharmützel zeigen jedoch dem römischen Flottenchef und Konsul Caius Duilius, daß seine Schiffe den feindlichen nicht ebenbürtig sind. Neben der fehlenden Erfahrung der Besatzungen und Offiziere wird dazu beigetragen haben, daß die Fahrzeuge aus grünem Holz gebaut worden waren, wodurch sie schwerer und langsamer wurden als die der Gegner. So entschließt sich Duilius zu einer neuartigen Taktik: die Schiffe werden mit schwenkbaren Enterbrücken (corvus = ,,Rabe") und starken Decksmannschaften aus Legionären versehen, und in dem ersten großen Gefecht bei Mylai 260 v. Chr. werden die Punier durch diese Entertaktik völlig überrascht und müssen sich nach ernsten Verlusten zurückziehen. Die Legionäre hatten 31 Schiffe erobert, darunter das Admiralsschiff, einen Siebenruderer. Die Punier scheinen später ein Gegenmittel erfunden zu haben, oder Rom hat den ,,Raben", durch dessen Gewicht die Schiffe topplastig wurden, nach mehreren Sturmkatastrophen aufgegeben. Jedenfalls ist nach einigen Jahren von dieser Waffe nicht mehr die Rede. Offenbar wird die römische Flotte der punischen allmählich auch in taktischer und schiffsbaulicher Hinsicht gleichwertig. So wird einmal vor Lilybaeum (Marsala) ein besonders schnelles rhodisches Schiff erbeutet, das dann einer neuen Generation römischer Kriegsschiffe zum Vorbild dient. Doch zeigen Verluste ganzer Flotten durch Unwetter, daß die nautische Erfahrung der Römer wohl bis zuletzt zu wünschen übrig läßt. Alles in allem verliert Rom in diesem Krieg wesentlich mehr Schiffe als der Gegner; doch es verfügt über größere Reserven an Menschen und Material und kann die Verluste immer wieder ausgleichen, während Karthago allmählich ausblutet. Nach einer letzten Niederlage zur See bei Lilybaeum (Marsala) muß es 241 v. Chr. Frieden schließen und auf seine meisten Außenbesitzungen, jedoch nicht auf die Flotte, verzichten.[13]

Wie nachhaltig Karthagos Stärke und wohl auch seine Kampfmoral zur See getroffen wurde, zeigt sich bald darauf im 2. Punischen Krieg (218–201 v. Chr.). Zu Beginn des Krieges fahren 150 punische Schiffe nach Sizilien, ziehen sich aber bei der ersten Sichtung römischer Einheiten kampflos zurück. Danach ist nur noch von kleineren Unternehmungen der punischen Marine die Rede. Wir dürfen vermuten, daß Hannibals und Hasdrubals reine Landstrategie, die riesige Märsche von Spanien durch Südfrankreich und über die Alpen notwendig macht, letztlich von der Erkenntnis mitbestimmt worden ist, daß ein Landungsversuch in Unteritalien von See her keine Chance gehabt hätte. Der Verlust der mit Truppen und Nachschub für das belagerte Lilybaeum überladenen Flotte 241 v. Chr. ist offenbar nicht vergessen. In der Schlußphase des Krieges schirmt die römische Marine die Landung des Heeres in Nordafrika erfolgreich ab und verhindert durch die Beherrschung des Ionischen Meeres und der Ägäis, daß Karthagos Verbündeter Philipp V. von Makedonien in Italien eingreifen kann (1. Makedonischer Krieg 215–205 v. Chr.).

Vergleichen wir die Flotten der Punischen Kriege mit denen der hellenistischen Staaten am Ostmittelmeer, so scheint es, daß Karthago und Rom die hellenistische Entwicklung zum Superschlachtschiff nicht mitgemacht haben. Bei Mylai (260 v. Chr.) ist das karthagische Flaggschiff ein Siebenruderer, während die Masse der Flotte wie bei den Römern aus Fünfruderern besteht. Auch die römische Entertaktik mit dem „Raben" ist kein Versuch, den Bordkampf ganzer Regimenter von Fußsoldaten auf den hellenistischen Großkampfschiffen nachzuahmen, sondern eine erfolgreiche Improvisation zum Ausgleich der anfänglichen Unterlegenheit Roms im klassischen Bewegungs- und Rammgefecht. Im 2. und 1. Jh. v. Chr. hat Rom zwar dann und wann Zehnruderer eingesetzt, doch überwiegen stets mittelgroße Schiffe. Für die Schlacht bedient man sich weniger einer speziellen Marineinfanterie, sondern nimmt Legionäre des Landheers an Bord.

Die Ausweitung der römischen Hegemonie auch im östlichen Mittelmeer ist zwar ohne die Präsenz von Flotten, die großenteils von griechischen Bundesgenossen gestellt werden, nicht denkbar, doch spielen diese keine entscheidende Rolle. Im letzten Drittel des 2. Jhs. v. Chr. wird Roms Aktivität zunehmend durch interne, z. T. soziale Unruhen (Titus und Caius Sempronius Gracchus; Sklavenaufstände in Sizilien) und den schweren Landkrieg gegen Cimbern und Teutonen gebunden. Nun, und besonders im frühen 1. Jh. v. Chr. greift bei zunehmender Schwächung Roms, ausgelöst durch die Streitigkeiten rivalisierender Politiker, das Piratenwesen immer mehr um sich, und 88 v. Chr. schließt Mithridates VI. von Pontos mit den Seeräubern im Ostmittelmeer ein förmliches Bündnis gegen Rom.

Auch im westlichen Mittelmeer werden die Seewege unsicher. Kriege gegen die Seeräuber in Kleinasien (78–75 v. Chr.) und Kreta führen zunächst zu keinem nachhaltigen Erfolg. Erst als 67 v. Chr. Gnaeus Pompeius den Auftrag zur Beseitigung der Piraterie erhält, wendet sich das Blatt. Er erhält zur See und in allen Küstenländern die unbeschränkte Kommandogewalt, faßt alle römischen und bundesgenössischen Schiffe zusammen und kann in einer organisatorisch und strategisch glänzend konzipierten und durchgeführten Operation von nur wenigen Monaten Dauer die Piraten in Kilikien zusammendrängen und schlagen. Kreta wird endgültig erobert. Die Besiegten werden nicht zu Sklaven gemacht, sondern nur umgesiedelt.

Wenig später kommt es bei Caesars Feldzügen in Gallien zur ersten bekannten Auseinandersetzung zwischen einer mediterranen Kriegsflotte und einer ganz anders ausgerüsteten Keltenflotte. Da dem Stamm der Veneter an der Atlantikküste mit den Methoden des reinen Landkriegs nicht beizukommen ist, sieht sich Caesar zum Bau einer Flotte gezwungen, deren Kern aus schnellen, leichtgebauten Ruderkriegsschiffen besteht. Im Jahre 56 v. Chr. trifft diese Flotte wohl vor Quiberon auf die versammelte Flotte der Veneter. Zum Schrecken der Römer sind die massiv gebauten keltischen Eichenschiffe gegen Rammstöße immun, und wegen ihrer hochbordigen Bauart sind sie anfangs auch durch Enterangriffe nicht zu bezwingen. Erst als die Römer auf den Ausweg verfallen, die reinen Segelschiffe ihrer Gegner durch Zerschneiden der Segeltaue manövrierunfähig zu machen, können sie die Schlacht für sich entscheiden.

Auch bei Caesars ,,Landung vor dem Feinde" in Britannien 55 v. Chr. treffen die Römer auf entschlossenen Widerstand, der freilich in diesem Fall nicht von Schiffen, sondern von ins Flachwasser preschenden Streitwagen getragen wird. Da aber die Römer in beiden Fällen durch Einfallsreichtum und Disziplin der Schwierigkeiten Herr werden, wirken sich Caesars Erfahrungen nicht auf die mediterrane Seekriegs- und Landungsstrategie aus.[14] Doch improvisiert Caesar für eine zweite Landung in Britannien einen neuartigen Schiffstyp, der sich besser bewährt als die rein mediterranen Typen 55 v. Chr.

Nach Caesars Ermordung brechen in Italien neue Bürgerkriege aus. Von 43 v. Chr. an hält sich in Sizilien der Pompeius-Sohn Sextus und gefährdet zeitweilig mit einer großen Flotte die Seeverbindungen Italiens in bedrohlicher Weise; besonders die Getreidezufuhr für Rom ist betroffen. Auf Sextus' Seite kämpfen auch kilikische Piraten, die offenbar die menschliche Behandlung durch den älteren Pompeius nicht vergessen haben. Vorübergehend als Herr Siziliens und Achaias anerkannt, wird Sextus Pompeius schließlich 36 v. Chr. von Octavian, dem späteren Kaiser Augustus, und seinem Admiral Agrippa in der Seeschlacht von Naulochos geschlagen. Er flieht nach Kleinasien und wird dort im folgenden Jahr hingerichtet.

Doch auch die bisher gemeinsam siegreichen Caesar-Nachfolger Octavian und Marcus Antonius entzweien sich. Der letztere macht sich durch ein Liebesverhältnis mit der letzten ptolemäischen Königin Ägyptens, Kleopatra, praktisch zum Herren dieses machtvollen hellenistischen Staates. So kommt ihm bei dem Angriff auf Octavian auch die starke ägyptische Flotte zugute, die bei der Entscheidungsschlacht vor Actium in Nordwestgriechenland 31 v. Chr. den Kern seiner Flottenverbände bildet. Gemäß dem hellenistischen Brauch sind die ägyptischen Schlachtschiffe sehr groß und stark bemannt. Octavian und Agrippa stellen ihnen kleinere, doch beweglichere Fahrzeuge entgegen, die unter anderem mit Brandwaffen gegen die überlegenen Gegner vorgehen. Da Marcus Antonius bei der Vorbereitung zur Schlacht psychologische Fehler begeht und die Kampfmoral seiner Truppen ohnehin schon geschwächt ist, läßt sich schwer beurteilen, ob Octavians Taktik allein den Ausschlag gegeben hat: jedenfalls erringt seine Flotte einen klaren Sieg, der Octavian zum unangefochtenen Alleinherrscher der Mittelmeerwelt und zum Begründer des römischen Kaisertums werden läßt.

Nach der Konsolidierung der römischen Zentralregierung unter Augustus ist das Mittelmeer erstmals unter einer einzigen allgemein anerkannten Herrschaft geeint und für Rom zum Mare nostrum geworden: dem von keiner Seite mehr bedrohten maritimen Herrschaftsgebiet. Dennoch rüstet Rom zur See nicht ab, sondern unterhält weiterhin, besonders in Misenum und Ravenna, starke Kriegsflotten, die später noch durch weitere Reichs- und Provinzflotten verstärkt werden. Offenbar bleibt die Piraterie stets eine latente Gefahr, deren Abwehr zu dauernden Anstrengungen zwingt. Immerhin ist die Riesenstadt Rom von der regelmäßigen Getreidezufuhr aus Sizilien, Ägypten, Nordafrika und Sardinien abhängig. Sie wird von einer besonderen Behörde, der Annona-Präfektur, organisiert und gelenkt.

Zugleich setzt Augustus bei der vorübergehenden Eroberung Germaniens starke Flotten ein, die von Operationsbasen an den Rheinmündungen Angriffsheere zu den norddeutschen Strömen bringen. Auf der Ems soll es sogar zu einem Schiffskampf gekommen sein; da die Binnenlandsgermanen zu dieser Zeit gewiß nur Einbäume besaßen, braucht man sich dieses Gefecht nicht allzu eindrucksvoll vorzustellen. Die allgemeine Situation legt die Annahme nahe und ein frührömischer Bootsfund aus Vechten in Holland bestätigt, daß die Schiffe für diese Operationen von römischen Schiffsbauern auf mediterrane Weise im Norden erbaut worden sind. Dasselbe gilt für die römischen Stromflotten auf Rhein und Donau, die zu dieser Zeit entstehen. Da es zunächst kaum Kampfaufgaben für sie gibt, dürften sie hauptsächlich zu Transporten für die Truppe eingesetzt worden sein. Das war jedenfalls die Aufgabe der Donauflotte bei dem Dakerfeldzug Trajans 106, der auf der Trajanssäule in Rom detailliert gezeigt wird (Abb. 108, 119). Kriegs- und Frachtschiffe befördern Truppen und Nachschubgüter bzw. ermöglichen den Bau von Schiffsbrücken, kurz sie dienen nur der Logistik des Heeres. In der mittleren und besonders der späten Kaiserzeit, als Rhein und Donau die Reichsgrenze bilden, erhalten die Flußflotten aber zunehmend militärische Bedeutung.

Während der Ära des ,,Römischen Friedens'' *(Pax Romana)* nimmt in den ersten beiden Jahrhunderten n. Chr. der Seehandel im Mittelmeer einen bedeutenden Aufschwung. Die eindrucksvollste Einzelleistung ist die regelmäßig auf dem Seeweg durchgeführte Getreideversorgung der Hauptstadt *(Annona),* zu deren Erleichterung durch Claudius und Traian riesige Kunsthäfen an der Tibermündung (Portus Romae, nahe bei Ostia; Abb. 124) ausgebaut werden. Doch neben diesem staatlich gelenkten Linienverkehr bedient sich in allen Teilen des Mittelmeers und des Schwarzen Meers, am Atlantik und bald sogar im Roten Meer und im Indischen Ozean ein blühender Handel der rationellen Transportmöglichkeiten durch Segelfrachtschiffe von zum Teil bedeutender Größe. Das Netz des Welthandels muß zu dieser Zeit so weit gespannt gewesen sein wie erst wieder im 15. und 16. Jh. im Gefolge der portugiesischen und spanischen Entdeckerfahrten. In viel größerem Umfang als je zuvor werden auf den normalen Frachtschiffen auch Reisende befördert. Der Besuch berühmter Kulturstätten, Götterfeste und Ärzte in Griechenland und Kleinasien ist das Ziel jedes Gebildeten, und in der Spätantike vermehren christliche Jerusalempilger und sogar Indien-Reisende die Schar der Schiffspassagiere. Wie die unfreiwillige Reise des Apostels Paulus aus Palästina nach Rom zeigt, gilt das Schiff als normales Transportmittel. Da es keine speziellen Fahrzeuge für die Personenbeförderung gibt, sondern die meisten Passagiere in der ,,Decksklasse'' reisen müssen, darf man sich solche Reisen freilich nicht gerade komfortabel vorstellen. Für Begüterte gelten aber die ägyptischen Annona-Frachter auf der Alexandrienroute als besonders luxuriös.[15]

Doch die Pax Romana war nur eine kurze, glückliche Episode der Weltgeschichte. Schon im 3. Jh. führen eine schwere Wirtschaftskrise und eine Schwächung der Zentralregierung durch den Ehrgeiz einzelner Politiker und nicht zuletzt durch Angriffe von Nachbarvölkern an den Reichsgrenzen zu einem bedrohlichen Niedergang der allgemeinen Sicherheit. Wieder sehen Piraten ihre Stunde gekommen. Unter Probus (276–282) können fränkische Plünderer auf Schiffen, die sie in Thrakien erbeuteten, offenbar ungehindert durch das ganze Mittelmeer und entlang der Atlantikküste zur Rheinmündung zurückkehren. Das läßt vermuten, daß im Mittelmeer keine aktive römische Flotte existierte.[16] Auch Rhein und Donau sind keine sicheren Grenzen mehr. Selbst die Küsten Britanniens und Galliens werden von germanischen Piraten heimgesucht.

Im Nordwesten des Reiches stellen um die Wende zum 4. Jh. energische Offiziere die Sicherheit in gewissem Umfang wieder her. So etwa der Gallier Carausius, der später in Britannien ein stark seeorientiertes Sonderreich gründet, sein Mörder und Nachfolger Allectus oder Constantius I. (Chlorus) und sein Sohn, der spätere Kaiser Constantin der Große. Der letztere baut auch die Rheinflotte aus, und es ist nicht ausgeschlossen, daß sein Verständnis für das Seewesen weitgehend durch die lokalen Verhältnisse im gallorömischen Nordwesten des Imperium geprägt worden ist.

In den Wirren dieser Jahre greift Constantin schließlich selbst nach der Kaiserkrone des Gesamtreichs. Im Bürgerkrieg gegen Licinius kommt es 323 zu einem Seekrieg vor den Dardanellen. Constantin kann den 350 Triremen des Gegners nur eine zahlenmäßig hoffnungslos unterlegene Flotte entgegenstellen, die aus Schiffen eines im Mittelmeer lange nicht mehr gewohnten Typs besteht: kleinen einreihigen Dreißigruderern, wie sie zur Zeit Homers üblich waren. Entgegen aller Wahrscheinlichkeit setzen sich die wenigen Kleinschiffe in zwei Schlachten durch, und ein Sturm besiegelt das Geschick der Licinius-Flotte. Man kann nur vermuten, daß die Schiffe Constantins wendiger gewesen und besser geführt worden sind als die größeren und schnelleren „klassisch mediterranen" Fahrzeuge des Gegners.

Was die militärische Seite des Seewesens betrifft, so kann die Einführung des kleinen Kampfschiffs durch Constantin als Einschnitt bezeichnet werden, der mit einiger Berechtigung als Abschluß der im strengen Sinne antiken Entwicklung betrachtet werden darf. Diese stand im Zeichen der Entwicklung und Vervollkommnung des Schiffs mit mehreren Reihen von Rojern übereinander – allgemeiner formuliert: des Schiffs mit möglichst großer Antriebskraft für den wuchtigen Rammstoß, bei maßvoller Länge. Daß sich Constantins einfachere und kleinere Schiffe diesem Typ gegenüber als überlegen erweisen, muß besondere Gründe haben. Spielt der Rammstoß taktisch nicht mehr eine so beherrschende Rolle wie einst? Oder war es im frühen 4. Jh. nicht mehr möglich, große Mannschaften zusammenzubringen, die sich auf die disziplinierte Bedienung des großen Ruderapparats mehrreihiger Schiffe einüben ließen? Überliefert ist nur, daß sich der neue Typ allgemein durchgesetzt hat. Um 500 ist die Konstruktion von Triremen bereits „seit vielen Jahren vergessen".[17] Es wäre verlockend, die Abkehr von den vielhundertjährigen Erkenntnissen der klassischen Antike mit den negativen Erfahrungen zu erklären, die Licinius an den Dardanellen machte. Und angesichts des Werdegangs Constantins ist es vielleicht nicht zu kühn zu vermuten, daß dessen für das Mittelmeer neuartiger Typ des einfach gebauten Kleinschiffs Erfahrungen verwertet, die der Kaiser im Nordwesten des Reichs gewonnen hat.

Auch in der Folgezeit scheint der gallorömische Teil des Imperium ein Schwerpunkt der maritimen Aktivität geblieben zu sein. Rhein- und Donauflotte bestehen fort und werden sogar durch weitere Flußflotten in Gallien ergänzt. Wie schlagkräftig zumindest die Rheinflotte ist, zeigt sich in der Jahrhundertmitte bei den Alamannenkriegen des jungen Caesars Julian, der sie höchst erfolgreich zu einer „amphibischen Kriegführung" in ganz modernem Sinne einsetzt. Auch noch im frühen 5. Jh. muß die Donauflotte auf einem beachtlichen Stand gehalten worden sein.

Im Mittelmeer ist die römische Zentralregierung aber kaum mehr Herr der Lage. Einheimische Piraten und germanische Eindringlinge gefährden die Seewege. Selbst die von ihrer Herkunft her rein landbezogenen Wandalen erbauen in Südspanien eine Flotte, mit der sie in Nordafrika landen und eine Herrschaft errichten, die für das in zunehmender Schwäche erlöschende weströmische Reich bedrohlich ist. Im Jahre 455 plündern sie sogar die einst unüberwindliche Hauptstadt Rom. Kurz darauf wird 476 der letzte weströmische Kaiser Romulus (Augustulus) durch den germanischblütigen ,,Heermeister" Odoaker zur Abdankung gezwungen. Die Folgezeit, bestimmt durch germanische Reichsbildungen im Westen und durch den Aufstieg des christlichen oströmischen Reichs von Byzanz im Osten, kann nicht mehr der Antike zugerechnet werden und bleibt für uns außer Betracht.

Nicht anders als heute hängen die Möglichkeiten des Seewesens in der Antike zwar nicht allein, doch weitgehend vom verfügbaren Schiffsmaterial ab. Daher wird die Darstellung dessen, was gegenwärtig über den antiken Schiffsbau bekannt ist, im Folgenden den Schwerpunkt bilden. Die davon abhängigen bzw. ergänzenden Aspekte müssen demgegenüber zurücktreten, sollen aber – im Rahmen der gegebenen Möglichkeiten – nicht übergangen werden.

Es erscheint mir ratsam, den Ausführungen zum antiken Schiffsbau eine Übersicht über die Art und Wertigkeit der vorhandenen Quellen voranzustellen.

Die Quellen

Originalfunde antiker Schiffe

Zwar wurden schon früh dann und wann antike Schiffsreste als solche erkannt, doch von sachkundigen Untersuchungen kann keine Rede sein: es wurden jeweils nur die „interessantesten" Teile der Ladung geborgen. Erst als um 1930 in Mittelitalien der Nemi-See trockengelegt wurde und dabei die seit langem bekannten Reste zweier kaiserzeitlicher Großschiffe zugänglich wurden, setzte eine mustergültige Untersuchung mit den Mitteln der Land-Archäologie ein, deren Ergebnisse immer noch unersetzlich sind. Bei ihrer Bewertung muß allerdings berücksichtigt werden, daß es sich nicht um normale Gebrauchsschiffe handelt, sondern um Spezialbauten zur höfischen Unterhaltung des Kaisers Caligula (37–41).

Wracks im Meer gesunkener Schiffe sind seit knapp einem Menschenalter für die Forschung zugänglich geworden. Seither hat sich die Unterwasserarchäologie als eigener Forschungszweig konstituiert. Ihre Ergebnisse haben unsere Kenntnis vom antiken Schiffsbau auf eine neue Grundlage gestellt.[18]

Als Sonderfall sei der älteste und zugleich am besten erhaltene Originalfund eines Schiffs aus dem Mittelmeerraum erwähnt: das große Nilfahrzeug, das bei der Bestattung des ägyptischen Pharao Cheops um 2528 v. Chr. vor dessen berühmter Pyramide „beigesetzt" wurde; ein zweites ist bekannt, wurde aber noch nicht untersucht. Das Cheops-Schiff liegt zwar außerhalb der Grenzen unseres Arbeitsgebiets, stellt aber eine so unschätzbare Quelle zur Beurteilung der kenntnisreichen, gewiß schon damals auf langer Erfahrung beruhenden Bauweise mediterraner Schiffe im 3. Jt. v. Chr. dar, daß man es nicht übergehen kann. Besonders wichtig ist, daß es sich bereits um einen Schalenbau (Abb. 38) handelt; dieses Konstruktionsprinzip stand während des klassischen Altertums also schon in einer uralten Tradition.

Für die Ägäis läßt sich diese Bauweise erstmals an den spärlichen Resten der Außenhaut eines kleinen Frachtschiffes nachweisen, das um 1100 v. Chr. vor Kap Gelidonya in der Südwesttürkei scheiterte. Seine Planken sind auf dieselbe Weise miteinander verbunden wie an dem Cheops-Schiff: sie sind durch gebohrte Löcher miteinander verschnürt („genäht"). Nur aus der Ladung läßt sich ersehen, daß das Schiff von Kap Gelidonya bei seiner letzten Reise einen wohl aus Zypern stammenden reisenden Bronzearbeiter an Bord gehabt hat und wahrscheinlich selbst zyprischer Herkunft war.

Die nächstjüngeren Originalfunde sind einige Frachtschiffswracks aus dem späteren 6. Jh. v. Chr. im Westmittelmeer. Hier sind die Planken nicht mehr durch Schnüre, sondern durch hölzerne Riegel („Federn") miteinander verbunden, wie es während des ganzen Altertums im Mittelmeer die Regel geblieben ist. Auf diese Funde folgt dann eine große Zahl von Frachtschiffswracks meist aus der späteren Republik und der Römischen Kaiserzeit. Vor einigen Jahren waren schon mehr als 600 bekannt, und mehrere Dutzend davon sind sachkundig untersucht worden. Weit mehr fielen freilich Sporttauchern zum Opfer.

So wesentliche Quellen diese Funde darstellen, müssen doch einige grundsätzliche Bedingtheiten berücksichtigt werden. Da Inschriften, die z. B. den Schiffsnamen überlieferten, bisher nicht gefunden wurden und auch Versatzmarken in Form von Buchstaben oder Ziffern seltene Ausnahmen sind, lassen sich in der Regel nur aus der Ladung bzw. dem Eßgeschirr der Besatzung oder aus Münzfunden gewisse Rückschlüsse auf die Heimat eines Schiffes ziehen. Berücksichtigt man, in wie vielen Häfen das Fahrzeug auf seiner letzten Reise angelegt, Fracht übernommen und vielleicht auch den Vorrat an Koch- und Eßgeschirr ergänzt haben mag, wo überall die Mannschaft Münzen, Keramik oder Souvenirs als persönlichen Besitz an Bord gebracht hat, so muß man zufrieden sein, wenn ein Wrack überhaupt mit einem der großen Seefahrerstaaten am Mittelmeer verbunden werden kann.

Die Identifikation eines Fundes mit einem aus der antiken Überlieferung bekannten Schiff ist bisher nur einmal möglich gewesen: im Fall des riesigen Obeliskentransporters des Kaisers Caligula, den Claudius beim Bau des Hafens *Portus Romae* als Fundament für einen Leuchtturm versenken ließ. Man entdeckte 1950 seine Reste. Der Rumpf selbst ist zwar weitgehend vergangen, doch hat das Mauerwerk, mit dem er ausgefüllt worden war, die Innenform bewahrt. – Im Normalfall sind die Wracks für uns anonym. Sie gehören ja fast ausnahmslos zu Frachtschiffen, und diese haben in der antiken Literatur nicht mehr Beachtung gefunden, als sie die heutige Geschichtsschreibung auf die unscheinbaren Arbeitspferde des Welthandels verwendet.

Günstigere Möglichkeiten dürften sich eröffnen, wenn einmal planmäßig die Schauplätze von Seeschlachten untersucht werden könnten. Solche Forschungen stehen erst am Anfang. Daß vor Marsala in Westsizilien, dem antiken Lilybaeum, Kriegsschiffswracks gefunden und aufgrund von Versatzmarken in Form punischer Buchstaben mit der letzten Seeschlacht im 1. Punischen Krieg verbunden werden konnten, ist eher dem Zufall und der Sorgfalt der „Ausgräberin" H. Frost zu verdanken als einer vorausschauenden Planung. Wie es scheint, sind auch in der Nähe von Actium Kriegsschiffswracks gefunden worden. Näheres dazu läßt sich aber noch nicht übersehen.

In solchen Fällen ließe sich der Untergang des Schiffs aufs Jahr genau datieren; das wäre schon ein großer Gewinn. Im Normalfall, d. h. bei den Wracks von Handelsschiffen, kann die Archäologie nur weniger genaue Daten liefern. Hier wie dort wäre es in schiffskundlicher Hinsicht aber wichtiger, den Zeitpunkt der Erbauung des Schiffes zu kennen als den des Untergangs. Hierfür lassen sich allenfalls mit naturwissenschaftlichen Methoden Hinweise erzielen. In erster Linie bietet sich die Radiokarbon-(^{14}C-)-Methode an, doch ihre Ergebnisse sind immer noch recht ungenau. Die Dendrochronologie (Baumringdatierung) kann im Optimalfall das Jahr ermitteln, in dem das Bauholz für ein Schiff geschlagen wurde; sie läßt sich gegenwärtig aber nur im Raum nördlich der Alpen anwenden. Man wird daher meist zufrieden sein müssen, wenn sich die Erbauung eines antiken Schiffs im Rahmen etwa eines halben Jahrhunderts wird festlegen lassen.

Zudem sind die bisher gefundenen Wracks stets mehr oder weniger unvollständig erhalten (Abb. 53, 118). In der Regel ist nur noch der am tiefsten gelegene, durch Meeresablagerungen bzw. durch die Ladung am besten geschützte Teil des Rumpfs vorhanden. Das Überwasserschiff, das für das einstige Erscheinungsbild viel wichtiger war, pflegt zu fehlen wie auch die Decksaufbauten und die Masten. Die Funde lassen daher zwar meist gewisse Rückschlüsse auf die Größe des Fahrzeugs und besonders auf seine Konstruktion zu, nicht aber auf sein ursprüngliches Aussehen. Die Hoffnung, aufgrund von Wrackfunden ein antikes Schiff in allen Einzelheiten zuverlässig rekonstruieren zu können, ist bisher nicht in Erfüllung gegangen.

Originalfunde von Schiffsresten aus dem Altertum stellen somit zwar unersetzliche Quellen dar, doch sie lassen viele Fragen offen. Insofern entwerten sie die übrigen Quellengattungen nicht, sondern ergänzen sie – in erster Linie, was die Bauweise und die Größe der antiken Schiffe angeht.

Antike Schiffsmodelle

Angesichts der Fülle von detaillierten Modellen auf dem heutigen Hobby-Markt ist es zu bedauern, daß das antike Kunsthandwerk dieses Sujet nicht in vergleichbarem Maße ,,entdeckt'' zu haben scheint. Sicher werden auch phönikische, griechische und römische Buben mit Schiffchen gespielt haben; aber diese waren gewiß nicht naturgetreuer und nicht dauerhafter als die Borkenschiffe unserer eigenen Kindheit. Als Quellen für die Schiffsbaugeschichte kämen sie schwerlich in Betracht.

Günstiger ist die Situation bei Modellen, die in Heiligtümer geweiht, ins Meer versenkt oder Toten ins Grab gelegt worden sind.[19] Die ältesten Belege stammen aus der frühkykladischen (Abb. 7) und frühminoischen Kultur (Abb. 8,9) im 3. Jt. v. Chr. Spätere Phasen der Bronzezeit Syriens (Abb. 22) und der Ägäis haben ebenfalls Schiffsmodelle hinterlassen. Ein

Fund aus Attika (Abb. 18) ist wohl sogar die wertvollste Quelle zum Schiffsbau der Zeit des Trojanischen Krieges, die wir kennen. Ob es aus einem
Grab oder einem Heiligtum stammt, ist unbekannt. Vielleicht letzteres, denn
nicht allzuviel später, im frühen 1. Jt. v. Chr., sind auf Zypern ähnlich
sorgsam gestaltete Modelle von Frachtschiffen in Heiligtümer geweiht worden (Abb. 41). Bei den meisten frühen Modellen scheinen die Rumpfform und
auch manche Einzelheiten recht zuverlässig wiedergegeben worden zu sein.
Weihungen von Modellen sind auch im 8. Jh. v. Chr. im Hera-Heiligtum
von Samos erfolgt. Dies sind meist recht kunstlos aus Holz geschnitzte
Langschiffsmodelle. Vielleicht sollten sie stellvertretend die Weihung von
Originalschiffen ersetzen, die für das Heraion ebenfalls bezeugt ist. Am
interessantesten ist ein Steinfundament aus dem späten 7. Jh. v. Chr., auf
dem einst ein etwa 25 m langes, relativ schlankes Schiff gestanden haben
dürfte. – Die Schiffsweihung in Heiligtümer und auch die Aufstellung erbeuteter Kriegsschiffe als Siegesdenkmal war in Griechenland ein verbreiteter Brauch. So wurden nach der Schlacht von Salamis vier phönikische
Kriegsschiffe in verschiedene Heiligtümer gebracht, und im 3. Jh. v. Chr. hat
Antigonos Gonatas nach seinem Seesieg über Ptolemaios II. bei Kos (258
v. Chr.) sogar sein eigenes Flaggschiff dem Apollon von Delos geweiht. Es
lag nahe, anstelle der vergänglichen hölzernen Originale Nachbildungen aus
Stein zu weihen bzw. als Denkmal aufzustellen. Meist hat man, wie bei der
,,Nike von Samothrake" (Abb. 78), den Bug von Kriegsschiffen nachgebil-
det, nur selten das Heck (Abb. 79). Später kommen mythologische Schiffsdarstellungen wie jene hinzu, deren Kopie in der Römischen Kaiserzeit in
Sperlonga aufgestellt wurde. Gerade bei den römischen Darstellungen ist
nicht immer klar, ob es sich um Weihgeschenke, Denkmäler oder Genrebil-
der handelt.

Doch kehren wir zu den Kleinmodellen zurück. Hier verdient ein Terra-
kottakriegsschiff aus dem Meer vor Gytheion besondere Beachtung
(Abb. 67). Es ist eher in archaischer Zeit entstanden als in römischer (so
L. Basch) und bereichert unsere Kenntnis früher mehrreihiger Schiffe in
Griechenland wesentlich. Es sei nur erwähnt, daß zur Zeit der griechischen
Früharchaik in Sardinien zahlreiche Bronzemodelle von offenen Booten
mit Tierkopfsteven entstanden sind (Abb. 31). Sie sind vereinzelt in etrus-
kische Gräber gelangt, doch dies ist kein Beweis, daß sie auch in ihrer
Heimat als Grabbeigaben gemeint waren.

Aus der späten Archaik ist eine schiffsförmige bronzene Lampe von der
Athener Akropolis trotz einiger Fehler das wertvollste Dokument. Der
Schiffsbau-Rausch der hellenistischen Herrscher hat, wie es scheint, kaum
je zur Entstehung von Schiffsmodellen geführt. Ein Terrakottakriegsschiff
dieser Zeit aus Ägypten (SSAW Abb. 103–104) ist daher eine wichtige
Quelle, obwohl sich der Typ des Fahrzeugs nicht eindeutig bestimmen läßt.

Erst für die Römische Kaiserzeit lassen sich Kleinmodelle wieder in größerer Zahl nachweisen. Obwohl Weihgeschenke (so als Boot einer Göttin bei einem Fund von den Quellen der Seine; Abb. 114) nicht fehlen, überwiegen doch recht summarische Genredarstellungen. Einzelheiten sind nur selten genau genug angegeben, um Wesentliches auszusagen. Alles in allem sind die rundplastischen Schiffsdarstellungen in ihrem Quellenwert uneinheitlich. Sorgfältig ausgeführte Exemplare wie Abb. 41 und Abb. 67 vermitteln Erkenntnisse, die sich den Flachbildern nicht entnehmen lassen, und dies gilt noch mehr für die großen Schiffsmonumente der hellenistischen und römischen Zeit. Weitaus häufiger sind die Modelle aber so summarisch, daß sie nur wenig zu unserer Kenntnis des antiken Schiffsbaues beitragen.

Darstellungen im Flachbild

Diese Gruppe unter den antiken Bildzeugnissen umfaßt so unterschiedliche Medien wie Reliefs, Mosaiken, Fresken, Ritzzeichnungen, Vasen- und Münzbilder, ihre Zahl ist jedoch so unüberschaubar, daß sich nur ein flüchtiger Überblick geben läßt[20]. Die ältesten Funde, Ritzzeichnungen aus Siebenbürgen (Abb. 2) und Dalmatien (Abb. 3), entstammen der Jungsteinzeit. Zahlreicher und leichter zu verstehen sind Schiffsbilder auf kykladischen Kultgefäßen aus dem 3. Jt. v. Chr. (Abb. 4); bei ihrer Interpretation sind die gleichzeitigen Bleimodelle (Abb. 7) hilfreich. Zur selben Zeit sind Schiffe auch auf Siegeln der frühminoischen Kultur Kretas ein beliebtes Motiv (Abb. 10). Die winzigen Darstellungen sind allerdings ungenau und oft mehrdeutig.

Die wichtigsten Quellen aus dem 2. Jt. v. Chr. sind die Freskobilder aus dem ,,Westhaus" von Thera (Abb. 12, 13). Trotz ihrer Genauigkeit werfen sie aber manche Probleme auf, die später besprochen werden sollen. Als Beispiel für die Quellenlage auf dem griechischen Festland um die Jahrtausendmitte seien die rohen Graffiti auf Stelen in Hyria (Dramesi) genannt (Abb. 16). Eine Besonderheit des Festlands sind Vasenbilder von Schiffen, die hauptsächlich in spätmykenische Zeit fallen (Abb. 19, 20). Sie geben meist Langschiffe mit spornartig verlängertem Kiel wieder, wie ihn auch das Modell Abb. 18 zeigt. Nach einer Fundlücke, die nur durch zwei frühgeometrische Schiffsdarstellungen notdürftig überbrückt wird (Abb. 23, 24), erscheinen solche Fahrzeuge wieder in spätgeometrischen Vasenbildern aus dem 8. Jh. v. Chr. in großer Zahl (Abb. 25–29). So reich an Einzelheiten viele unter ihnen sind, bleiben sie dennoch oft mehrdeutig. Wir wissen nicht, welche Perspektive die Vasenmaler angewendet haben: bedeuten zwei Reihen von Rojern übereinander (Abb. 25), daß sie wirklich an derselben Schiffsseite übereinander saßen, oder ist je eine Rojerreihe an den beiden Seiten gemeint?

Vasenbilder von Rundschiffen sind selten, wenn von Zypern abgesehen wird. Aus Kreta läßt sich ein frühgeometrischer Beleg nennen (Abb. 24). Attische Vasenmaler, die sich doch in Langschiffsdarstellungen nicht genug tun konnten, haben sich für dieses ,,unheroische" Sujet nicht interessiert; in zwei Bildzeugnissen dieser Art aus dem 6. Jh. v. Chr. sind Frachtsegler mit Piraten-Kriegsschiffen kombiniert (Abb. 42), bzw. es wird ein Ruderfracht- schiff gezeigt (Abb. 48). Einmalig ist das attische Relief eines Frachtschiffs- bugs (Abb. 44) aus dem 4. Jh. v. Chr.

Der Angriff eines (etruskischen?) Piratenschiffs auf einen Frachter er- scheint auch auf der Vase des Griechen Aristonothos, die in Caere (Cerve- teri) gefunden wurde (Abb. 46). Die Etrusker selbst haben vom 7. Jh. v. Chr. an meist gleichartige, wohl als Kriegsschiffe zu deutende Fahr- zeuge auf Vasen gemalt (Abb. 32–35). Einmalig ist das große Grabfresko eines Segelschiffs aus Tarquinia, das im 5. Jh. v. Chr. entstanden ist (Abb. 47). Die Bedeutung des Seehandels, die wir aus literarischen und archäologischen Quellen kennen, ließe sich weder aus den griechischen noch den etruskischen Bildzeugnissen erschließen.

Die griechischen Darstellungen sind ähnlich einseitig. So werden wäh- rend des 6. Jhs. v. Chr. in Attika häufig Kriegsschiffe auf Vasen gemalt (Abb. 42, 71, 72), obwohl Athen vor Salamis wahrscheinlich keine nen- nenswerte Kriegsflotte besessen hat, während in der Vasenkunst der großen Seemacht Korinth Schiffe nur eine recht unbedeutende Rolle spielen (Abb. 71). Auch die energische Flottenrüstung von Samos unter dem Ty- rannen Polykrates schlägt sich in der Bildkunst kaum nieder (Abb. 68).

Ebenso verhalten äußert sich im frühen 5. Jh. v. Chr. die entschiedene Hinwendung Athens zur Seemachtpolitik in der Bildkunst. Der Stolz auf den Seesieg von Salamis findet nur in Vasenbildern Ausdruck, die Gotthei- ten mit einer Schiffs-Heckzier in der Hand wiedergeben. Allerdings können bedeutende Bildzeugnisse verloren gegangen sein, wie wir es von dem Ge- mälde des Sturms auf persische Schiffe in der Schlacht von Marathon wissen.

Vom 3. Jh. v. Chr. an wird erstmals die Münzprägung zu einem wichtigen Propagandamittel. Jetzt stimmen die historische Überlieferung, die Monu- mente und die Münzbilder in ihrer Aussage überein, daß den Kriegsflotten in der staatlichen Machtpolitik eine zentrale Bedeutung zukommt.

Dies gilt auch für Rom im 3. Jh. v. Chr. Zur Zeit des 1. Punischen Krieges erscheinen Anker oder Dreizacke auf dem Kupferschwergeld *(Aes grave)*. Später zeigen dann die ersten Prägemünzen (Abb. 90), nach hellenisti- schem Vorbild, lange Zeit Schiffsvorderteile. Im 1. Jh. v. Chr. dienen wäh- rend der Seekriege des Sextus Pompeius, Marcus Antonius und Octavian/ Augustus Bilder ganzer Kriegsschiffe als Mittel der Propaganda für die Kontrahenten. Actium ist bis zum frühen 4. Jh. die letzte bedeutende See- schlacht Roms. Dennoch bleiben Kriegsschiffe in der Kunst (Abb. 95) und auf den Münzen der Kaiserzeit ein geläufiges Motiv, und daneben finden erstmals Handelsschiffs- und Hafendarstellungen Eingang in die Münzprägung (Abb. 61). Daß sich das Interesse am Seewesen nicht auf die offizielle Staatskunst beschränkt, zeigt sich z. B. an Fresken in Privathäusern von Pompeii (Abb. 94, 98) und an – manchmal recht instruktiven – Graffiti (Abb. 49–51). Gewiß werden Schiffsdarstellungen auch in Buchillustrationen nicht gefehlt haben (Abb. 104). Ein neuartiges Genre der Kaiserzeit sind Schiffe in Mosaiken (Abb. 52, 54, 59, 60, 100, 103), die in Nordafrika besonders beliebt sind. Eines aus Althiburus gibt verschiedene Typen von Handels- und Flußschiffen mit ihren Bezeichnungen wieder (Abb. 52). Es ist trotz der nicht sehr detaillierten Darstellungsweise und wohl auch Benennungsfehlern eine unersetzliche Quelle.

Als Beispiel für die offiziöse Kunst im frühen 2. Jh. seien die Reliefs an der Trajanssäule in Rom erwähnt (Abb. 107, 115). Schiffsmotive erscheinen auch in Weihreliefs (Abb. 48, 95, 101) und in der Grabkunst (Abb. 56, 57, 108, 110, 113). Ganz selten wird hier ein Seeunfall dargestellt (Abb. 59). Manche Seeszenen deuten ein idyllisches Milieu nach Art der ,,Inseln der Seligen'' an, oder Eroten versuchen sich als Matrosen bzw. Fischer (Abb. 65). Dann sind die Schiffsbilder nicht sehr zuverlässig, was auch für den Großteil der mythologischen Darstellungen gilt. In der Kaiserzeit finden nautische Motive auch in der Kunst der zuvor ,,barbarischen'' Provinzen des Reichs Eingang. Neben seltenen Meisterwerken wie dem Okeanos-Mosaik von Bad Kreuznach, den ,,Weinschiffen'' von Neumagen und einigen Reliefs (Abb. 110, 111, 113) verdienen im Nordwesten des Reichs Münzbilder wie auf den Kölner Prägungen des Postumus (Abb. 107) oder denen der britannischen Gegenkaiser Carausius und Allectus (Abb. 99) Beachtung. Diese Darstellungen gehören zu den wichtigsten Quellen für den spätrömischen Kriegsschiffsbau.

Insgesamt sind die Flachbilder nicht nur die zahlreichste und vielfältigste Quellengattung, sondern auch wohl die ergiebigste. Gerade manche römischen Darstellungen sind so genau, daß sie als Quellen ersten Ranges gewertet werden können.

Schriftliche Quellen

Die ältesten Schriftzeugnisse zum Seewesen auf europäischem Boden sind die spätmykenischen Schrifttafeln aus Pylos, auf denen die Zuteilung von Rojern an einzelne Küstenabschnitte und die Entsendung eines Dreißigruderers nach ,,Pleuron'' archivalisch festgehalten sind. Ergänzende Angaben fehlen.[21]

Bei Homer ist dann oft von Schiffen die Rede, und hier fehlt es nicht an Epitheta und Bezeichnungen einzelner Schiffsteile, die nicht immer eindeutig geklärt sind. Auch ist im Einzelfall nicht nur die Sachkunde des Dichters oder seiner Quellen ungewiß, sondern auch das Zeitalter, auf das sich die Angaben beziehen. Welche Aussagen gehen auf Traditionen aus mykenischer Zeit zurück, welche spiegeln die Verhältnisse zur Zeit Homers wider, d. h. des späten 8. oder frühen 7. Jhs. v. Chr.? Hesiod bezieht sich demgegenüber nur auf seine eigene Zeit. Er spricht in den ,,Werken und Tagen" zwar von der Schiffahrt, der er mit Mißtrauen und Abneigung gegenübersteht, doch kaum am Rande von den Schiffen selbst.

Die wichtigsten Entwicklungen, die sich während des 7. und 6. Jhs. v. Chr. im griechischen Kriegsschiffsbau vollzogen haben und zur Entstehung der Triére führten, werden im 5. Jh. v. Chr. von den Historikern Herodot und Thukydides in großen Zügen behandelt. Eingehender sind die Ausführungen über die Perserkriege und besonders über die Schlacht von Salamis, die auch in den ,,Persern" des Mitkämpfers Aischylos im Mittelpunkt steht. Hier wie dort geht es aber um das militärische Geschehen. Aussagen zu den Schiffen selbst sind spärlich und gewissermaßen in die Nebensätze verbannt: die Autoren gehen darauf nur ein, wenn es zum Verständnis des Geschehens notwendig ist. Dasselbe gilt für Thukydides' Schilderung des Peloponnesischen Krieges.

Der Wert dieser Quellen sei an zwei Beispielen demonstriert. So sagt Thukydides (I,14.3), daß die attischen Trieren bei Salamis noch nicht voll eingedeckt waren: sie sollten also nicht entern, sondern den Feind durch Rammstoß versenken. Da Kimon die Entertaktik vorzog, wurden diese Schiffe später mit geräumigen Decks für Bordinfanterie versehen (Plutarch, Kimon 12.2). Polyainos (III,11.11) berichtet über eine Episode aus dem Peloponnesischen Krieg, als ein schwächeres attisches Geschwader unter Chabrias auf ein überlegenes peloponnesisches trifft. Die Athener streichen ihre Erkennungszeichen (semeia), gewissermaßen die Nationalflagge, und kommen ungeschoren davon. Daraus ergeben sich zwei Schlüsse: zum einen, daß bereits im 5. Jh. v. Chr. ,,nationale" Erkennungszeichen auf Kriegsschiffen üblich waren, und zum anderen, daß sich die Fahrzeuge beider Parteien im Aussehen nicht unterschieden haben können.

Entgegengesetzt sind die Ziele der attischen Dichtung, zumal der Komödien des Aristophanes. Hier dienen Beobachtungen aus dem maritimen Alltag zur witzigen Auflockerung oder Erläuterung des Bühnengeschehens. Das attische Publikum wußte, worum es ging. Wir Heutigen wissen es nicht und sind darauf angewiesen, mühsam aus dem Zusammenhang zu rekonstruieren, worauf der Dichter vermutlich angespielt hat.

Auf wieder anderer Ebene liegen die Probleme bei der Auswertung einer dritten Quellengattung: den erhalten gebliebenen Arsenalakten der attischen Flotte aus dem 4. Jh. v. Chr. So amtlich-genau hier über den Zustand und die Zahl der Schiffe und ihrer Ausrüstungsteile Buch geführt wird, lassen sich konkrete Einzelheiten doch oft nur auf dem Wege des Zahlen-

oder Preisvergleichs von Gegenständen wie Remen, Segeln oder bestimmten Arten von Tauwerk indirekt erschließen.

Die Historiker des Hellenismus verfolgen dieselben Ziele wie ihre Vorgänger in klassischer Zeit. Doch muß nun auch Spezialliteratur über Schiffe existiert haben; leider ist nur die Schilderung der ,,Syrakusia'' durch den Autor Moschion in einem Werk über bemerkenswerte Schiffe dadurch erhalten geblieben, daß Athenaios (V, 206 d ff.) sie im 2. Jh. abschrieb. Auch sonst führt das Interesse des Leserpublikums an technischen Superlativen zur Schilderung von Einzelheiten wie der ungeheuren Zahl der Rojer, Soldaten und Wurfmaschinen auf den Schlachtschiffen; wie aber die Rojer plaziert oder die Rümpfe gebaut waren, wird nicht gesagt. Erst Casson hat die unscheinbaren Hinweise auf die Katamaran-Bauart der größten Schiffe erkannt und richtig gedeutet.

Zeitgenössische Quellen über den etruskischen Schiffsbau in archaischer Zeit fehlen gänzlich, und die späteren beschränken sich auf knappe Hinweise wie jenen, die Etrusker hätten den Rammsporn erfunden. Nach unserem gegenwärtigen Wissen kann diese Aussage kaum zutreffen. Im Westen setzen die Schriftquellen streng genommen erst mit dem 1. Punischen Krieg ein. Wir verdanken ihnen wichtige Hinweise wie die Schilderung des ,,Raben'' oder die Angabe, daß sich die römischen Schiffsbauer erst an punische, dann an rhodische Vorbilder angelehnt haben. Wie die römischen Schiffe im Einzelnen beschaffen waren, wie sie ausgesehen haben, bleibt für uns aber ungewiß.

Dieselben Maßstäbe gelten für die Seekriege der späten Republik. Kaum eine Schrift berichtet über die Schiffe, mit denen Gnaeus Pompeius die Seeräubergefahr eingedämmt hat. Über die Flotte seines Sohnes Sextus wissen wir nur, daß sie aus relativ leichten, schnellen Fahrzeugen bestand und daß Octavian und Agrippa bei Naulochos dagegen Schlachtschiffe von überlegener Größe ins Feld geführt haben und damit siegten. Für Actium ist Dios Bericht zu entnehmen, daß Marcus Antonius den Sieg bei Naulochos auf die Größe der Schiffe Octavians und Agrippas zurückgeführt und daher Schlachtschiffe von Ausmaßen gebaut hat, die jene wieder in den Schatten stellten. Octavian und Agrippa sind ihrer offenbar durch den Einsatz von neugebauten leichten, wendigen Liburnen und von Brandwaffen Herr geworden. Näheres über die Schiffe ist kaum zu erfahren. Römische Spezialliteratur über Schiffe und Schiffsbau ist nur selten erhalten geblieben (S. 121).

Eine Ausnahme läßt sich für das 2. Jh. nennen. Eher zufällig greift der Belletrist Lukian die Gelegenheit auf, den zum Piraeus verschlagenen großen Annona-Frachter ,,Isis'' zu beschreiben. Das geschieht aber mit einer Genauigkeit der Details und der Maßangaben, die in der Antike selten ist.

Zu Frachtschiffen finden sich sonst manche Einzelangaben in Quellen wie der Hafenordnung von Thasos oder den juristischen Texten der Digesten.

Ähnliche recht zusammenhanglose Einzelheiten ergeben sich aus Reisebe-
schreibungen wie jener des Paulus in der Apostelgeschichte. Man muß
zufrieden sein, wenn die Größe eines Schiffes oder die Zahl seiner Passagiere zur Sprache kommt.

In der Spätantike befaßt sich die Geschichtsschreibung wieder mit den
Operationen der See- und Flußflotten, doch sind greifbare Aussagen, wie
die zu den Schiffen Constantins des Großen in der Dardanellenschlacht
gegen Licinius, die Ausnahme; selbst sie werden von der Forschung nicht
einmütig beurteilt.

Die Auswertung der Schriftquellen ist mithin ein besonders anspruchs-
volles Spezialgebiet. Aus dem Puzzle von Einzelangaben auch nur die Um-
risse eines Gesamtbildes zusammenzufügen, setzt ebensoviel philologische
Akribie wie solides Sachwissen auf nautischem Gebiet voraus. Wir verdanken dieser Quellengattung unersetzliche Aufschlüsse über die Verwendung
der antiken Seefahrzeuge in Krieg und Frieden. Wie unvollständig und oft
mehrdeutig aber die Aussagen zu den Schiffen selbst und zu Einzelheiten
der Konstruktion in der Regel sind, zeigt die jahrzehntelange Diskussion
über die Anordnung der Rojer auf Trieren und Polyeren oder über die
Größe sogar so eingehend beschriebener Schiffe wie der Frachter ,,Syraku-
sia" und ,,Isis".

Antiker Schiffsbau:
Die Vorstufen

Steinzeit und Frühbronzezeit

Der Fund von Husum (Anm. 1) und skandinavische Felszeichnungen beweisen, daß die ältesten Wasserfahrzeuge Europas Fellboote waren. Solche zweckmäßigen, überraschend seetüchtigen Boote dienen stellenweise noch heute in Irland zur Küstenfischerei, und ein Nachbau des Lederboots St. Brendans hat unlängst sogar den Atlantik überquert. In Irland heißt der Typ ,,Curragh". Es ist unsicher, ob solche Curraghs auch im Mittelmeer bekannt waren. Hier standen eher Schilfboote am Anfang der Entwicklung. Für die Bauernkulturen des Neolithikum, die im 7./6. Jt. v. Chr. das Jäger-, Sammler- und Fischertum des Paläolithikum und Mesolithikum ablösen, sind Einbäume besonders charakteristisch: Baumstämme, die mit Feuer oder steinernen Dechseln ausgehöhlt wurden. Freilich sind solche engen, unstabilen Boote kaum geeignet, Großvieh nach Zypern oder Kreta zu schaffen. Hat man dazu Flöße verwendet, wie beispielsweise noch viel später beim Transport von Elefanten? Da die neolithischen Schiffe (Abb. 2, 3) mit ihren hohen Seiten weder als Einbaum noch als Schilfboot recht überzeugen, läßt sich vielleicht erwägen, ob nicht schon in der Jungsteinzeit Plankenschiffe gebaut worden sind.[22]

Die frühkykladischen Flachbilder (Abb. 4) und Bleimodelle (Abb. 7) geben wahrscheinlich Weiterentwicklungen des Einbaums wieder (Abb. 6). Auf kretischen Siegeln aus dem späten 3. Jt. v. Chr. (Abb. 10), aber auch in einer Ritzzeichnung von Melos (Abb. 11), sind dann geschwungene Rümpfe zu erkennen, die wie Plankenbauten wirken. Etliche unter den Siegelschiffen haben schon einen Segelmast. Diese Neuerungen gehen vielleicht auf ägyptische Vorbilder zurück; Kreta (Keftiu) war den Ägyptern im 3. Jt. v. Chr. ein so fester Begriff, daß es oftmals von ägyptischen Schiffen besucht worden sein dürfte.

Ruderschiffe mit Mast sind auf einer Dolchklinge eingeritzt (Abb. 5), die in einem frühbronzezeitlichen Fürstengrab in Dorak in der Türkei gefunden worden sein soll. Die Schiffe wirken aber mit ihrem hohen, rammspornartigen Kinn und den Remen, die – wie es scheint – durch Pforten in der Bordwand geführt sind, für das 3. Jt. v. Chr. viel zu modern. Zweifel an der Echtheit des Fundstücks erscheinen auch aus diesem Grunde berechtigt.

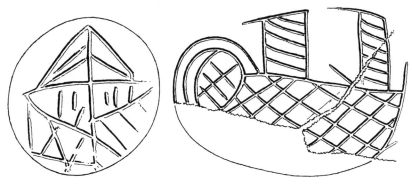

2–3   *Schiffe auf neolithischen Gefäßen aus Turdaş, Rumänien (2) und Grabak, Insel*
Hvar, Jugoslawien (3) (nach N. Vlassa; G. Novak)

4–5   *Schiff auf frühkykladischer „Pfanne" von Syros (4); Schiffe auf Dolchklinge*
aus „Dorak", Türkei (nach J. Mellaart) (5)

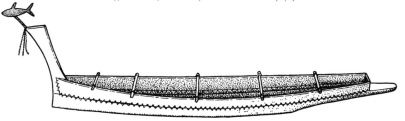

6   *Frühkykladisches Langboot, Rekonstruktion als „erweiterter Einbaum"*
mit Setzborden

Mittlere und Späte Bronzezeit

Für das 2. Jt. v. Chr. können im östlichen Mittelmeer Plankenschiffe vorausgesetzt werden[23]. Die Fresken von Thera (Abb. 13, 14) zeigen den
Schiffstyp mit hochgezogenen Enden, der bereits auf kretischen Siegeln des
späten 3. Jts. v. Chr. begegnete. Die Thera-Schiffe haben Remen und einen
Segelmast, der umgelegt werden kann. Daß gerade die größten, in einer Art
Prozession oder Parade gezeigten Fahrzeuge mit Stechpaddeln fortbewegt
werden, dürfte besondere Gründe haben. Vielleicht werden die Schiffe hier,
bei siegreicher Heimkehr von einem Kriegszug, notdürftig durch Gefange-

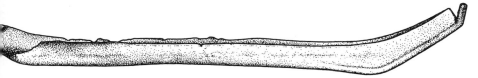

7 Frühkykladisches Langboot, Bleimodell (Mus. Liverpool)

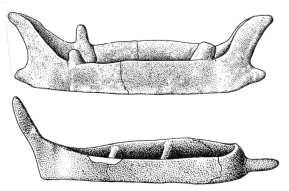

8–9 Frühminoische Tonmodelle aus Mochlos (8) und Palaiokastro (9)
(Mus. Iraklion)

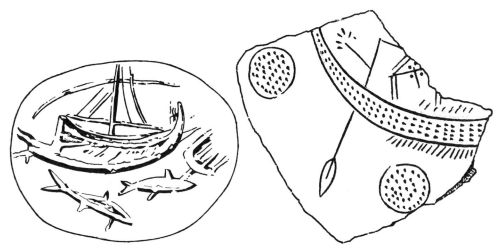

10 Elfenbeinsiegel aus Platanos, Kreta
(Mus. Iraklion)

11 Frühkykladische Scherbe aus
Phylakopi, Melos (Nat.-Mus. Athen)

ne fortbewegt. Die Form des Rumpfs, die Handhabung der Ruder, der Baum an der Unterkante der Segel, die abnehmbaren baldachinartigen Deckshütten und verzierten Kapitänsstände im Heck erinnern sehr an ägyptische Schiffe. Einzelheiten der Bauweise sind noch umstritten. Auf dem griechischen Festland wird schon zwischen Lang- und Rundschiffen unterschieden. Die ersteren (Abb. 16, 17) haben so flache, gerade Rümpfe wie die frühkykladischen Boote; auch der am Bug überstehende Kiel begegnete schon dort. Neuartig sind aber die Aufbauten oder Schanzkleider am Bug und Heck. Da sie – ebenso wie der spornartig überstehende Kiel – aus Syrien bekannt sind (Abb. 22), erscheinen auch Anregungen aus dieser Richtung möglich. Ein spornartiges Kinn kennzeichnet die mykenischen Vasenbildschiffe (Abb. 17, 19, 20) ebenso wie das Modell aus Attika (Abb. 18). Daß die Rammtaktik schon im 2. Jt. v. Chr. angewendet wurde, ist aber höchst unwahrscheinlich.

Das frühe Rundschiffs-Graffito (Abb. 16) zeigt ein hochbordiges Fahrzeug mit gerundetem Bug und Heck. Man kann es sich ähnlich vorstellen wie die früheisenzeitlichen Rundschiffsmodelle aus Zypern (Abb. 41). Auch das vor Kap Gelidonya gesunkene kleine Handelsschiff wird so ausgesehen haben. Dort ließ sich nachweisen, daß die Planken miteinander verschnürt waren wie schon im 3. Jt. v. Chr. an dem Cheops-Schiff.

Protogeometrische und Geometrische Periode

Aus dem ,,Dunklen Zeitalter" nach dem Ende der mykenischen Kultur sind bisher keine Schiffsbilder bekannt. Sie setzen erst um 900 v. Chr. wieder ein (Abb. 23, 24).[24] Ein Langschiff (Abb. 23) hat einen spornartigen Bug wie die mykenischen Langschiffe, doch die starke Krümmung des Rumpfs ist neuartig und einmalig. Das andere Bild (Abb. 24) zeigt ein Rundschiff.

Die zahlreichen Langschiffe in spätgeometrischen Vasenbildern, überwiegend aus Attika (Abb. 25, 26), weisen einen ebenso niedrigen Rumpf mit geradem Kiel auf wie z. B. das mykenische Tonmodell Abb. 18. Auch das hochgezogene Heck deutete sich in der Bronzezeit schon an. Fortschritte zeigen sich in der Gestaltung des Bugs: der vorspringende Kiel ist nun mit dem Steven verbunden und in die Bordwand einbezogen. Die Ähnlichkeit mit Rammspornen aus späterer Zeit ist nicht zu übersehen.

Man hat gemeint, an den Bugformen attische Schiffe von korinthischen unterscheiden zu können, doch das war wohl überspitzt (H. Tréziny). Regionale Unterschiede sollen aber nicht grundsätzlich verneint werden; denn eine Bugform, bei der die Spitze deutlich oberhalb der Kielebene liegt (Abb. 29), findet sich nur im griechischen Kolonialgebiet in Unteritalien. Stammt sie aus Chalkis, der Heimat der meisten frühen Kolonisten, oder ist sie erst in Unteritalien entstanden? Das ist ungewiß. Übersehen läßt sich

12   *Spätminoisches Fresko, Thera (Nat.-Mus. Athen)*

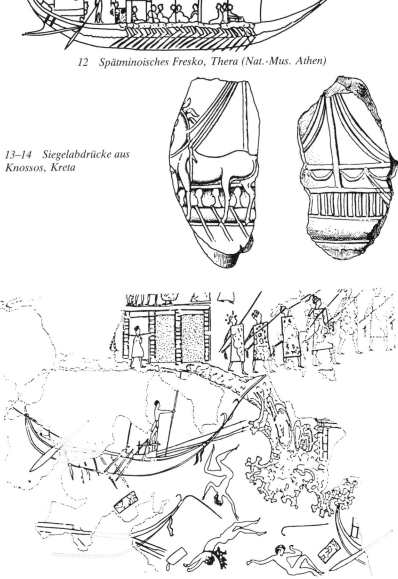

13–14   Siegelabdrücke aus Knossos, Kreta

15   *,,Landungskampf'', Fresko aus Thera*

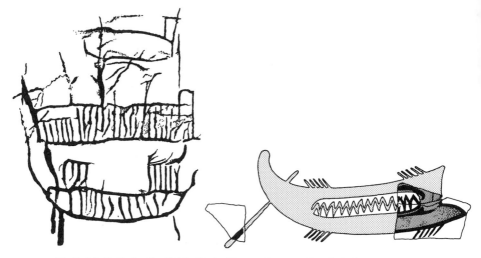

16   Späthelladische Graffiti in Hyria (Dramesi): unten Rundschiff, oben Langschiff

17   Mittelhelladisches Vasenbild aus Iolkos, Thessalien

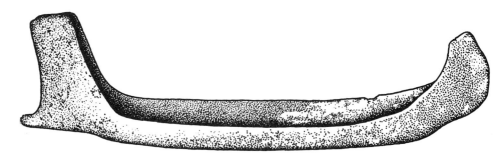

18   Späthelladisches Tonmodell aus Oropos, Attika

19–20   Späthelladische Vasenbilder aus Tragana (19), Asine (20), Peloponnes

nur, daß diese Bugform im Westen noch lange nachgelebt und vielleicht auch den etruskischen Schiffsbau beeinflußt hat.

Wie die Rümpfe der geometrischen Langschiffe im Einzelnen gebaut waren, ist noch umstritten. Landströms Vorschlag, sie sich als Einbäume mit aufgesetzten Plankenwänden vorzustellen, harmoniert mit einem Teil der Bildzeugnisse gut. Auf ähnliche Weise scheinen auch phönikische Langschiffe mit Sporn aus dieser Zeit gebaut zu sein (Abb. 66). Doch Homer spricht von Kiel, Spanten und Planken, die miteinander verschnürt sind: Als die Griechenschiffe vor Troja jahrelang auf Land liegen und austrocknen, „lockern sich die Seile" (Il. II, 135). Da aber unklar ist, ob nicht Homer auf die Verhältnisse in mykenischer Zeit anspielt, sollte Landströms These nicht vorschnell verworfen werden.

Masten werden nur selten gezeigt (Abb. 27), können aber gewiß allgemein vorausgesetzt werden. Im Gefecht, und wenn die Schiffe auf den Strand gezogen wurden, legte man sie wohl um, wie es in den Thera-Fresken (Abb. 12, 13) und in Darstellungen aus klassischer (Abb. 35) und römischer Zeit zu sehen ist. Bei Flaute und im Gefecht wurde gerudert. Wahrscheinlich gab es schon Schiffe mit zwei Rojerreihen übereinander. Die Vasenbilder sind in dieser Hinsicht mehrdeutig (Abb. 25), doch Homer (Il. II, 719f.) spricht von böotischen Schiffen mit 120 Mann Besatzung – und Fahrzeuge mit 60 Rojern in einer einzigen Reihe wären wegen ihrer Länge nicht mehr seetüchtig. Eher könnte es sich hier um Dreißigruderer mit einer zusätzlichen Rojerreihe über der normalen handeln. Die Phöniker haben solche Zweireiher besessen (Abb. 66). Es ist aber umstritten, ob sie oder die Griechen bei der Entstehung mehrreihiger Kriegsschiffe den Anstoß gegeben haben. Dies gilt besonders für die Frage nach dem Ursprung der Triére. Wenn wirklich Ameinokles von Korinth kurz vor 700 v. Chr. die ersten Dreireiher gebaut hat, wäre dieser so wichtige Typ eine griechische Erfindung aus der Schlußphase der Geometrischen Periode.

Die Rojer haben anfangs ungeschützt gesessen, doch setzt in spätgeometrischer Zeit bereits die Entwicklung zum „kataphrakten" Kriegsschiff hin ein, bei dem die Bordwand zwischen den Dollen bis über die Köpfe der Rojer hochgezogen wird. Geschlossene Decks hat es nicht gegeben. Nur manchmal scheint ein Laufgang zu existieren, der die kurzen Teildecks im Bug und Heck verbindet.

Die geometrischen Schiffe sind am Bug mit einer Art Hörner geschmückt, und am Heck deutet sich manchmal schon die Form des späteren Aphlaston an; allerdings ist die Heckzier noch nicht in mehrere dünne Hölzer aufgespalten. Überhaupt kann angenommen werden, daß eine kontinuierliche Entwicklung von den Langschiffen der Geometrischen Periode zu denen der Folgezeit weitergeführt hat.

Rundschiffe sind kaum je dargestellt worden, wenn man von Zypern (Abb. 41) absieht. Ein kretisches Vasenbild (Abb. 24) steht dem zyprischen

Typ, aber auch dem Rundschiff von Hyria (Abb. 16) nahe. Bei all diesen Fahrzeugen ist der Rumpf gedrungener und hochbordiger als Langschiffsrümpfe sind, und der Bug ist gerundet wie das Heck. Bei dem Modell Abb. 41 ist das Achterschiff nicht nur kastellartig erhöht, sondern weist auch solide seitliche Ausbauten zur Führung der Ruder auf. Wenn die Lochreihe in der Bordwand (Abb. 41) wirklich für Remen bestimmt war, würde dies ein Ruderfrachter eines ähnlichen Typs sein, wie Homer (Od. 9, 231 f.) ihn erwähnt.

Der Typ läßt sich in Phönikien bis ins 2. Jt. v. Chr. zurückverfolgen (Abb. 22) und darf wohl mit der phönikischen golaḥ (griech. gaulós) verbunden werden. Zumal wenn nicht nur das Heck, sondern auch der Bug durch ein hohes Schanzkleid geschützt ist (Abb. 16, 22, 24; vgl. auch die Seevölkerschiffe Abb. 21), werden sich diese Fahrzeuge für Sturmfahrten auf hoher See geeignet haben. Die Ausrüstung für Segel- und Ruderantrieb kam ihrer vielseitigen Verwendbarkeit zusätzlich zugute.

Diese Frachter werden kaum größer gewesen sein als der bronzezeitliche von Kap Gelidonya mit seiner Länge von knapp 10 m. Größere Handelsschiffe, wie sie für die Bronzezeit Syriens literarisch bezeugt sind, lassen sich im Westen nicht nachweisen. Wir haben anzunehmen, daß kleine Fahrzeuge, ähnlich den heutigen Kaïkis, bei der griechischen Kolonisation den Besitz und die Vorräte der Auswanderer bis zur Krim oder nach Spanien gebracht haben: Ihre Seetüchtigkeit muß ebenso beachtlich gewesen sein wie der Wagemut ihrer Besatzungen.

Nur die Phokäer sollen ihre Handels- und Kolonisationsreisen mit „Kriegsschiffen" durchgeführt haben. Gelegentlich wird das frühe Fundament einer Schiffsweihung im samischen Heraion mit der exorbitant erfolgreichen Handelsfahrt des Kolaios nach Tartessos verbunden. Da sich aus den Maßen der Basis ein nicht übertrieben schlankes, doch annähernd stromlinienförmiges Fahrzeug von etwa 25 m Länge rekonstruieren läßt, könnte auch dies kein normales dickbauchiges „Kaïki" gewesen sein. Da sich die schlanken Langschiffe aber für Fernreisen auf hoher See nicht eignen und noch weniger zum Transport größerer Ladungen, ist vielleicht für die spätgeometrische Zeit mit einem Zwischentyp zu rechnen, der die größere Breite des Frachters mit der Länge und dem Ruderantrieb des Kriegsschiffs vereinigte. Ein solcher Typ würde auch begrenzte Kampfhandlungen zulassen, etwa die Abwehr eines Piratenangriffs oder auch den Überfall auf ein fremdes Handelsschiff. Das einzige Bildzeugnis hierfür könnte eine Fibel aus Sparta bieten (sehr ähnlich: Abb. 47), wo ein Kriegsschiff ein anderes angreift, dessen Rumpf am Bug und Heck symmetrisch hochgezogen ist; am Bug ist über der Wasserlinie ein dreieckiger „Sporn" angesetzt, mit dem man nur passiv einen Gegner auf Distanz halten kann. Auch dieses Schiff ist mit Bewaffneten bemannt, die auf einem Deck oder Laufgang über den Köpfen der Rojer stehen. Das alles würde gut zu unse-

21 Seevölkerschiff, Relief aus Medinet Habu, Ägypten

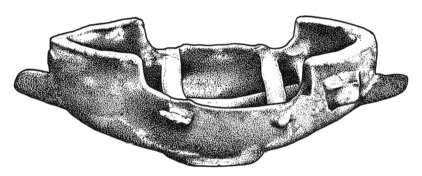

22 Tonmodell aus Byblos, Libanon

23–24 Frühgeometrische Vasenbilder aus Halikarnassos, Türkei (23),
Fortetsa, Kreta (24)

rem hypothetischen Mehrzwecktyp passen. Vielleicht hat einst ein ähnliches Fahrzeug auf dem Fundament im Heraion von Samos gestanden.

Zu kleinen Booten, wie die Fischer sie brauchten, fehlen Bildzeugnisse fast ganz. Ein Tonmodell aus Kreta scheint, nach seiner rundlich-ovalen Form zu urteilen, ein Lederboot wiederzugeben.

Das frühe Italien

Wenn wir den griechischen Schriftquellen glauben dürfen, waren die Etrusker ein seetüchtiges Volk, dessen Flotten bis zur Schlacht von Kyme (Cumae) 474 v. Chr. das Tyrrhenische Meer beherrschten. Hieran gemessen sind die Bildzeugnisse[25] spärlich. Die Funde aus dem 8.–6. Jh. v. Chr. zeigen in Italien zwei verschiedene Typen. Der adriatische ist auf der Grabstele von Novilara wiedergegeben (Abb. 30): ein Einbaum mit flachem Boden (M. Bonino), dessen Sporn oder Kinn von griechischen Vorbildern angeregt sein mag, ebenso wie vielleicht der Segelmast. Ein Bug-Aufsatz mit Tierkopf ist aber ungriechisch.

Im Tyrrhenischen Meer sind auf Sardinien (Abb. 31) wie auf dem Festland offene Boote mit symmetrischen Enden verbreitet, die mit dem Adria-Typ nur den Tierkopf am Bug gemeinsam haben. Manchmal läßt die flache ovale Form an Lederboote denken, doch häufiger dürfte es sich um Plankenbauten handeln.

Die frühetruskischen Schiffe des 7. und 6. Jhs. v. Chr. haben symmetrisch gerundete Steven wie die Boote im Tyrrhenischen Meer. Auch ein Tierkopf oder Vogelkopf am Bug erinnert an diesen Typ (Abb. 32, 33). Das Heck ist aber höher gezogen als zuvor, und der Achtersteven ist aufwendiger gestaltet wie an geometrischen Schiffen in Griechenland. Dies sind echte Schiffe mit Segelmast und einer Reihe von Rojern. Die auffälligste Neuerung sind Sporne, die anders beschaffen sind als in Griechenland oder Phönikien: sie gehen nicht aus dem Kiel hervor, sondern wirken wie Bretter, die man äußerlich an den Rumpf angeflickt hat. Ihre Spitzen liegen höher als der Kiel; das kommt der Bugform auf dem Vasenbild von Ischia (Abb. 29) nahe. Ein so äußerlich an den Rumpf gesetzter Sporn wird wiederholte Rammstöße schwerlich ausgehalten, sondern sich schon beim ersten Treffer gelockert haben; er wäre also eine Waffe für nur einmalige Verwendung. Daß es so etwas gegeben hat, zeigt ein Wrack von Marsala aus dem 3. Jh. v. Chr., und eine Bemerkung Herodots (I, 166) zur Schlacht bei Alalia deutet an, daß auch die phokäischen Schiffe recht unsolide Sporne hatten: Die überlebenden Griechenschiffe konnten nicht mehr rammen, weil ihre Sporne ,,verbogen'' waren.

Waren solche Sporne eine etruskische Erfindung, wie es die Römer für den Rammsporn überhaupt annahmen? Es wäre eine vage Möglichkeit.

25–26 *Spätgeometrische Vasenbilder aus Athen*

27–28 *Ritzbilder auf Bronzefibeln aus Böotien (7. Jh. v. Chr.)*

29 *Spätgeometrisches Vasenbild aus Ischia, Italien*

Dennoch dürfte auch diese Sonderform von griechischen oder phönikischen Vorbildern angeregt worden sein. Wenn das Bild auf der Fibel von Sparta (S. 44) eine zuverlässige Quelle ist, wäre der hoch angesetzte Sporn ohnehin schon im 8. Jh. v. Chr. in Griechenland bekannt gewesen. Die Szene kehrt fast identisch auf dem Aristonothos-Krater wieder (Abb. 46), der um 665 v. Chr. entstanden ist.

Wegen seiner exotischen Züge sei das Vasenbild Abb. 34 erwähnt. Der „Haifisch" links dürfte ein Fahrzeug ähnlich wie auf der Vase von Ischia (Abb. 29) sein, dessen Bug und Deck durch aufgespannte Matten oder Decken gegen feindlichen Beschuß geschützt sind. Die riesige Lanze im Fischmaul gemahnt an Homers Schiffslanzen mit ihrer Länge von etwa 6 m. Der Gegner ist leichter als Kriegsschiff zu erkennen, obwohl der Sporn kurz und wohl auf etruskische Weise äußerlich an den Vorsteven gesetzt ist. Dieser Kontrahent hat nicht nur ein Kampfdeck oder zumindest einen Laufgang, sondern auch einen Mastkorb mit einem Bogenschützen, wie wir es zuletzt in der „Seevölker"-Schlacht Ramses' III. sahen (Abb. 21). Welchen Nationen im Westmittelmeer die beiden Schiffe zuzuweisen sind, ist problematisch. Eines dürfte etruskisch sein, aber welches? Am einfachsten wäre es, in dem „Haifisch" ein Griechenschiff zu sehen und in dem anderen ein etruskisches. Doch dieses trägt am Bug ein Pferdekopfemblem, wie es für phönikische Schiffe typisch gewesen sein soll. Ist dies also ein Phöniker oder Punier, der mit einem Etrusker im Gefecht liegt? Angesichts der engen Allianz zwischen den beiden Seemächten, die bei Alalia die Feuerprobe bestand, ist ein Kampf zwischen beiden Bündnispartnern wenig wahrscheinlich. Eher läßt sich erwägen, daß die Etrusker im Schiffsbau punische Elemente übernommen hätten und daß hier ein etruskisches Pferdekopfschiff gegen einen griechischen Piraten-„Haifisch" kämpft.

Aus der Blütezeit etruskischer Seemacht, dem späteren 6. Jh. v. Chr., läßt sich nur ein Kriegsschiffsbild nachweisen (Abb. 73). Mit seinem horizontalen Dollbord und dem gerade zum Sporn vorgezogenen Bug unterscheidet es sich so sehr von den früheren Darstellungen, daß angenommen werden muß, im etruskischen Schiffsbau des 6. Jhs. v. Chr. hätten sich neuartige Tendenzen durchgesetzt. Vielleicht ist die „etruskische Thalassokratie" im Tyrrhenischen Meer erst dadurch möglich geworden. Außer der Rumpfform fällt auf, daß dieses Schiff zwei Rojerreihen und im Vorschiff ein geräumiges erhöhtes Kampfdeck aufweist. Demnach spielte der Kampf der Decksmannschaften eine größere Rolle als in Attika, und das zeigte sich ja auch schon bei dem Zweikampf mit dem „Haifisch" (Abb. 34).

Wie die Kriegsschiffe, die 474 v. Chr. bei Kyme den Syrakusanern unter Hieron I. unterlagen, aussahen und warum sie unterlagen, wissen wir nicht. Hat der Grieche die hochmoderne Salamis-Taktik des reinen Rammkampfs angewendet und dem Gegner keine Chance zum Entern geboten?

Wie etruskische Schiffe nach 474 v. Chr. hingegen ausgesehen haben,

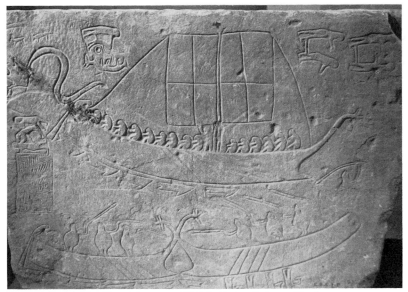

30 *Ritzzeichnung auf frühitalischer Stele aus Novilara*

31 *Frühsardisches Bronzemodell (Bad. Landesmus. Karlsruhe)*

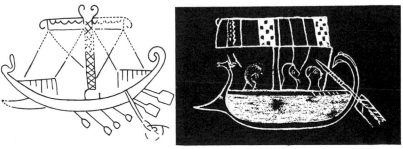

32–33 *Frühetruskische Vasenbilder aus Veii (32), Vulci (33)*

34   *Frühetruskisches Vasenbild aus Cerveteri*

35   *Grabstele des Vele Caikne aus Bologna, 5. Jh. v. Chr.*

36–37   *Reliefs von etruskischen Aschenkisten aus Volterra, 2. Jh. v. Chr.*

zeigt die Grabstele aus Bologna, Abb. 35. Dies ist ein bescheidenes Fahrzeug mit einer Rojerreihe, wohl ein Dreißigruderer. Der nahezu gerade Vorsteven erinnert an den Ruderfrachter in Abb. 45, während der vorn hochgebogene Kiel in der Tradition des Ischia-Schiffs steht (Abb. 29). Hinter den Köpfen der Rojer, die eigenartigerweise nach vorn blicken, liegt ein horizontaler Laufgang; darüber ruht auf zwei hohen Stützen der umgelegte Mast. Eine solche Lagerung ist erst wieder aus der Kaiserzeit bekannt. Ähnlich können wir uns die drei etruskischen Fünfzigruderer vorstellen, die 413 v. Chr. nach Syrakus entsandt wurden.

In hellenistischer Zeit sind öfters Kriegsschiffe auf etruskischen Aschenurnen dargestellt worden (Abb. 36, 37), und man hat diese späten Reliefs lange als wichtigste Quellen zum etruskischen Schiffsbau angesehen. Anders als in Abb. 32–35 sind hier massige kurze Sporne wiedergegeben, wahre Sturmböcke mit drei horizontalen ,,Stoßmeißeln'' übereinander, die oberhalb des Kiels an den Steven gesetzt sind. Beachtung verdient, daß in Abb. 36 ein solcher Sporn am Achterschiff angegeben ist, wie wir das von illyrischen Schiffen (Abb. 101) kennen. Es könnte sich um eine frühe Darstellung des später so wichtigen Typs der Liburne handeln (S. 113).

Der etruskische Kriegsschiffsbau scheint nicht den Stand des griechischen erreicht zu haben. Der Handelsschiffsbau hat eindrucksvollere Leistungen aufzuweisen, wenn wir dem Urteil das Grabfresko aus Tarquinia zugrundelegen (Abb. 46). Der hochbordige Frachter ähnelt in der Rumpfform dem attischen Handelsschiff in Abb. 42–43, doch die etruskische Takelung mit zwei hohen Segelmasten ist der attischen überlegen. Bei bestimmten Windrichtungen dürfte der Etrusker seiner griechischen Konkurrenz glatt davongesegelt sein. Nach der Aussage dieses einen Dokuments möchte man meinen, der Seehandel hätte die etruskischen Schiffsbauer zu höheren Leistungen beflügelt als die in so glühenden Farben geschilderte Piraterie.

Soviel zum Schiffsbau vor der griechischen Antike im strengen Sinn, bzw. in den Gebieten außerhalb der Ägäis. Es ist an der Zeit, nach Hellas zurückzukehren und uns der Entwicklung vom 7. bis zum 3. Jh. v. Chr. zuzuwenden und dann jener in Rom. Da die Quellen jetzt reichlicher fließen als zuvor, empfiehlt sich eine getrennte Betrachtung der friedlichen bzw. der kriegerischen Seefahrt in ihren verschiedenen Aspekten.

Handelsschiffahrt in der griechischen und römischen Antike

Schiffstypen und Bauweise

Die Bauweise der Handelsschiffe ist im Mittelmeer bis ins 4. Jh. n. Chr. dieselbe wie die der Kriegsschiffe: Nach den bisherigen Funden zu urteilen sind es Schalenbauten (Abb. 38) wie schon das Cheops-Schiff im 3. Jt. v. Chr. oder Kompositbauten (Abb. 40). Nur die Verbindung der Planken ändert sich im Verlauf des 6. Jhs. v. Chr. Bis dahin, vereinzelt sogar bis ins 2. Jh. v. Chr., ist noch ,,genäht" worden. In der Folgezeit verklammert man die Planken mit Brettchen (Federn), die in gegenüberliegenden Schlitzen (Nuten) der aneinanderstoßenden Planken stecken. Die Enden der Federn werden durch hölzerne Dübel in den Nuten festgehalten. Hierdurch ergibt sich ein sehr fester Zusammenhalt der Schale; doch der Aufwand an Präzisionsarbeit beim Bau ist enorm. So wurde im Verlauf der Kaiserzeit die Zahl der Verbindungen reduziert, und die Sorgfalt der Ausführung läßt immer mehr nach. Vielleicht hat man sich schon früh den Bau durch ein Teilskelett (Abb. 40) erleichtert. Wenn die ,,*nomeis*", deren Fehlen im ägyptischen Schiffsbau von Herodot (II,96) als Besonderheit erwähnt wird, solche ,,Primärspanten" gewesen sein sollten, so dürfte diese Bauweise schon im 5. Jh. v. Chr. in Griechenland üblich gewesen sein. Sicher bezeugt ist sie für die Kaiserzeit.

Metall wird zunächst sparsam verwendet. Allein die Bolzen zur Befestigung der Spanten in der Schale pflegen aus Kupfer bzw. Bronze, später eher aus Eisen zu bestehen. Diese langen Stifte sind von außen durch Planke und Spant getrieben, und um ein Lockerwerden zu verhindern, hat man schon im 4. Jh. v. Chr. (Kyrenia; S. 59) die innen überstehenden Enden umgekröpft oder vernietet. Caesar (Bellum Gallicum III,13) erwähnt Eisennägel an Keltenschiffen seiner Zeit. Da sie im Mittelmeer aber schon im 2. Jh. v. Chr. verwendet worden sind, wäre es gewagt, den Übergang zur Verwendung dieses billigen Materials überall und immer als Angleichung an keltische Schiffsbaugewohnheiten zu verstehen.

Als Baumaterial wurden im Mittelmeergebiet für die Planken vorwiegend Nadelhölzer verwendet, während die Kiele und Spanten meist aus besonders festen Hölzern wie Eiche oder Zypresse hergestellt sind. Schiffe ganz aus Eichenholz sind eine Besonderheit des nordalpinen Raums, wo Eichen reichlich wuchsen.

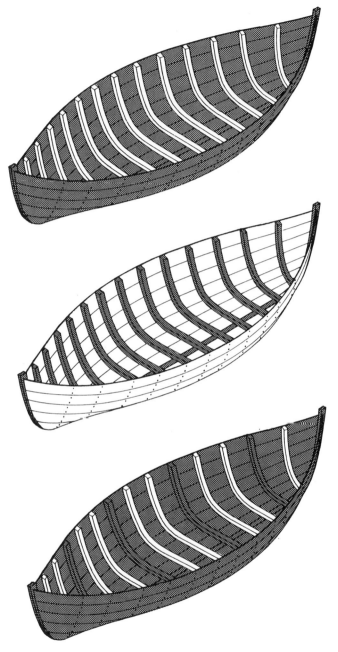

38–40   *Schema: Schalenbau (38), Skelettbau (39), Mischbauweise (40).*
Erste Bauphase grau, zweite Phase weiß

An Konservierungsmitteln sind schon bei Homer Teer bzw. Pech bezeugt. In einigen Wracks wurde auch ein Schutzanstrich mit harzartigen Substanzen nachgewiesen. Die Unterwasserteile von Frachtschiffen wurden oft mit Bleiblech beschlagen, um den gefährlichen Schiffswurm (Teredo) fernzuhalten. Einmal hat man sogar die dafür verwendeten Bronzenägel mit Blei überzogen. Es scheint, daß man bereits Erfahrungen mit der elektrolytischen Zersetzung von Metallen im Seewasser besaß.

Für Kriegsschiffe war ein Bleimantel natürlich viel zu schwer. Sie wurden unter der Wasserlinie mit Teer oder Pech konserviert, und das Überwasser-

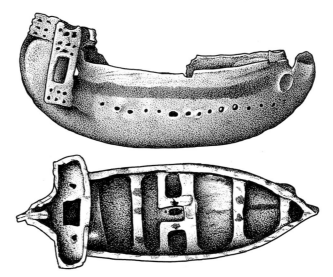

41   *Tonmodell aus Amathus, Zypern, 8. Jh. v. Chr.*

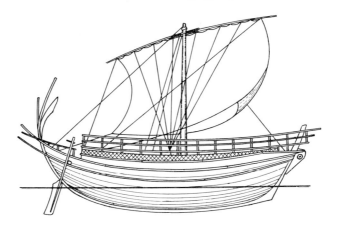

42   *Umzeichnung des Frachtschiffs aus Abb. 43*

43 Attisches Vasenbild: Frachtsegler und Piratenschiff, 6. Jh. v. Chr.

44 Weihrelief von der Akropolis, Athen: Bug eines Kornfrachters, 4. Jh. v. Chr.

schiff war mit Wachsfarben bunt bemalt. Piratenschiffe sollen einen meer-
farbenen Tarnanstrich gehabt haben.

Die Solidität der Konstruktion ist uneinheitlich. Die Kiele sind auch dort,
wo sie nicht durch einen Innenkiel (Kielschwein) entlastet werden, manchmal bedenklich dünn. Bei dem hellenistischen Frachter von Grand Con-
gloué hat man sogar, wie im alten Ägypten, Strecktaue verwendet, um den
Kiel vor übermäßiger Zugspannung zu bewahren. Der Längsfestigkeit des
Rumpfs kam aber die nach heutigen Maßstäben ungewöhnlich kräftige Be-
plankung zugute, die in zwei Lagen ausgeführt und bis 10 cm dick sein
kann. Zusätzlich sind am Überwasserrumpf zwischen den Planken noch
balkenartige Barghölzer (Abb. 44, 134) eingefügt, und weitere Längsbal-
ken (Stringer) können auch im Innenraum über den Spanten angebracht
sein. Zudem sind die Verlaschungen am Kiel, manchmal auch die Planken-
stöße so sorgfältig ausgeführt, daß die Stabilität antiker Schiffe alles in
allem den strengen Vorschriften unserer Zeit genügt (Hausen). Dies gilt
jedenfalls für die bisher untersuchten Handelsschiffe.

Bei Kriegsschiffen wird der Zwang zur Gewichtseinsparung oft seinen
Zoll gefordert haben. Doch die hellenistischen Schlachtschiffe müssen mindestens so solide gebaut gewesen sein wie die Frachter; so auch die Nemi-
Schiffe (S. 114). Erwähnt sei eine Besonderheit im Nordwesten des Impe-
riums, d. h. im ehedem keltischen Raum. Wie z. B. das Londoner Wrack von
Blackfriars zeigt, könnte hier unter Umständen eine nicht-mediterrane
Bautradition in der Kaiserzeit fortbestanden haben. Es unterscheidet sich
zum einen dadurch, daß es sich um ein so derb-massives Eichenholzschiff
handelt, wie Caesar die Segler der Veneter beschreibt, zum andern dadurch, daß es in der Bauweise ganz grundsätzlich von mediterranen Schiffen
abweicht. Die Planken sind nämlich nicht miteinander verbunden; es handelt sich um einen Kraweelbau im modernen Sinne. Dies setzt voraus, daß
auf Skelett (Abb. 39) oder mindestens auf Teilskelett (Abb. 40) gebaut
worden ist. Die Bauweise gilt als keltisch. Doch wurde die ,,Mischbauwei-
se" (Abb. 40) kürzlich auch im Mittelmeerraum nachgewiesen (Marseille):
nicht jeder Skelett- oder Teilskelettbau muß zwangsläufig in ,,keltischer"
Tradition stehen. – Von besonderen Entwicklungen im römerzeitlichen
Binnenschiffsbau wird später die Rede sein (S. 139).

Über das Aussehen *griechischer* Handelsschiffe[26] sind wir nur lückenhaft
informiert. Den Darstellungen und Erwähnungen in der Literatur ist zu
entnehmen, daß es neben reinen Segelschiffen (Abb. 42, 43) solche gegeben hat, die sich bei Windstille mit Remen fortbewegen konnten (Abb. 45).
Es heißt, die Samier hätten im 6. Jh. v. Chr. einen Mehrzwecktyp *(sámaina)*
erfunden, der sich sowohl zum Gütertransport als auch zum Kampf verwenden ließ. Vielleicht gibt Abb. 45 ein solches Mehrzweckschiff wieder, auch
wenn der Vorsteven nicht die Eberkopfform hat, die für die Samaina charakteristisch gewesen sein soll. Eher ist der martialische Bug ein ,,Kinn",

um beim Segeln am Wind auf Kurs zu bleiben – und es mag auch ein wenig Mimikry im Spiel sein, um Piraten abzuschrecken.

Der attische Segelfrachter war, nach den wenigen Bildzeugnissen (Abb. 42–44) zu urteilen, gedrungen, mit hohen Steven ohne so große Überhänge am Bug und Heck wie bei dem etruskischen Zweimaster aus Tarquinia (Abb. 47). Wie Abb. 42 zeigt, ist an den Vorsteven ein dreieckiges Brett gesetzt, das die aufgemalten Augen des Schiffes trägt. – Im ganzen Altertum wurden Schiffe als lebende Wesen empfunden; natürlich brauchten sie Augen, um ihren Weg durch die pfadlosen Weiten des Meeres finden zu können. – Der Achtersteven ist gerundet und endet in einem zierlichen Busch aus drei dünnen Hölzern, einem Aphlaston ähnlich, wie an gleichzeitigen Kriegsschiffen (Abb. 135). Dort ist es allerdings größer und kunstvoller ausgeführt. Vom Bug bis fast zum Heck, wo der Steuermann sitzt, läuft ein festes Schanzkleid, und darüber scheint eine offene Reling mit einem Netz aus Tauwerk ausgespannt zu sein. In der Schiffsmitte steht ein einzelner dicker, senkrechter Mast mit einer Rah, die fast so lang ist wie das Schiff selbst. Am Heck ist eine Leiter aufgehängt, die als Laufplanke diente, wenn das Schiff im Hafen oder am Strand lag. Ein ähnliches Gebilde oberhalb der Reling, das fast so lang ist wie die Rah, mag das Geländer eines Laufgangs sein, der über dem Laderaum den Bug mit dem Heck verband.

Wir können vermuten, daß solche bauchigen Frachtschiffe die Schwertransporter der griechischen Antike gewesen sind. Bei ihnen war die Reisegeschwindigkeit weniger wichtig als die Tragfähigkeit. Die Typbezeichnung *„holkás"* läßt erkennen, daß sie bei Windstille von Ruderfahrzeugen ins Schlepptau genommen werden sollten. Falls sie überhaupt ein paar Remen an Bord gehabt haben, dann wohl nur zum Manövrieren in kleinen Häfen, wo keine Schleppboote verfügbar waren.

Frachter mit eigenem Ruderapparat wie in Abb. 45 waren nach den Maßstäben unserer, auf Zeitgewinn und kalkulierbare Termine fixierten Zeit zweckmäßiger als die reinen Segler. Solche Gesichtspunkte hatten im Altertum aber weniger Gewicht, und außerdem haben Ruderschiffe einige Nachteile, die gewiß auch in der Antike empfunden worden sind. Segler kommen mit einer kleinen Mannschaft aus; das 15 m lange Kyrenia-Schiff aus dem 4. Jh. v. Chr. hatte, nach den persönlichen Kleinfunden zu urteilen, wohl nur 4 Mann an Bord. Demgegenüber braucht das Schiff in Abb. 45 schon 14 Mann allein zum Rudern – und die Menschenkraft hatte auch im Altertum ihren Preis. Selbst Sklaven mußten nicht nur gekauft, sondern auch ernährt werden, und nicht immer wird man Reisende mit ihrer Dienerschaft an die Remen haben setzen können, wie Xenophon (Ath. Pol. II,19) es erwähnt. Ebenso nachteilig für das Ladevolumen des Ruderschiffs ist es, daß entlang des Dollbords im Schiffsraum ein Streifen von mindestens 1 m Breite für die Rojer freibleiben muß. Das ist bei kleinen Fahrzeugen schon eine spürbare Einbuße an Ladekapazität. Solche Schiffe sind unrationell,

45   Attisches Vasenbild: Ruderfrachter, 6. Jh. v. Chr.

46   ,,Aristonothos-Krater": Schiffskampf, 7. Jh. v. Chr.

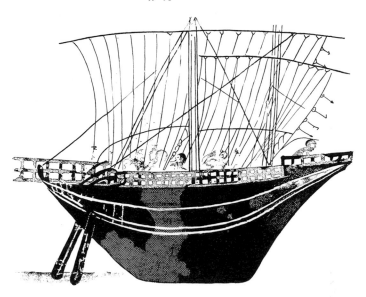

47 Etruskisches Grabfresko aus Tarquinia: Zweimaster, 5. Jh. v. Chr.

wenn das Volumen der Fracht oberster Gesichtspunkt ist. Vermutlich hat man sie eher zu Transporten verwendet, bei denen mehr die Schnelligkeit der Reise von Belang war als die Menge der Ladung. Demgegenüber wird das lebenswichtige Getreide gewiß auf *holkádes* nach Athen gebracht worden sein. Vielleicht konnten sie bei der durch Wind- und Stromverhältnisse schwierigen Fahrt durch die Dardanellen und den Bosporus auf Schlepperhilfe durch einheimische oder auch attische Ruderschiffe zählen. – Als Kornfrachter ist auch das Schiff auf einem Athener Relief ausgewiesen (Abb. 44). Dieses hochbordige Fahrzeug hat einen steilen geraden Vorsteven – anders als in Abb. 42, 43, 47 –, und die Bordwand ist durch zahlreiche Barghölzer verstärkt.

Die zwei oder drei Frachtschiffstypen werden auch in hellenistischer Zeit den Seehandel bewältigt haben. Die Darstellungen lassen uns für diese Periode weitgehend im Stich, doch Wracks zeigen, daß die Frachter meist nicht größer waren als zuvor. Am besten erhalten ist ein Wrack aus Kyrenia auf Zypern, ein Fahrzeug von Kaïki-Format mit steilem ,,Kinn" (wie Abb. 44). Es war ein reiner Segler. Der Mast steht im Vorschiff, so daß eine Rahsegeltakelung unwahrscheinlich ist. Die Maststellung spricht nach kaiserzeitlichen Darstellungen kleiner Küstenschiffe (Abb. 56, Mitte) eher für ein Spriet- oder Lateinsegel (Abb. 109). Beide sind leicht zu bedienen; drei Decksmatrosen hätten ausgereicht. Doch steht auch auf einem gleichzeitigen Vasenbild (GOS Taf. 21e) der Mast vor der Schiffsmitte und trägt trotzdem ein Rahsegel; der Befund ist nicht eindeutig.

Wenn das Kyrenia-Schiff ein Rahsegel geführt haben sollte, dann vielleicht schon mit einer hellenistischen Neuerung: einem dreieckigen Obersegel (*síparon*) über der Rah. Damit konnte man Rückenwind besser ausnüt-
zen. Das Obersegel war auch bei römischen Seglern verbreitet.

Für das größte Handelsschiff des Hellenismus, Hierons II. Prestigeobjekt
,,Syrakusia'', gelten andere Maßstäbe als für den kleinen Küstenfrachter
von Kyrenia. Die Tragfähigkeit der ,,Syrakusia'' wird unterschiedlich geschätzt, doch spricht manches für einen Wert um 1700 Tonnen – etwa das
Zehnfache eines normalen größeren Frachters jener Zeit. Wie der Riese
ausgesehen hat, läßt sich nur in groben Zügen rekonstruieren. Der Rumpf
hatte drei Stockwerke, das unterste für die Ladung, darüber eines für 40
schön ausgestaltete Passagierkabinen entlang der Bordwände sowie das Lu-
xusappartement des Schiffseigners im Heck; das oberste Stockwerk war für
die zahlreichen Seesoldaten, die das Schiff gegen Piratenangriffe verteidigen sollten, gedacht. Auf dem Oberdeck standen Aufbauten, deren
Schmuck den Autor Moschion besonders beeindruckte. Die Angaben zu
ihrer Verteilung und Form sind nicht sehr klar, doch wird gesagt, daß an
den Bordwänden acht Türme für Seesoldaten standen. Mit Türmen hatten
schon 413 v. Chr. die Athener beim Angriff auf Syrakus einen großen
Frachter ausgerüstet. Über Deck gab es ferner eine Bibliothek mit Lesezim-
mer, ein Bad und ein Tempelchen der Aphrodite. Alles war mit Mosaiken
und Verkleidungen aus den kostbarsten Gesteinsarten Siziliens kunstreich
geschmückt. Ein Deck trug Wandelgänge, die von lebenden Bäumchen und
Weinreben überschattet waren. Ein weiteres, oberstes Aufbaudeck diente
als Kampfplattform. Es war durch ein eisernes Schanzkleid und Ledervor-
hänge gegen Beschuß und Enterangriffe geschützt, und hier stand ein
schweres Wurfgeschütz von 200 m Reichweite, das der große Mathematiker
und Ingenieur Archimedes konstruiert hatte.

Die ,,Syrakusia'' besaß drei Masten. Während Vormast und Besan normale Ausmaße hatten, war der mittlere so ungeheuer hoch, daß erst in
Unteritalien ein Baum von der benötigten Größe aufgespürt werden konnte
(auch andere Materialien wurden von weither beschafft, zum Beispiel das
Pech aus Südfrankreich). Die Masten trugen bronzegepanzerte Gefechts-
stände. Außerdem konnten von den Rahnocken aus schwere Fallgeschosse
(,,Delphine'') auf feindliche Schiffe herabgestürzt werden, die man zuvor
mit Enterhaken längsseits ziehen wollte. Fallgeschosse waren schon 413
v. Chr. von den Athenern bei den Kämpfen im Hafen von Syrakus auf
Frachtschiffen installiert worden, und man hatte damit zwei Syrakusaner versenkt. – Wie schon der Rumpf der ,,Syrakusia'' von Moschion mit einem
Zwanziger verglichen wird, d. h. einem hellenistischen Schlachtschiff ersten
Ranges, so wird auch die Bewaffnung auf der Höhe der Zeit gewesen sein.
Von einem Rammsporn ist aber nicht die Rede. Die ,,Syrakusia'' war als
reiner Segler für den Einsatz dieser Waffe wohl nicht beweglich genug.

48 *„Relief Torlonia", Rom: Hafenszene in Portus, 3. Jh.*

49–51 *Graffiti auf dem Palatin, Rom: Frachtsegler (49, 50);*
Stevenverzierungen (51); 1. Jh.

Zur Ausrüstung gehörte neben vielen Beibooten auch ein „Kérkuros", ein Ruderschiff von 78 Tonnen Tragfähigkeit – viel zu groß, um es an Deck holen oder dauernd schleppen zu können. Casson vermutet, daß dies ein „Dienstmädchenschiff" war, wie mittelalterliche Großsegler sie besaßen: ein Tender, der das Hauptschiff unter eigenem Antrieb begleitete. Vielleicht sollte er auch bei Windstille als Schlepper dienen – ähnlich wie bei den *holkádes*.

Der syrakusanische Riesenfrachter war ein „weißer Elefant". Sein Beispiel scheint kaum Schule gemacht zu haben, allenfalls ist die luxuriöse Passagiereinrichtung kaiserzeitlicher Annonafrachter auf der Alexandria-Route durch dieses Vorbild angeregt worden. Generell waren die Häfen noch nicht für solche Giganten ausgelegt. Wie sehr die „Syrakusia" aber nicht nur die Zeitgenossen beeindruckt hat, zeigt sich an der späten Übernahme von Moschions Bericht durch Athenaios. Auch eine Reihe von Gemmenbildern (Abb. 97) gibt ein großes Schiff mit runden Steven und Deckstürmen wieder. Diese Türme lassen an die „Syrakusia" denken; doch gehören Kampftürme später auch zur Ausrüstung römischer Schlachtschiffe (dazu RF 58).

Die Handelsschiffe des frühen Rom werden sich kaum von griechischen oder etruskischen unterschieden haben. Bildzeugnisse aus der römischen Frühzeit sind nicht bekannt. Sie setzen erst in der Kaiserzeit ein, und es ist vielleicht kein Zufall, daß jetzt das geknickte Bugprofil des etruskischen Zweimasters aus Tarquinia an römischen Schiffen wiederkehrt. Es würde nicht überraschen, wenn sich das römische Seewesen anfangs mehr an etruskischen als an griechischen Vorbildern orientiert hätte. Als dann in hellenistischer Zeit Rom immer mehr griechische Städte seinem Machtbereich eingliedert, werden aber die Griechen die wichtigsten Lehrmeister geworden sein.

Die beiden Haupttypen griechischer Frachter sind jedenfalls in den kaiserzeitlichen Schiffsbildern (Abb. 48–51, 54–56, 59–61) wiederzuerkennen. Das Mosaik von Althiburus (Abb. 52) bezeichnet das reine Segelschiff mit symmetrisch hochgebogenen Enden als *corbita*. Der Name spielt auf *corbis* „Korb" an; die *corbitae* sind also bauchig wie die griechische *holkás*.

In anderen Darstellungen ist eine Variante zu erkennen, deren Heck deutlich höher ist als der Bug (Abb. 48). Ob sie mit einem eigenen Namen bezeichnet wurde, ist ungewiß. Die Schriftquellen erwähnen zwar Frachtschiffstypen wie die sizilische *cybaea* (griech. *kybaía*), die im 1. Jh. v. Chr. recht verbreitet gewesen sein dürfte, doch läßt sich der Name nicht mit einem Typus in den Darstellungen verbinden.

Einzelheiten werden in Althiburus kaum gezeigt, doch wir kennen sie aus anderen Darstellungen. So tragen die Rümpfe oft seitliche Ausbauten, z. T. mit Gitterwerk-Reling (Abb. 55, 134). Häufig sind die Steuerruder im hinteren Ende dieser Ausleger gelagert. Manchmal sind sie hochgeklappt

1. CORBITA   2   3. PONTO   18

4. CLADIVATA   5. CATASCOPISCUS   6. HIPPAGO   7. TESSERARIA

8. TESSERARIA   9. CELES   10. MUSCULUS   11. MYOPARO   12. PROSUMIA

13. ACTUARIA   14. RATIS   15. STLATTA   16. VEGEIIA

17. PLACIDA   19. CYDARUM   20. HOREIA   21. CELOX

22. CELSA   23. PARO   24   25. [AP]ERTA

52   *Schiffstypen im Mosaik von Althiburus, Tunesien; 3. Jh.*

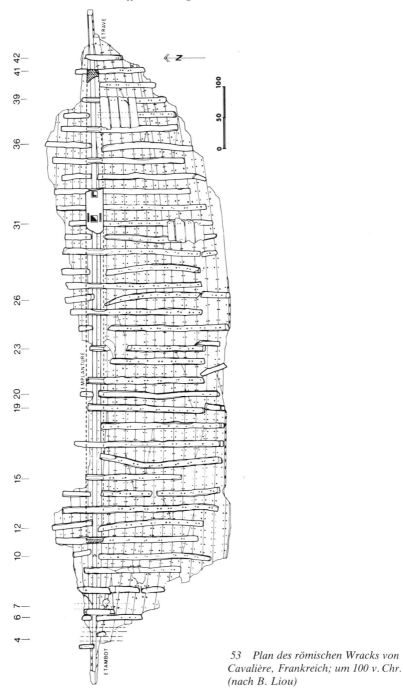

53   *Plan des römischen Wracks von Cavalière, Frankreich; um 100 v. Chr. (nach B. Liou)*

gezeigt (so in Abb. 83); sie müssen auf raffinierte Weise gelagert gewesen sein. Sonst laufen sie durch senkrechte Rahmen am Achterschiff. – Der Achtersteven trägt häufig einen Gänsekopf (Abb. 48–50), der wohl oft aus Bronze bestand und auf den Steven gesteckt war, wie im 1. Jh. am Bug ein Aufsatz, der in einem Rhombus endet (Abb. 51). Am Heck, seltener am Bug, springen offene Galerien über den Steven hinaus vor. Am Heck dürfte hier die Küche für die Besatzung gelegen haben (Abb. 134), und vermutlich haben die Galerien auch als Abtritt fungiert.

Aufbauten wie auf der ,,Syrakusia" sind wohl nicht üblich. Doch große Schiffe der Kaiserzeit tragen achtern eine Deckshütte (Abb. 134) für Offiziere und vielleicht auch für wohlhabende Reisende. Geläufig ist eine kleine Tonnendachhütte am Achtersteven als Unterschlupf für den Offizier vom Dienst. Im Heck steht auch eventuell das kleine Bordheiligtum oder ein Altar (Abb. 48) für die Schutzgottheit des Schiffes, die ihm oft den Namen gibt. Die ägyptische Göttin Isis war nicht nur die Patronin des von Lukian beschriebenen Annonaseglers, sondern sie war unter Seeleuten allgemein beliebt (Abb. 83). Der Schiffsname pflegte wohl an der Bordwand angegeben zu werden (Abb. 83).

An Deck werden etliche Anker (Abb. 57) mitgeführt. Der größte, von dem in der höchsten Not das Geschick des Schiffes abhängt, wird der ,,heilige Anker" genannt. Ganz aus Stein gefertigte Ankerblöcke wurden schon im 6. Jh. v. Chr. von wirksameren Hakenankern mit hölzernem Gerüst in schwerer Bleifassung abgelöst, in der Kaiserzeit dann von eisernen Ankern (Abb. 57). Steinerne Ankerstöcke, wie sie als Votive in einigen Heiligtümern gefunden wurden, sind Ausnahmen. – Da die Anker im Altertum nicht an Ketten ausgebracht wurden (so nur bei den Kelten in Caesars Bericht), sondern an Tauen, gingen sie oft verloren. Hunderte von Ankerfunden an den Küsten des Mittelmeers und des Schwarzen Meers stellen heute wichtige Quellen für die Erforschung der antiken Handelsrouten dar.

Schließlich führen die Schiffe Beiboote (*scapha*, griech. *skáphe*) mit. Oft wird eines geschleppt, um bei Unfällen sofort zur Verfügung zu stehen (Abb. 48). Weitere Boote werden an Deck mitgeführt.

In Althiburus (Abb. 52) ist noch ein weiteres großes Schiff mit senkrechtem Hauptmast und schrägem Vormast *(dólon)* abgebildet, dessen Rumpf an ein Kriegsschiff mit Rammbug erinnert; dies ist aber kein Rammsporn, sondern ein ,,Kinn", um beim Segeln am Wind auf Kurs zu bleiben. Schiffe mit steilem oder klipperbugartig geknicktem Vorsteven dürften eine Spielart dieses Typs darstellen, der im Mosaik als *ponto* bezeichnet wird. Nach Caesar ist der *ponto* ein keltischer Schiffstyp. Wegen der Unzuverlässigkeiten der Details im Althiburus-Mosaik läßt sich nicht entscheiden, ob wirklich ein reiner Segler gemeint ist oder aber ein Rudersegler, wie es die Rumpfform eher nahelegt. Wenn nicht der *ponto* überhaupt auf griechische oder punische Vorbilder zurückgeht, haben sich im Lauf der Kaiserzeit die

Unterschiede zwischen diesem „keltischen" Typ und römischen Schiffstypen jedenfalls verwischt. – Der *ponto* ist in mehreren anderen Darstellungen wiederzuerkennen. Dort weist er stets eine hakenförmige Bugzier auf,
die zuvor schon in Karthago (Abb. 63, 64) bezeugt ist: offenbar haben
punische Traditionen in Nordafrika lange nachgelebt.

Die Erwähnung der Kelten legt nahe, einen Blick auf das Seewesen dieses
Volkes zu werfen.[27] Sein Siedlungsgebiet grenzte in der Provence mit dem
Stamm der Tectosagen ans Mittelmeer und umfaßte in Westfrankreich,
Britannien und Irland die Küstenländer am Atlantik. Zur Zeit des „Alten
Períplus" (S. 162) befahren die keltischen Oistrymnier (wohl in der Bretagne) den Ozean in Lederbooten, um aus Cornwall das begehrte Zinn zu
holen. Als dann 56 v. Chr. Caesars Feldherr Brutus eine Seeschlacht gegen
die Bewohner dieses Landes zu schlagen hat, die jetzt Veneter heißen,
haben sie höchst solide Segelschiffe aus Eichenholz. Kann man sich vorstellen, daß die Kelten in wenigen Jahrhunderten ganz von sich aus den großen
Sprung vom Lederboot zum hölzernen Hochseeschiff vollzogen haben? Ich
glaube kaum. Eher werden die Tectosagen es von ihren griechischen oder
punischen Nachbarn gelernt haben, Holzschiffe zu bauen, und diese Kenntnis an ihre Nachbarn im Westen weitergegeben haben. Oder die Oistrymnier haben durch tartessische bzw. punische Zinnhändler seetüchtige Holzschiffe kennengelernt. Soviel zum keltischen Seeschiffsbau; auf keltische
Binnenschiffe werden wir später noch zurückkommen (S. 139).

Der griechische Typ des Ruderfrachters fehlt zwar in Althiburus, doch ist
er durch andere Darstellungen für die Römerzeit gesichert. Wie schon bei
dem Ponto ist der Rumpf oft so kriegsschiffsähnlich, daß man nur am
Rammsporn bzw. an dem unbewehrten „Kinn" erkennen kann, ob es sich
um ein Frachtschiff handelt. Darstellungen wie Abb. 100 deuten außerdem
an, daß auch wirkliche Kriegsschiffe zum Transport von Gütern, hier von
Amphoren, eingesetzt worden zu sein scheinen. Da es in der älteren Kaiserzeit im Mittelmeer allenfalls gegen Piraten zu kämpfen gab, sollten sich die
kostspieligen Kriegsflotten wohl durch Transporte für das Heer nützlich
machen.

Die normalen Handelsschiffe dienten zur Beförderung von Korn, Stückgut, Amphoren – gewissermaßen den „Einweg-Containern" des Altertums –,
tönernen Becken wie jetzt in Ventotene, von Brenn- und Baustoffen wie
Ziegeln oder sogar von Geld (Gruyssan). Man gab die Größe von Frachtern
in der Zahl von Amphoren an, die sie tragen konnten. Die Umrechnung auf
heutige Maße ist allerdings schwierig, da Volumen und Eigengewicht der
Amphoren nicht einheitlich sind. Die Tragfähigkeit von Getreideschiffen
wurde in ägyptischen *(artab)*, griechischen *(médimnos)* oder römischen
Hohlmaßen *(modius)* bemessen. Da außer der Ladung oft zahlreiche
Deckspassagiere befördert wurden, darf man die Größe römischer Handelsschiffe nicht unterschätzen. Der größte Standardtpy für 10000 Ampho-

54   *Mosaik aus Sousse, Tunesien: Zweimaster; 3. Jh.*

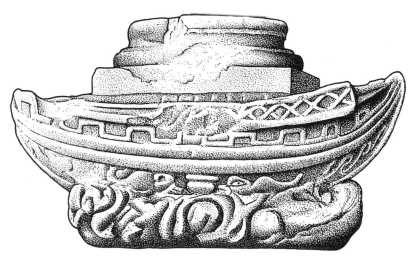

55   *Säulenbasis aus Ostia oder Rom: Frachtschiff*

56 *Relief aus Rom: Codicaria; 3./4. Jh.*

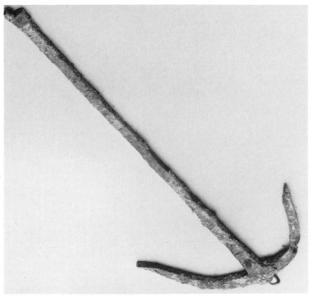

57 *Eisenanker aus Mainz; 2. Jh.*

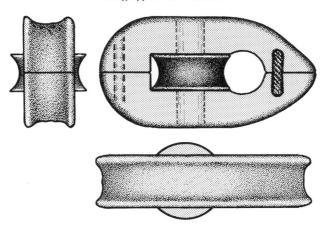

58 Zweiteiliger „Block" mit Seilrolle, Holz, aus dem römischen Wrack von
Cap del Vol, Spanien

ren (*myriophóros*) trug bestimmt über 450 t Ladung und war mehr als 50 m
lang.

Neben den Normalfrachtern als Allzweckschiffen gab es Spezialtypen für
besondere Arten von Ladung. Im Mosaik von Althiburus (Abb. 52) wird
ein Ruderschiff zur Beförderung von Pferden gezeigt (*hippago[gus]*). Inter-
essanterweise sind hier (und auch bei anderen Fahrzeugen in diesem Mosaik) die Steven in scharfem Winkel auf den Kiel gesetzt und auf eine Weise
gestaltet, die sich nicht aus der griechischen Schiffsbautradition herleiten
läßt. Ziehen wir in Betracht, daß solche eckigen Rumpfformen und Steven,
an denen die Bordwand in ganzer Höhe hochgezogen und oben gerade
abgeschnitten ist, in Felszeichnungen punischer Schiffe (Abb. 87, 88) angedeutet sind, so spricht auch das für ein Weiterleben punischer Traditionen
im kaiserzeitlichen Schiffsbau Nordafrikas.

Doch zurück zur *hippago[gus]*. Der Name weist unmißverständlich auf
den griechischen Ursprung des Typs hin. Schon im Peloponnesischen Krieg
wurden in Athen alte Triéren umgebaut, so daß sie bei Feldzügen über See
mit verminderter Rudermannschaft die Pferde der attischen Kavallerie befördern konnten.

Spezialtransporter für Bausteine sind aus der Literatur bekannt, und der
riesige Obeliskenträger Caligulas läßt sich sogar aus dem Grabungsbefund
in Portus rekonstruieren. Er fällt nicht einmal durch unmäßige Breite auf,
doch durch die Mächtigkeit und dichte Folge der Spanten. Gewiß waren die
nicht erhaltenen Decksbalken besonders stark, um den hier niedergelegten
Obelisken mit seinem Gewicht von 322 ts tragen zu können. Die vier Teile
der Basis (174 ts) und der „Ballast" von 800–900 ts Linsen im Laderaum
kamen hinzu, so daß das Gesamtgewicht oberhalb von 1500 ts gelegen
haben muß. Solche schweren Spezialschiffe waren bestimmt langsamer und

unhandlicher als normale Frachter, und sie werden auch einen besonders großen Tiefgang gehabt haben. Zweifellos konnten sie ihre Ladung nicht auf dem Tiber direkt nach Rom bringen, sondern mußten sie in Portus auf besondere Flußkähne oder Flöße umladen. Um diese schwierige Prozedur zu vermeiden, ließ später Constantin d. Gr. einen flachgehenden Obeliskenträger mit Ruderantrieb bauen, der auch den Tiber befahren konnte. – Auch der Steinfrachter (*lapidaria navis* neben griech. *lithegós*) ist griechischen Ursprungs. Offenbar verdankt das römische Seewesen der Kaiserzeit den Griechen die wesentlichsten Anregungen.

Auch eine Reihe kleinerer Schiffstypen führt griechische Namen. Als Beispiele seien Depeschenboote (*kéles*) und die seltenen, z. B. auf der Route Brindisi-Durazzo sicher bezeugten Ruderboote zur Personenbeförderung *(pháselos)* erwähnt, oder auch die Rudersegler vom Typ *cercurus* (griech. *kérkuros*), die aus Afrika wilde Tiere für die Zirkusspiele in Rom holten. Sie werden alle den Kriegsschiffen recht ähnlich gesehen haben. Wenn wir Caesar (Bellum alexandrinum 44,3) glauben wollen, so konnten im 1. Jh. v. Chr. solche Ruderschiffe mit „Kinn" notfalls auch mit metallenen Rammspornen versehen und zum Flottenkampf verwendet werden. Unter welcher Rechtsform das geschah, ist unbekannt. Wurden private Fahrzeuge einfach beschlagnahmt? Daß man ihnen Rammsporne anmontieren konnte, läßt die Erwägung zu, ob nicht in Rom eine ähnliche Einrichtung wie die „Freiwillige Flotte" des russischen Zarenreichs bestanden haben könnte: von privater Hand mit Staatsunterstützung gebaute Schiffe, die der Staat bei Bedarf requirieren konnte und die so eingerichtet waren, daß sie sich mit geringem Aufwand in Kriegsschiffe verwandeln ließen. – Es ist jedenfalls sicher, daß es im Römischen Reich eine ganze Reihe von Rudersegelschiffstypen gab, die sich sowohl für zivile als auch für militärische Zwecke eigneten. In dieser Gruppe sind auch die Lustyachten sowie die Schiffe der Piraten zu suchen, die sogar in der Kaiserzeit eine latente Gefahr bildeten.

Die Küstenschiffahrt dürfte sich auf ähnliche Typen wie die genannten gestützt haben. Für die Küstengewässer und den Tiber eignete sich die *codicaria* (Abb. 56), mit bauchigem Rumpf und einem Mast, der bei der Fahrt tiberaufwärts als Treidelpfosten dienen konnte. Dann lief das Schlepptau wohl über die Mastspitze zu einem schweren Gangspill achtern; nötigenfalls konnte man das Tau am Ufer festmachen und das Boot mit dem Gangspill stromauf ziehen.

Am unteren Ende der Typenskala steht im Althiburus-Mosaik eine Reihe von Ruderbooten unterschiedlicher Bauweise. Die *actuaria* wirkt mit ihrem schlanken Rumpf und spitzen „Kinn" recht martialisch. Wie auch das Segel vermuten läßt, war sie vielleicht gar nicht so klein, wie das Mosaikbild vorspiegelt. Die *horeia* ist ein Fischerboot; darin liegen zwei Netzbündel. Sie ist ein Einbaum, denn in der stumpf abgeschnittenen Vorderseite sind die verschiedenfarbigen Holzschichten angegeben, die ein Baumstamm im

59   *Sarkophagrelief aus Ostia: Schiffsunfall vor Portus*

60   *Mosaik aus der Agentur der Reeder von Syllectus in Ostia: Frachtschiffe; Leuchtturm*

61   *Medaillon Maximians (293–305): Isis auf Zweimaster*

Inneren aufweist. Auch einige andere Boote scheinen Einbäume zu sein, doch hat man hier die Vorderseite in stumpfem Winkel geknickt und in der Mitte durch eine vertikale Leiste einen Vorsteven angedeutet. Das Heck ist stets schlank und aufwärts gebogen; vielleicht ist die Bordwand des Einbaums hier durch aufgesetzte Planken erhöht. Eines dieser Boote wird als *ratis* ,,Floß" bezeichnet: offenbar kannte der Mosaizist im tunesischen Binnenland die dargestellten Wasserfahrzeuge nicht aus eigener Anschauung. Es ist ohnehin rätselhaft, aus was für Gründen mitten im afrikanischen Binnenland ein Bauherr darauf verfallen konnte, seine Villa mit einer Typentafel von Handelsschiffen ausschmücken zu lassen. Der Besitzer der Villa in Althiburus scheint ein Systematiker gewesen zu sein, der mit seiner Schiffskenntnis renommieren wollte. An der Kriegsmarine war er offensichtlich nicht interessiert, denn das Mosaik enthält kein einziges Bild eines eindeutigen Kriegsschiffs.

Es scheint, daß die Rudersegler meist kleinere bis mittelgroße Fahrzeuge gewesen sind. Die größten Frachtschiffe, wie sie im Dienst der *Annona* standen, waren jedenfalls reine Segler. Sie tragen einen mächtigen senkrechten Großmast mit einer einzigen langen Rah. Oft kommt ein schräger oder – sehr selten – vertikaler (Abb. 61) Vormast (*dólon*) im Bug hinzu und manchmal sogar noch – wie einst an der ,,Syrakusia" – ein kleiner Besanmast im Heck (Abb. 60). Alle Masten tragen Rahsegel, der Großmast meist auch das dreieckige Obersegel (*siparum*) über der Rah. Die Leinensegel sind durch ein Netz aufgenähter Lederstreifen verstärkt. Die vertikalen Streifen tragen Ösen für die Geitaue, mit denen das Segel wie eine Jalousie hochgezogen werden konnte. Durch individuelle Bedienung der Geitaue konnte auch die Form des Segels verändert werden, zum Beispiel indem man das Segel in der Mitte hochzog und nur an einer oder an beiden Seiten dreieckige ,,Zipfel" stehen ließ. Bei bestimmten Windverhältnissen kann das vorteilhaft sein.

Das Tauwerk bestand aus pflanzlichen Fasern wie spanischem Espartogras oder ägyptischem Papyrus. Die Taue zum Bedienen der Segel (,,laufendes Gut") wurden schon über Rollen in ,,Blöcken" (Abb. 58) geführt. Wie auch das ,,stehende Gut" zum Halten der Masten, entspricht es in den Grundzügen der neuzeitlichen Takelage (Abb. 134). Die Zahl der Tragtaue für die Rah (Toppnanten) ist in der Kaiserzeit oft größer als heute. Sie sind durch Ösen am Masttopp geführt und ermöglichen es, die Rah je nach Bedarf horizontal oder schräg zu stellen. Nur in Gallien sind Rahsegel dargestellt, deren horizontale Verstärkungsstreifen an den Seiten durch eigene Taue gehalten werden – eine Art Schot, wie noch heute an chinesischen Dschunken.

Die Rahsegel sind bei vollem Rückenwind am wirksamsten, und wahrscheinlich hat man im Altertum erst allmählich gelernt, durch entsprechende Einstellung des Segels auch Seitenwind auszunützen.

62 *Etruskisches Grabfesko aus Tarquinia: Fischerboot; 5. Jh. v. Chr.*

63–64 *Graffiti auf punischen Stelen aus Karthago: Fischerboote*

65 *Mosaik aus Sousse, Tunesien: Netzfischerei*

Seltener, und anfangs nur an kleineren Fischerbooten und Küstenfahrern, sind zwei andere Arten von Segeln bezeugt. Schon an hellenistischen Booten begegnen Sprietsegel, deren Grundstellung in Längsrichtung liegt (Abb. 59). Sie sind einfach zu bedienen und lassen es zu, auch mit seitlichem oder sogar schräg von vorn kommendem Wind zu segeln. Dieselben Vorteile bietet das dreieckige Lateinsegel an langer, schräggestellter ,,Rute" (Abb. 109). Es erscheint erst in der Kaiserzeit, wird aber offenbar recht schnell beliebt und ist schon in frühbyzantinischer Zeit das von Kriegsschiffen am meisten verwendete Segel. Wenn Lateinsegel, und besonders wenn Sprietsegel gefahren werden, steht der Mast weiter im Vorschiff als bei Rahtakelung.

Das Ladegeschirr, heute ein so wichtiger Teil der Ausrüstung, spielt im Altertum keine Rolle. Normalerweise wurde die Fracht ja durch Schauerleute von Bord getragen. Bei Amphoren oder Stückgut war das einfach. Getreide wurde an Bord unter Aufsicht von Meßbeamten *(mensores)* und eines Sekretärs, der genau Buch führte, in Säcke gefüllt und so an Land gebracht. Wenn die Schüttgutfracht verschiedener Eigentümer hierbei, wirklich oder vorgeblich, nicht korrekt auseinandergehalten wurde, bekamen Roms Juristen zu tun. Die Digesten enthalten solche Rechtsfälle.

Schwerere Güter wie z. B. Sarkophage dürften in der Regel durch Hafenkräne (Abb. 129) gelöscht worden sein, und sicher gilt das für extrem schwere Lasten wie Obelisken. Daß auf größeren Schiffen der Dolonmast als Ladebaum umfunktioniert wurde, war wohl die Ausnahme.

In der Spätantike werden Schiffsdarstellungen seltener und erhalten zum Teil neue Inhalte. Wenn wir Bildern wie dem Hafenmosaik in der Kirche Sant' Apollinare Nuovo zu Ravenna glauben dürfen, so war im 6. Jh. die *corbita* der wichtigste Schiffstyp.

Lebensmittelversorgung der Großstädte

Das Schiff ist immer das leistungsfähigste und billigste Transportmittel gewesen. Lebenswichtig wird es, wenn ein Staat nicht in der Lage ist, seine Bevölkerung aus eigener Produktion mit Nahrungsmitteln zu versorgen. Sowohl Athen als auch Rom mußten mit diesem Problem fertigwerden.[28]

Athen kann seit dem Wiederaufbau nach der persischen Zerstörung (480 v. Chr.) als Weltstadt gelten, deren Bevölkerungszahl in keinem ausgewogenen Verhältnis zur Lebensmittelproduktion des attischen Landes mehr steht, in dem vor allem Ölbäume und Reben angebaut wurden: Öl und Wein waren wichtige Exportgüter. Da der Fischfang das Defizit an Grundnahrungsmitteln nicht ausgleichen konnte, mußte Getreide importiert werden – vor allem aus dem Schwarzmeergebiet und aus Ägypten. Der attische Staat hat auf doppelte Weise Einfluß auf den lebenswichtigen Getreidehandel genommen. Einerseits wurde verfügt, daß attische Händler kein Korn (auch keines ausländischer Herkunft!) aus Attika hinausbringen durften, und fremde Getreideschiffe, die den Piräus anliefen, mußten zwei Drittel der Ladung dort verkaufen. Staatliche ,,Kornwächter'' *(sitophýlakes)* und Marktaufseher hatten Verstöße zu verhindern. Von diesen dirigistischen Eingriffen abgesehen, hat der Staat den Getreidehandel und -import aber Privatunternehmern überlassen, die allenfalls auf günstige Darlehen zählen konnten.

Andererseits ist Athen den eigenen und fremden Kaufleuten in jeder Weise, so zum Beispiel durch die Einrichtung spezieller Seegerichtshöfe (S. 170), entgegengekommen und hat dadurch im 5. und 4. Jh. v. Chr. wirklich den ,,Welthandel'' an sich gezogen.

In Friedenszeiten hat das System funktioniert, selbst wenn bei Versorgungskrisen wie um 325 v. Chr. neue Liefergebiete erschlossen werden mußten. Seine Schwäche zeigt sich aber in Kriegszeiten. Wegen Attikas Abhängigkeit vom Getreideimport aus dem Pontos sind die Dardanellen schon im Peloponnesischen Krieg zum neuralgischen Punkt geworden und sind es geblieben. So haben die Perser 388 v. Chr. die Meerengen blockiert, und 340 v. Chr. fängt Philipp II. von Makedonien dort einen Getreidekonvoi aus 180 attischen und 50 fremden Frachtschiffen ab, ohne daß die immer noch starke attische Kriegsflotte eingreifen kann. – Die Erwähnung fremder Schiffe gibt zu denken. Offenbar ist die attische Handelsflotte allein den Anforderungen nicht mehr gewachsen. Das mag mit der schon im 5. Jh. v. Chr. befolgten Politik Athens zusammenhängen, im Kriegsfall die Landbevölkerung in die ,,Fluchtburg'' zwischen den Langen Mauern zu evakuieren und das Land selbst dem Feinde zu überlassen. Die doppelte Kalamität, einerseits auf die eigenen Ernten in Attika verzichten und andererseits Zehntausende von Flüchtlingen versorgen zu müssen, dürfte zu Engpässen geführt haben, denen das grundsätzlich auf Privatinitiative beruhende attische Versorgungssystem wohl nicht immer gewachsen war.

Ein ganz anderes Modell ist aus Samos bekannt. Hier kauften sich Bürger in einen Fonds ein, und gewählte Beamte erwarben aus dessen Zinserträgen Getreide und verteilten es an die ,,Genossen''. In Krisen dürfte das System noch anfälliger gewesen sein als das attische. Wie nun hat die Weltstadt Rom ihre Versorgungsprobleme gelöst?

Rom ist von frührepublikanischer Zeit an bei Hungersnöten auf Getreideimporte aus Sizilien oder Ägypten angewiesen. Anfangs entsendet man allerdings nicht private Händler, sondern Beamte zum Korneinkauf in die Nachbarländer. Später zwingt die anwachsende Bevölkerungszahl der Hauptstadt zur regelmäßigen Einfuhr von Brotgetreide *(Annona)*. Sowohl der Einkauf als auch der Transport wird wohl von Fall zu Fall improvisiert. Als dann Sardinien, Sizilien, Nordafrika und schließlich Ägypten in römische Hand fallen, wird ihnen die regelmäßige Lieferung von 10% der Getreideernte als Steuer auferlegt. Wenn durch besondere Umstände, z. B. einen Krieg, ein zweiter „Zehnter" im Jahr benötigt wird, vergütet der Staat das Korn zu Preisen, die für den Bauern attraktiv sind. Während das Getreide selbst Staatsbesitz ist, werden die Transporte – wie einst in Athen – von privaten Reedern durchgeführt, die den Staatsauftrag nach römischem Brauch ersteigern. Auf ähnliche Weise werden bei Feldzügen in Übersee auch die römischen Heere versorgt; die vielen Frachter, die im 2. Punischen Krieg zur Flotte gehören, sind wahrscheinlich gecharterte Privatfahrzeuge (unter militärischem Kommando?). In Situationen wie etwa beim unerwartet schnellen Ende eines Krieges, für den man zuvor reichlich eingekauft hat, kann in Rom der Kornpreis zusammenbrechen. Im Jahre 202 v. Chr. ist der Preisverfall so drastisch, daß die Händler das Getreide den Reedern überlassen, um die Frachtraten bezahlen zu können.

Die Versorgung gerät in eine Strukturkrise, als Rom beginnt, regelmäßig Korn an Bedürftige zu subventionierten Vorzugspreisen beziehungsweise gratis auszuteilen. Manche Reiche erschweren die Lage noch, indem sie pro forma Sklaven freilassen und dadurch deren Unterhalt auf den Staat abwälzen. Die Lage wird so schwierig, daß 57 v. Chr. der Senat Gnaeus Pompeius damit beauftragt, die *Annona* zu reorganisieren. Offenbar hat er die Politik verfolgt, einerseits durch Langzeitverträge mit Schiffseignern einen größeren Teil der vorhandenen Frachtschiffe an die *Annona* zu binden, andererseits durch persönliche Verhandlungen mit den Produzenten zusätzliche Kornlieferungen zu erwirken. Hilfsbereite Lieferanten in den Provinzen konnten dafür das römische Bürgerrecht erhalten.

Das reibungslose Funktionieren der *Annona* ist für Rom ein Politikum ersten Ranges gewesen, um Unruhen in der Hauptstadt zu vermeiden. So zieht 49 v. Chr. beim Bürgerkrieg zwischen Caesar und Pompeius der letztere eine große Flotte zusammen, um Rom von der Versorgung abzuschneiden; demgegenüber verwendet Caesar das Gros seiner Flotte zur Sicherung der Getreideversorgung aus Sardinien und Sizilien. Später verfolgt Sextus Pompeius dieselbe Blockadestrategie wie sein Vater und versetzt dadurch die Stadtbevölkerung in solche Unruhe, daß schließlich der Druck der öffentlichen Meinung in Rom den kurzlebigen Frieden von Misenum mit Sextus erzwingt. Sogar in der Kaiserzeit haben gelegentlich Thronprätendenten wie 69 Vespasian zum Mittel der Blockade gegriffen, um mißliebige Herrscher in der Hauptstadt in die Knie zu zwingen.

Der erste Kaiser Augustus hat der Annona die Organisation gegeben, die sie im wesentlichen bis zum Ende des weströmischen Reichs behalten hat. Während das Sammeln des Getreides in den Erzeugerländern und die Austeilung in Rom von staatlichen Behörden vorgenommen wird, bleibt der Seetransport nach Puteoli oder Ostia bzw. Portus und die Weiterbeförderung auf Küsten- oder Flußschiffen privaten Reedern überlassen. Auch die Lagerhäuser *(horrea)* scheinen anfangs noch privaten Unternehmern gehört zu haben. Die Dienstleistungen werden aber durch den Präfekten der *Annona* in Rom, zeitweilig Augustus selbst, und seine Beamten in den wichtigsten Häfen koordiniert und gesteuert. Sie bedienen sich hierbei gildenartiger Zusammenschlüsse der Schiffseigner. Im späteren 2. Jh. konzentrierten diese ihre Agenturen in Ostia an der ,,Piazza delle corporazioni'' (Abb. 60). Die rechtsverbindlichen Transportverträge werden aber nicht mit den Gilden abgeschlossen, sondern mit den einzelnen Schiffseignern; in Rom waren nur natürliche Personen rechtsfähig.

In Ausnahmesituationen wie bei einer Hungersnot unter Claudius muß der Kaiser besondere ,,Steuervorteile'' für den Bau von Frachtern über 10000 modii Tragfähigkeit und für die Durchführung von *Annona*-Reisen auch im Winter ausbieten. Dafür haftet der *Fiscus* bei Schiffsverlusten auf diesen riskanten Fahrten. Claudius hat auch als erster an der Tibermündung einen Kunsthafen – Portus (Abb. 124) – erbauen lassen, um von dem zu weit entfernten *Annona*-Hafen Puteoli unabhängig zu werden. Der Claudius-Hafen gerät aber so groß, daß er bei Seestürmen nicht genug Schutz bietet. Um 64 sinken dort, unter Nero, im Sturm 200 noch nicht entladene Kornschiffe, und da im selben Jahr nochmals 100 Tiberkähne der *Annona* durch eine Brandkatastrophe in Rom zerstört werden, muß es zu schweren Versorgungskrisen gekommen sein. Ähnliche Folgen hatte zuvor schon der verschrobene Einfall des Caligula gehabt, alle irgend verfügbaren Frachter zum Bau einer sinnlosen Schiffsbrücke über den Golf von Baiae heranzuziehen.

Immerhin hat der Claudius-Hafen schon staatliche Lagerhäuser umfaßt. – Der Hafen-Engpaß wird erst später unter Trajan durch den Bau eines neuen kleineren, weiter im Lande gelegenen und besser geschützten Kunsthafens beseitigt (Abb. 124).

Im 1. und 2. Jh., als im Mittelmeer Tausende von großen Frachtschiffen auf Fahrt sind, hat die Verpflichtung zu einer *Annona*-Fahrt in jedem zweiten Jahr die Reeder wohl nicht sehr belastet. Das ändert sich im 3. Jh. Grenz- und Bürgerkriege, Verarmung der Bauern und Proletarisierung der Stadtbevölkerung sowie eine fortschreitende Geldentwertung schwächen das Wirtschaftsgefüge des Reichs bedrohlich. Die bedrückende Situation trifft das Reedergewerbe hart. Sowohl die Zahl der Schiffe als auch ihre Größe und bauliche Qualität gehen drastisch zurück. Nun muß wirklich alles, was ein Segel tragen kann, bis hinunter zum kleinen Küstenfrachter für die *Annona* und andere Staatsaufgaben wie z.B. die Versorgung der öffentlichen Bäder (Thermen) mit Brennholz fahren. Da die Frachtraten hierbei anscheinend weit unter denen auf dem freien Markt liegen, versuchen die Reeder, die *Annona*pflicht zu umgehen. Man spiegelt Schiffsverluste vor, betrügt und versucht sich schadlos zu halten, wo es nur geht. Der Staat reagiert einerseits mit brutaler Überprüfung aller Unfälle auf *Annona*fahrten, andererseits mit Steuervorteilen für die Schiffseigner. Doch daß um 526 Theoderich den Bau von 1000 *Dromonen* befiehlt, die auch als Kornfrachter verwendbar sein sollen, läßt wohl nur den Schluß zu, daß die *Annona* in ihrer bisherigen Form nicht mehr funktioniert. Da die Kornlieferungen Ägyptens in der späten Kaiserzeit der neuen Hauptstadt Konstantinopel zugeteilt werden, ist Rom vom 4. Jh. an wieder auf seine ursprünglichen Kornkammern Sardinien, Sizilien und Afrika angewiesen. Anscheinend hat man bei Bedarf auch aus anderen Ländern wie Gallien Getreide bezogen.

Welche Mengen an Getreide Rom benötigte, geht z.B. aus dem Tatenbericht des Augustus hervor. Damals sind bis zu 320000 Familienväter der Unterschicht zum freien Empfang von je 5 *modii* Korn (ca. 45 kg) im Monat berechtigt gewesen. Nach Rickman werden also mindestens 750000 Menschen weitgehend von frei verteiltem Staatsgetreide gelebt haben. Der Bedarf der Oberschicht, die ihr Brot für sich und ihre Sklaven auf eigene Kosten bezieht, kommt hinzu. Demnach müßten im Jahr etwa 40 Millionen *modii* Korn importiert worden sein, etwa 270000 Tonnen. Die Größe der regelmäßig zu befördernden Kornmengen zwingt dazu, die Frachtschiffe so rationell einzusetzen wie nur möglich. Da besonders auf der weiten Alexandria-Route mit ihren ungünstigen Wind- und Stromverhältnissen (Abb. 1) nur eine Reise pro Saison durchführbar ist, läßt sich eine optimale Transportleistung nur mit sehr großen Schiffen erzielen. Manche alexandrinischen Frachter wie die „Isis" mögen über 1000 Tonnen Getreide getragen haben, aber das sind vielleicht Ausnahmen. Insgesamt müssen im Jahr etwa 800 Schiffsladungen Korn in Rom ankommen; in Anbetracht der Schiffsverluste unterwegs heißt das, daß pro Saison kaum weniger als 1000 Fahrzeuge für die *Annona* eingeplant werden müssen. Da die stolzen Reeder von Alexandria ihre mächtigen Segler wie eine Schlachtflotte im geschlossenen Verband nach Rom fahren lassen, läßt sich erahnen, welche Probleme das Einlaufen dieser Flotte für die Hafenbehörden in Portus mit sich gebracht hat. In einem Brief aus dem späten 2. Jh. heißt es, das alexandrinische Schiff habe am 30. 6. in Portus angelegt. Erst am 12. 7. wird es entladen, und am 2. 8. wartet man immer noch auf die Genehmigung der Hafenbehörde zur Rückkehr nach Ägypten. Dabei ist Portus gewiß ein besonders „schneller" Hafen gewesen, mit leistungsfähiger Verwaltung und Infrastruktur an Leichtern, Schleppbooten (Abb. 130), Lade- und Werftmannschaften.

Angesichts der Langsamkeit und exorbitanten Kosten des Gütertransports zu Lande muß das Getreide ebenfalls zu Schiff von Portus nach Rom weiterbefördert werden. Da die Treidelkähne auf dem Tiber nur klein sein können, muß ihre Zahl ein Mehrfaches der Anzahl der eingesetzten Seeschiffe betragen haben; gewiß hat es strenger „Verkehrsregeln" bedurft, um den reibungslosen Verlauf dieses Treidelverkehrs zu gewährleisten. Die Vorratshaltung und Verteilung des Brotgetreides ist dann Sache spezieller Behörden.

Daß die *Annona,* trotz ihrer komplizierten Zusammenarbeit zwischen dem Staat und privaten Schiffseignern, viele Jahrhunderte lang ihre lebenswichtige Aufgabe erfüllt hat, stellt der Organisations- und Verwaltungskunst Roms ein glänzendes Zeugnis aus. Im Hinblick auf unser Thema ist wesentlich, daß es wohl in erster Linie den besonderen Bedingungen der *Annona* zuzuschreiben ist, daß die kaiserzeitlichen Frachtschiffe im Mittelmeer Größen erreichten, die erst im 19. Jh. wieder üblich geworden sind.

Handel mit Luxusgütern

Bereits im 3. Jt. v. Chr. wird ein Handel mit hübschen Überflüssigkeiten aus fremden Ländern erkennbar, beispielsweise Kleingegenständen aus Ägypten in Kreta und der Levante. Homer spricht von phönikischen Seehändlern, die mit Purpurgewändern und allerlei exotischem Tand die Begehrlichkeit griechischer Käufer reizen, aber auch dem Menschenraub zum Zweck des Sklavenhandels nicht abgeneigt sind. Gewiß sind es zunächst auch Phöniker gewesen, die im frühen 1. Jt. v. Chr. Elfenbeinartikel, chinesische Seide und derlei Artikel ferner und fernster Herkunft in Griechenland abgesetzt oder zyprisch-phönikische Silberschalen und ägyptische Fayencen nach Etrurien gebracht haben.[29]

Im 5. Jh. v. Chr. wird aus den griechischen Schriftquellen deutlich, wie sehr Athens Oberschicht nicht nur solche dauerhaften Luxusgüter, sondern auch Delikatessen aus aller Herren Ländern geschätzt hat. Daß man auf Athens Markt Schwarzmeerfische kaufen konnte (wie sie auf dem langen Transport frischgehalten wurden, wird leider nicht gesagt!), wird geradezu als Beweis für die Richtigkeit der seeorientierten Politik Attikas genannt und dem einseitigen Warenangebot in reinen Landstaaten gegenübergestellt. Offenbar haben reiche Athener die Möglichkeiten, die der Welthandel bot, ebenso selbstverständlich in Anspruch genommen wie wir heute die im Winter frisch eingeflogenen Blumen aus Israel oder Gemüse aus Südafrika.

Gewiß werden die Reichen in Etrurien und in Rom kaum geringere Ansprüche gestellt haben, obwohl das frühe Rom offiziell den Luxus ablehnte. Jedenfalls hat der Handel mit Wein und Öl geblüht, wie die vielen Wracks voller Amphoren im Mittelmeer zeigen. Ebenso beliebt ist *garum* gewesen, eine Art Sardellenpaste, die in der römischen Kochkunst als ähnlich unentbehrlich galt wie die Maggisauce in der unsrigen. *Garum* wurde nur an wenigen Stellen am Mittelmeer hergestellt, so in Pompeii, der Provence und in Spanien. – Salz ist zwar kein Luxusgewürz, doch sei erwähnt, daß der Salzhandel ebenfalls eine bedeutende Rolle gespielt hat, nicht zuletzt im Nordsee- und Rheingebiet.

Doch der reiche Wohlstandsbürger der Kaiserzeit begnügt sich nicht mit solchen altgewohnten Genüssen. Jetzt werden orientalische Gewürze so begehrt, daß sie zu einem Faktor in der Außenhandelsbilanz des Reiches werden. Wie sinnlos sie verschwendet werden, beschreibt Petronius in seinem ,,Gastmahl des Trimalchio". Anfangs werden die Gewürze durch arabische oder indische Monsunfahrer zu ägyptischen Häfen am Roten Meer gebracht worden sein, doch spätestens in der Kaiserzeit übernehmen römisch-ägyptische Kaufleute und Seefahrer selbst diesen einträglichen Markt. Das führt zur Entstehung eines Fernhandelssystems, das indirekt sogar China in die Reichweite des römischen Fernhandels rückt. Römische Kaufleute etablieren Faktoreien in Indien und Ceylon, vielleicht sogar in Indochina, um die östlichen Handelswaren frühzeitig abzufangen und die Erträge des Zwischenhandels in die eigene Tasche zu lenken.

Die Kaiser haben bald versucht, den Abstrom von Goldwährung in den Orient einzudämmen, und für den Import überflüssiger Luxusgüter hohe Einfuhrzölle festgesetzt. Dafür werden nicht nur in ägyptischen, sondern zeitweilig sogar in arabischen Häfen am Roten Meer Zollbehörden eingesetzt. Diese Maßnahmen können aber nicht verhindern, daß jahrhundertelang unmäßige Beträge in Goldwährung der Wirtschaft des Reiches entzogen werden. Den Abnehmern ist jeder noch so hohe Preis recht, um ihre übersteigerten Konsumwünsche zu befriedigen.

Für die Seehändler haben diese volkswirtschaftlich so bedenklichen Orientfahrten hohe Profite bedeutet. Der Import zu Schiff, direkt aus den Erzeugerländern, kostet nur einen Bruchteil dessen, was für den Karawanentransport auf der Seidenstraße, den Zwischenhandel und die Zölle in den verschiedenen Durchgangsländern zu entrichten gewesen wäre. Außerdem sind die hohen Erträge des Orienthandels nicht einmal mit einem besonders großen Risiko verbunden. Seit die römisch-ägyptischen Seefahrer (spätestens in der frühen Kaiserzeit) gelernt haben, mit dem Monsun zu segeln, können sie gewissermaßen fahrplanmäßig den Indischen Ozean überqueren; vielleicht wird mancher *Annona*-Kapitän von so günstigen Reisebedingungen geträumt haben.

Wir haben oben die schädlichen Auswirkungen des Imports orientalischer Luxusgüter auf die Wirtschaft des römischen Reiches hervorgehoben. Es wäre aber falsch, nur seine negativen Aspekte zu sehen. In Wirklichkeit hat gerade der Seehandel mit diesen eigentlich überflüssigen Waren enorm zur Erweiterung der geographischen Kenntnisse im Altertum beigetragen. So ferne Länder wie *Taprobane* (Ceylon) sind dem Römer konkrete Begriffe gewesen, und mindestens einmal sind römische Kaufleute in der Verkleidung als Staatsgesandte sogar an den chinesischen Kaiserhof gelangt. So weitgespannt sind die Grenzen der bekannten Erde für Europa erst wieder im 15. Jh. im Gefolge der portugiesischen Entdeckerfahrten gewesen. Wir sollten nicht übersehen, daß auch dann wieder wesentliche Impulse von der Gier nach orientalischen Gewürzen ausgegangen sind.

Kolonisation

Kaum je haben sich maritimes Denken, merkantile Interessen und die Lust zu Freiheit und Abenteuer so zu einem gemeinsamen Ziel zusammengefunden wie bei den großen Kolonisationsbewegungen, die im älteren 1. Jt. v. Chr. von den Stadtstaaten der Phöniker, Griechen und Punier ausgegangen sind.[30] Rings um die Küsten des Mittelmeers und des Schwarzen Meers, die weitgehend von „barbarischen" Völkerschaften bewohnt sind, entsteht eine Perlschnur von Hafenstädten, in denen Seefahrer Menschen der eigenen Sprache, der eigenen Kultur und Religion antreffen, wo Händler in der ihnen vertrauten Weise ihre Waren verkaufen oder gegen Landesprodukte eintauschen können. Wie sehr bei diesen Kolonien der Hafen im Bewußtsein der Zeitgenossen obenan steht, klingt noch bei Herodot an, wenn er die große Stadt Olbia an der Dnjepr-Mündung einfach „die Hafenstadt am Borysthenes" nennt (IV, 24).

Ansätze zu ähnlichen maritimen Expansionsbewegungen zeichnen sich schon im 3. Jt. v. Chr. (Kykladenkultur) und im 2. Jt. v. Chr. ab (kretische Siedlungen in Milet, auf Rhodos und anderen Inseln der Ägäis; mykenische in Westkleinasien, auf Zypern und wohl auch in Italien). Es ist aber fraglich, ob diese Exklaven schon Kolonien im klassischen Sinne gewesen sind, d. h. Filialgründungen von Stadtstaaten, die mit der Mutterstadt in rechtlicher, religiöser und wirtschaftlicher Hinsicht verbunden blieben und wohl auch zunächst die Bevölkerungsstruktur ihrer „Mütter" beibehielten (Ross Holloway erwägt für die frühgriechische Kolonisation, im Gefolge innenpolitischer Wirren hätten ganze „Fraktionen" mit ihren adligen Führern die Heimat verlassen).

Ungewiß ist der Charakter der ersten phönikischen Niederlassungen in der Ägäis, die in der antiken Überlieferung genannt werden. Phöniker sollen z. B. im böotischen Theben, auf Kythera, Thera und Thasos gewohnt haben. Wirklich wurde im mykenischen Theben eine Werkstatt für orientalische Rollsiegel gefunden.

Erste echte Kolonien könnten phönikische Gründungen wie Gadir (Cádiz) und Karthago im Westen der Mittelmeerwelt gewesen sein. Am Beispiel von Gadir werden bereits Regeln für die Ortswahl von Kolonien erkennbar, die sich später auch an griechischen Gründungen ablesen lassen. So lag Gadir ursprünglich auf einer Insel vor der Küste Südwestandalusiens: da die Kolonisten das Meer beherrschen, sind sie dort sicherer als auf dem Festland. Auch die frühgriechischen Kolonisten haben sich in Italien (Pithekussai/Ischia, Syrakus), Libyen (Platea) und im nordwestlichen Schwarzen Meer (Borysthenes?/Beresan) zunächst auf Inseln festgesetzt und sind erst aufs Festland umgesiedelt, wenn sich das Verhältnis zur einheimischen Bevölkerung entspannt hatte. – Die Kolonisten sind nicht immer willkommen gewesen. So hatte Massilia schwere Kämpfe gegen die einheimischen Ligurer zu bestehen. Aus Gründen der Sicherheit sind Kolonien oft auf Halbinseln angelegt worden, die sich an der Landseite mit geringem Aufwand befestigen ließen. Sie bieten den weiteren Vorteil, daß man dann an jeder Seite der Halbinsel einen Liegeplatz hat und so den Schiffen bei jeder Windrichtung Schutz geboten wurde.

Die Insellage Gadirs ist gewissermaßen ein taktischer Vorteil. Ebenso günstig ist die Nachbarschaft zum Mündungsgebiet des großen Stroms Baetis (Guadalquivir). Dort lag das als märchenhaft reich geschilderte einheimische Reich von Tartessos, vermutlich ein bedeutender Metallexporteur, und der Strom erschloß das Binnenland für den Handel. Entsprechend haben sich auch die Griechen direkt an Flußmündungen niedergelassen (Olbia am Dnjepr, Poseideion/al Mina am Orontes, Naukratis am Nil) oder doch unfern davon (Histria südlich der Donaumündung, u. U. Massilia/ Marseille, das allerdings von der Rhônemündung recht weit entfernt ist). Schließlich liegt Gadir nahe bei der Straße von Gibraltar und dadurch dürfte es möglich gewesen sein, eine gewisse Kontrolle über den Durchgangsverkehr auszuüben. Das gleiche gilt für die Lage griechischer Kolonien an Bosporus und Dardanellen (Byzanz, Kyzikos usw.), an der Straße von Otranto (Kerkyra/Korfu) und der Straße von Messina (Zankle, Messana) bzw. in ihrem Vorfeld (Syrakus), die den Erfordernissen der Schiffahrt ebenso wie denen des Handels, der ohne Seeverkehr undenkbar wäre, Rechnung tragen. Merkantile Gesichtspunkte dürften oft für die Lage der Kolonien ausschlaggebend gewesen sein. Am besten erklären Handelserträge den Wohlstand vieler Kolonialstädte, der sich in der reichen Ausschmückung mit Tempeln und der aufwendigen Ummauerung widerspiegelt. Manche Kolonien wie Kerkyra sind bald zu ernsthaften Konkurrenten und Gegnern ihrer Mutterstädte geworden. – Die Erschließung von Absatzgebieten für die eigene Wirtschaft ist in der Antike wohl ebenso hoch bewertet worden wie die Möglichkeit, wichtige Landesprodukte wie Rohmetalle oder Lebensmittel zu günstigen Bedingungen zu beziehen. Beide Gesichtspunkte lassen sich kaum trennen, am ehesten vielleicht dort, wo Griechen in Kontakt zu fremden Hochkulturen getreten sind. Aber gerade im Fall von Naukratis, der großen Kaufmanns- und Handwerkersiedlung am Nil, die von mehreren Griechenstädten gemeinsam gegründet worden ist, haben die Pharaonen die Gründung einer autonomen Kolonie eigenen Rechts nicht zugelassen. Naukratis hat nur einen exterritorialen Status genossen, den Boardman mit dem von Shanghai vor der chinesischen Revolution vergleicht. In Naukratis steht der Handel mit griechischen Produkten obenan, darunter auch Eisenwaren, mit denen sich in Ägypten gute Geschäfte machen ließen. Man wird dafür Weizen eingekauft haben, den Griechenland vom 5. Jh. v. Chr. an – und vielleicht schon zuvor – importieren mußte. Einen ähnlichen Status könnte auch die griechische Niederlassung in Graviscae (Abb. 122) gehabt haben, einem Hafen der reichen Etruskerstadt Tarquinia. – Normalerweise haben die phönikischen, griechischen und punischen Seehändler es als Geschäftspartner mit ,,Barbaren" zu tun, mit denen Tauschhandel geübt wird. Die Kolonien sind merkantile Brückenköpfe der kulturell überlegenen Staaten am Ostmittelmeer, die aus dem Prunkbedürfnis der barbarischen Oberschicht und deren geringeren kaufmännischen Gewandtheit den größtmöglichen Profit ziehen. Aus dieser Motivierung der ,,Barbaren" ergibt sich, daß die Fremden wohl in erster Linie Luxusgüter auf die ,,barbarischen" Märkte geworfen haben. Bei Homer reizen die Phöniker die Begehrlichkeit ihrer griechischen Kundschaft (hier noch in der Rolle der ,,Barbaren"!) mit Purpurstoffen und allerlei fremdländischem Tand.

Später haben die Griechen offenbar mit Wein besonders gute Geschäfte gemacht, und nicht nur bei den Skythen am Schwarzen Meer. Griechische Weinamphoren sind (sicher gefüllt) auf eigenen Handelswegen der Kelten von Massilia bis zu dem frühkeltischen Fürstensitz Heuneburg an der oberen Donau gelangt, und die Keltenfürsten haben den Wein sogar aus attischen Trinkschalen genießen wollen und wurden entsprechend beliefert. Bei den reichen, prunksüchtigen Skythen sind griechische Goldschmiedearbeiten hochgeschätzt und werden gewiß teuer bezahlt. Womit? Die Skythen beherrschen die Handelswege für das Gold aus Mittelasien, und die ,,ackerbauenden Skythen" bei Olbia sind durch ihre Weizenexporte wohlhabend. Die Kelten im heutigen Frankreich führen als Zwischenhändler das begehrte Zinn aus Cornwall zum Mittelmeer. Womit aber der Heuneburgfürst seine Weinrechnungen beglichen hat, liegt im Dunkel. Vielleicht hat er Pelze geliefert oder – wiederum als Zwischenhändler – Bernstein von der Nordseeküste. Oder haben schon die Kelten die Haare ihrer Landestöchter verkauft, die später in Rom als Material für blonde Perücken begehrt waren – oder gar Menschen, als Sklaven? Die Handelsgüter der ,,Barbaren" sind archäologisch kaum zu fassen; wir können nur konstatieren, daß der Handel für die Griechen attraktiv gewesen sein muß, und dieser Handel war auf den Wasserweg angewiesen, aller Wahrscheinlichkeit nach sogar im Binnenland. Vermutlich haben die Schifferzünfte an den Strömen in Gallien, die wir aus Inschriften der Kaiserzeit kennen, schon Jahrhunderte zuvor bestanden.

Daß die Kolonien mit dem heimischen Wirtschaftsgebiet allein per Schiff verbunden gewesen sind, versteht sich angesichts des Fehlens von Straßen für einen leistungsfähigen Landverkehr von selbst. So ist es zwar unbewiesen, doch glaubhaft, daß hier und da Kolonien zu keinem anderen Zweck angelegt worden sein könnten als zur Sicherung des Schiffsverkehrs. Der Punier Hanno soll an der Nordwestküste Afrikas in dichten Abständen solche ,,Relaishäfen" angelegt haben, und vielleicht sind auch manche der ,,99 Kolonien" Milets am Schwarzen Meer solche Relaisstationen gewesen, wo Frachtschiffe in Sicherheit übernachten oder auf günstigen Segelwind warten konnten.

Ein weiteres Motiv der Koloniegründungen ist am Beispiel Karthagos (um 800 v. Chr.) vorgezeichnet und wird auch um 757 v. Chr. bei der chalkidischen Kolonie Kyme (Cumae), der ältesten Griechenstadt in Italien, erkennbar: in beiden Fällen ist das Hinterland sehr fruchtbar und gestattet die Produktion großer Getreideüberschüsse, die sich im Mutterland vorteilhaft absetzen lassen (vgl. Naukratis). Nicht anders ist es in Olbia, das den Zugang zu den „ackerbauenden Skythen" erschließt, in Kyrene oder den Kolonien in Sizilien. Wir haben bereits gesehen, welche Bedeutung die Kornlieferungen für die überfüllten Großstädte Athen und Rom haben konnten. – Im Fall von Kyme bzw. dem benachbarten Pithekussai dürfte freilich bei der Ortswahl die weit in Richtung auf die Erzlagerstätten Etruriens vorgeschobene Lage der wichtigste Gesichtspunkt gewesen sein; die Fruchtbarkeit des campanischen Hinterlandes war wohl eher eine willkommene Zugabe.

Gewiß werden Städte auch dann Kolonisten ausgesandt haben, wenn die wirtschaftlichen Möglichkeiten nicht mehr ausreichten, die Bevölkerung zu ernähren. Bei der Gründung von Kyrene befiehlt das Apollon-Orakel von Delphi, jeder zweite junge Mann solle Thera verlassen und nach Afrika ziehen. Allerdings handelt es sich hier um eine Ausnahmesituation, denn auf Thera herrschte schon seit sieben Jahren Hungersnot. Wenn aber manche Kolonien kurz nach der Gründung selbst wieder Kolonisten aussenden, fällt es schwer, den Grund schon wieder in Übervölkerung zu suchen. Hier scheint doch eher eine Art „frontier spirit" zugrundezuliegen wie im Wilden Westen, eine Bereitschaft, auf den schwankenden Schiffen in der Ferne sein Glück zu suchen. Dieser Wagemut spricht deutlich genug aus Homers Odyssee. Wie klein die Kolonistengruppen sein können, zeigt sich wieder bei der Gründung von Kyrene: die durchs Los bestimmte Jungmannschaft von Thera fährt auf zwei Fünfzigruderern nach Libyen (Herodot IV, 153). Sie kann nicht viel mehr als 100 Köpfe gezählt haben, und Frauen wurden ihnen nicht mitgegeben. Die Kolonisten haben schließlich einheimische Libyermädchen geheiratet.

Die zentrale Rolle des delphischen Orakels bei dieser Gründung ist kein Ausnahmefall. Es wurde stets befragt, wenn eine Stadt Kolonisten aussenden wollte. Der Fall ist aber insofern besonders aufschlußreich, weil Apollon hier die Kolonisation in einem Lande befiehlt, von dem die Theräer nicht einmal die Lage kennen; sie müssen lange herumfragen, bis ihnen ein weitgereister Kreter sagen kann, wo Libyen liegt.

Demnach sind die Orakelpriester in Delphi weit besser über die für eine griechische Kolonisation geeigneten Länder am Mittelmeer informiert gewesen als die Allgemeinheit, und damit dürfte sich auch erklären, warum gerade die frühesten griechischen Kolonien an so ungewöhnlich günstigen, geradezu strategischen Stellen plaziert wurden. Es scheint, daß die Priester-schaft Apollons in Delphi (und für Ionien wohl in Didyma) als ein heimli-cher ,,brain trust" die Kolonisationsbewegung der frühen Griechen gesteu-ert hätte. Ihr Informationsvorsprung ist damit zu erklären, daß sich erfolg-reiche Handelsleute bei dem Gott durch Weihgeschenke zu bedanken pflegten und die Priester gewiß nicht versäumt haben, sich nach den nähe-ren Umständen dieser Erfolge zu erkundigen.

Über den technischen Ablauf gerade der frühen Koloniegründungen ist wenig bekannt. Die Theräer sind auf Kriegsschiffen ausgefahren, die kaum Platz für schweres Gepäck oder gar Großvieh boten. Zwar sollen auch die Phokäer ihre Fernreisen mit Fünfzigruderern durchgeführt haben (Hdt. I, 163), doch das mögen eher Mehrzweckfahrzeuge gewesen sein als leichte Langschiffe. Normalerweise hat man die Kolonisten gewiß mit schwerem Gepäck und Familienanhang auf geräumigen Frachtschiffen in die Ferne geschickt. Dorthin, wo Apollon es befahl – weil seine Priester wußten, welche Stellen unter merkantilem oder maritim-strategischem Blickwinkel besonders günstig waren.

Auf der Landkarte wirkt das Netz der griechischen Kolonien wie ein Seereich, vergleichbar etwa dem portugiesischen im 15. und 16. Jh. Wir dürfen aber nicht übersehen, daß die griechischen Kolonien autonome Städte waren, nicht Außenposten eines zentral regierten Flächenstaats. Wenn aus dem Ergebnis der Kolonisationsbewegung eine übergeordnete Planung zu sprechen scheint, dann ist sie nicht dem Geist eines Monarchen entsprungen, sondern am ehesten der Weisheit der Priesterschaft Apollons. Nur sie besaß auch bei allen Griechen jene Autorität, die sie von der Rück-sicht auf die Interessen einzelner Stadtstaaten unabhängig machte.

Die römische Kolonisation trägt ein anderes Gepräge als die der Grie-chen, Phöniker und Punier. Nur als Ausnahme ist es zur Entstehung von Hafenstädten wie Cosa gekommen, und sie liegen im eigenen Staatsgebiet. Normalerweise spielen nicht maritime oder merkantile Gesichtspunkte eine Rolle, sondern militärische oder administrative. Alles in allem ist die Bezie-hung der römischen Kolonisation zur Seefahrt so gering, daß sie uns nicht näher zu beschäftigen braucht.

Personenbeförderung

Schon in der Odyssee ist verschiedentlich die Rede davon, daß Reisende auf Schiffen mitgenommen werden, die ihnen nicht selbst gehören. Homer nennt eine Reihe von Gründen für solche Seereisen; da sie gewiß auch in späterer Zeit eine Rolle gespielt haben, seien sie hier im Einzelnen aufge-führt.

Auffallend selten spricht Homer von Kaufleuten, die zusammen mit ihrer

Ware auf eigenem oder fremdem Schiff reisen (Od. 2,319f.; 8,158ff.; 15,415ff.). Da aber oft von Waren fremden Ursprungs die Rede ist und konkret vom (Tausch-)Handel der Phöniker (Od. 15,415ff.), wird sich die geringe Zahl solcher Äußerungen am ehesten mit dem heroischen Milieu des Epos erklären lassen: die Welt des Kaufmanns war für den Dichter wohl kein Thema von Interesse.

Dieses erwacht eher, wenn die Menschen selbst zur Handelsware werden. Die listige Entführung von Menschen, die dann in der Fremde verkauft werden und sich sogar des ansehnlichen Preises rühmen, der für sie gezahlt wurde, wird ebenso selbstverständlich erwähnt wie die Versklavung von Reisenden durch die Mannschaft des Schiffes, dem sie sich anvertraut hatten (Od. 7,8ff.; 14,293ff.; 14,341ff.) oder der strafweise Verkauf in die Fremde (Od. 20, 382ff.). Grotesk ist die Situation, als eine sidonische Sklavin mit Hilfe phönikischer Kaufleute flieht und dabei mithilft, den Sohn ihrer bisherigen Herren zu entführen (Od. 15,415ff.): er soll – zusammen mit gestohlenem Gut – auf den Fahrpreis für ihre Passage in die Heimat angerechnet werden (Od. 15,448).

Eher märchenhafte Züge trägt das Motiv, daß die Freier im Palast von Ithaka erst den Bettler Iros (Od. 18,83ff.; 18,115f.) und dann den Odysseus (Od. 21,305ff.) aufs Festland verkaufen wollen, um sie von dem Barbarenkönig Echetos grausam zu Tode quälen zu lassen. Immerhin werden aber auch in der Sage Menschen in die Fremde geschickt, um dort umgebracht zu werden (Bellerophon).

Im Umkreis von Verbrechen liegt es auch, daß Mörder vor ihren Verfolgern über See fliehen (Od. 13,260ff. 14,379ff.; 15,256ff.) und sich dabei die Passage erbetteln. Derlei ist gewiß keine Seltenheit gewesen.

Viel erfreulicher ist der Brauch, Reisende – d. h. zum Gastfreund gewordene Besucher – zu Schiff in die Heimat zu bringen. Besonders die Phäaken sind für solches Ehrengeleit *(pompé)* berühmt (Od. 7,191f.; 7,317ff.; 8,31ff.; 8,565f.; 13,174; 16,227), das wohl im Zusammenhang mit dem Gastrecht zu sehen ist. Einer Bemerkung Penelopes (Od. 19,317f.) darf aber entnommen werden, daß der Brauch in Ithaka ebenfalls bekannt war und vermutlich auch in anderen achäischen Staaten.

Das heute so wichtige Reisemotiv des bloßen Ortswechsels klingt in der sachlichen Welt Homers nur vereinzelt an, z. B. wenn Odysseus lügt, er wolle nach Dulichion fahren, ,,das ihm lieb ist" (Od. 14,395ff.; 19,291f.). Freilich gilt die Flucht der sidonischen Sklavin einem ähnlichen Ziel.

In allen Fällen reisen die homerischen Passagiere, freiwillig oder unfreiwillig, auf Schiffen, deren eigentliche Aufgabe nicht die Personenbeförderung ist. Klare Regeln gibt es insofern, als der Kaufmann zum Transport seiner Waren auf geräumige Frachtschiffe angewiesen ist und die Phäaken ihre Geleitfahrten auf den ,,windschnellen" Ruderschiffen durchführen, die ihr ganzer Stolz sind.

Von speziellen Passagierdiensten kann in der ganzen Antike ebensowenig die Rede sein wie etwa von Fahrplänen.[31] Wie noch im Mittelalter mußte der Reisende im Hafen oder in den Kontoren, wie sie die Schifferzünfte einiger Hafenstädte in Ostia unterhielten, erfragen, ob ein Frachtschiff in der gewünschten Richtung auslaufen wolle. Oft wird es lange gedauert haben, bis sich ein Fahrzeug fand und der Reisende mit dem Schiffsführer die Passage aushandeln konnte.

Während die homerischen Reisenden an Bord offenbar keinen weiteren Schutz genossen als eine Art Gastrecht, dessen Garanten nur die Rechtlichkeit von Kapitän und Besatzung und die Furcht vor göttlicher Strafe für eine Verletzung dieses heiligen Rechts waren, dürften sich um die Mitte des 1. Jts. v. Chr. feste Rechtsnormen für die Seefahrt herausgebildet haben (S. 170). Dafür spricht die Einrichtung der ,,See-Gerichtshöfe" in Athen, und aus hellenistischer Zeit ist im ,,Rhodischen Seegesetz" ein Gesetzeswerk in Teilen erhalten, das weit über das Ende der Antike hinaus im Mittelmeer Normen für das Leben auf See gesetzt hat. Hier sind u. a. solche Einzelheiten wie die Menge des Freigepäcks oder die Zahl der unentgeltlich zu befördernden persönlichen Sklaven der Kaufleute geregelt, die an Bord Ware befördern. Terminversäumnisse werden ebenso angesprochen wie etwa der Fall, daß das Schiff unfreiwillig (z. B. wegen Piraten- oder Kriegsgefahr) einen anderen Hafen anlaufen muß als das vereinbarte Ziel. Eine andere Klausel ist dem heutigen Seerecht fremd. Die Passagiere (d. h. meist Kaufleute, die durch regelmäßige Reisen mit der Seefahrt und der Geographie der Mittelmeerküsten nicht weniger vertraut waren als die Schiffsoffiziere) dürfen durch Mehrheitsbeschluß direkten Einfluß auf die Schiffsführung nehmen; die Haftpflicht ist geregelt. Dies ist eine ganz andere Situation als in Athen zur Zeit des Peloponnesischen Krieges, als Passagiere und ihre Diener auf Frachtschiffen zum Rudern herangezogen werden konnten und so ganz nebenbei die Grundausbildung als Flottenmannschaften erhielten.

Von spätrepublikanischer Zeit an wird in Rom eine neue Dimension des Reiseverkehrs erkennbar. Nicht nur Kaufleute sind in immer größerer Zahl unterwegs, sondern auch ,,Touristen". Das Bürgertum findet Geschmack an griechischer Kultur und Kunst; man besucht die Städte, Heiligtümer, Spiele oder Ärzte in Griechenland und läßt sich dort z. B. in die eleusinischen Mysterien einweihen. Zudem hat die immer schnellere Ausdehnung des römischen Reichs Konsequenzen. Zivilbeamte und Offiziere sind zwischen den weit entfernten Provinzen und der Hauptstadt unterwegs. Truppeneinheiten werden zu Schiff in andere Garnisonen verlegt, Auswanderer in andere Provinzen oder auf dem Weg in die Hauptstadt füllen die ,,Decksklasse" der Frachtschiffe. Als 61 Josephus dienstlich nach Rom reist, um die Freilassung jüdischer Glaubensgenossen zu erwirken, und sein Schiff in der Adria untergeht, sind 600 Personen an Bord. Das wird so nebenbei erwähnt, als ob es nichts Außergewöhnliches gewesen wäre. Es dürfte bedeuten, daß das Schiff in Ballast gefahren ist und – vergleichbar einem Auswandererschiff des 19. Jahrhunderts – kaum viel andere „Fracht" an Bord gehabt hat als die riesige Menschenmenge. Als etwa zur selben Zeit der Apostel Paulus als Appellant nach Rom reist, um sich als römischer Bürger vor einem Gericht der Hauptstadt gegen den Vorwurf der Unruhestiftung in den östlichen Provinzen zu verteidigen, führt das Schiff 276 Personen mit: Untersuchungshäftlinge wie Paulus selbst, deren militärische Wachmannschaft, Ungenannte und endlich die Schiffsbesatzung. Das Schiff ist ein alexandrinischer Annona-Segler, der durch widrige Wetterverhältnisse aus dem Fahrplan geraten ist; Paulus und seine unfreiwilligen Reisegefährten sind in Westkleinasien darauf umgestiegen. Es ist spät im Jahr, die vorgeschriebene Reisesaison ist schon fast abgelaufen. Trotz weiterhin widriger Winde quält sich das Schiff weiter nach Westen. Das ist für einen Segler mit der antiken Rahsegel-Takelung keine geringe Leistung; man scheint in gewissem Maße gekreuzt zu haben. Dann treibt ein Sturm das Schiff in eine verlassene Bucht an der Südküste Kretas. Der Sturm flaut ab, der Kapitän will zum Überwintern einen weniger abgelegenen Hafen in Kreta erreichen – doch da erfaßt ein neuer Sturm das Schiff und verschlägt es auf die hohe See. Tagelang ist der Himmel bedeckt; die Gestirne sind nicht zu sehen, und die Schiffsoffiziere haben keine Ahnung, in welche Richtung der Sturm sie verschlägt. Es ist wohl das größte Risiko bei der winterlichen Schiffahrt im Mittelmeer gewesen, daß wegen des bedeckten Himmels die Sterne unsichtbar waren und daß wegen der diesigen Luft die Landmarken an den Küsten nicht auszumachen waren; der Magnetkompaß war ja noch nicht bekannt. An Bord nimmt die Not von Tag zu Tag zu. Die Besatzung bringt Strecktaue aus, um den Schiffsrumpf zu entlasten. Dann wird ein Teil der Getreideladung über Bord geworfen. Vierzehn Tage lang wagt niemand, eine ordentliche Mahlzeit einzunehmen. Endlich weist eines Nachts die rasche Abnahme der geloteten Wassertiefe auf die bedrohliche Nähe von Land hin. Das Schiff bringt vier Anker aus, die aber offenbar nicht halten; ein Versuch der Besatzung, im Beiboot das Weite zu suchen, wird durch die Soldaten vereitelt. Als es Tag wird, findet man sich in hoffnungsloser Lage vor einer Leeküste. Dem Kapitän bleibt keine andere Wahl, als das Schiff an einer möglichst flachen Stelle auf den Strand zu setzen, um mindestens die Menschen zu retten. Der erfahrene Reisende Paulus sorgt dafür, daß sich Passagiere und Besatzung zur Vorbereitung auf die bevorstehenden Strapazen ordentlich sattessen – und dann lenkt man das große Fahrzeug unter dem Vorsegel *(artémon)* auf den Strand. Das Schiff wird ein Totalverlust, doch alle Menschen können sich retten. Man erfährt, in Malta zu sein, und im nächsten Frühjahr kann Paulus seine Reise auf einem anderen Annona-Schiff fortsetzen, das in Malta überwintert hat.

Der lakonische Bericht in der Apostelgeschichte ist wohl das dramatischste und eingehendste Zeugnis über eine antike Seereise, das wir besitzen. Doch geben auch die beiläufigen Erwähnungen, wie oft und wo die frühchristlichen Missionare die Schiffe wechselten, wertvolle Hinweise auf die Reisegewohnheiten in der Kaiserzeit. Man lernt zu begreifen, warum z. B. der Kaiser Caligula – ein See-erfahrener Mann – in Rom dem jungen Judäerfürsten Agrippa den ,,direkten Weg" auf einem alexandrinischen Annona-Schiff für die Heimkehr nach Judäa empfohlen hat.

Ungeachtet all dieser Risiken und Widrigkeiten waren Reisen auf Frachtseglern, die auch über Nacht auf der hohen See durchfuhren, die schnellste und beste Verbindung auf Fernreisen. Selbst Kaiser und Prinzen haben sie zuzeiten der repräsentativeren Möglichkeit vorgezogen, auf geruderten Einheiten der Kriegsflotte zu reisen, die durch ihre geringe Seetüchtigkeit und die Notwendigkeit, zum Übernachten an Land zu gehen, im Endeffekt langsamer vorankamen. Außerdem waren die großen Frachter geräumiger und konnten ausgezeichneten Passagieren in der Deckshütte auf dem Achterschiff (Abb. 48,134) ein – relativ – viel bequemeres Logis anbieten als die Kriegsschiffe.

Stellen wir solchen Luxusreisen gleich den Gegenpol gegenüber! Wenn es heißt, daß z. B. in dem Insel-Freihafen Delos an manchen Tagen Zehntausende von Sklaven ,,umgeschlagen" worden sind, so läßt sich erahnen, unter wie unmenschlichen Bedingungen diese Armen an- und abtransportiert worden sind.

Oben wurde schon die Frage nach den Lebensbedingungen an Bord für die Passagiere angeschnitten. Wie war es darum bestellt? Im Normalfall spartanisch genug! Wer sich nicht die ,,Luxusklasse" im achteren Deckshaus leisten konnte – und das waren nur wenige, für mehr reichte der beschränkte Platz gar nicht aus –, reiste an Deck. Das gilt auch für Damen wie jene Schönen, deren Anblick dem frühchristlichen afrikanischen Bischof Synesius so bedrohlich für die Sittlichkeit der (an Bord unbekleideten) Matrosen erschien, daß ein Segel um das ,,Frauenabteil" an Deck gespannt werden mußte; wahrscheinlich hat dann der fromme Mann innerhalb desselben die Sittlichkeit gehütet. Als im 4. Jh. die römische Christin Paula ins Heilige Land wallfahrtet, ist von solchen Vorsichtsmaßnahmen nicht die Rede: die wohlhabende Dame reist ,,Erster Klasse". – Noch schlimmer als die Deckspassagiere hatten es jene, die irgendwo zwischen der Fracht im Laderaum untergebracht waren. Athenaios (9,405) erwähnt die Belästigung durch das schmutzige, stinkende Bilgewasser. Aber auch an Deck gab es keine weiteren Annehmlichkeiten als eine Matte als ,,Bett". Daran gemessen waren die fein möblierten Passagierkabinen der hellenistischen ,,Syrakusia" (S. 60) höchster Luxus. Pomey und Tchernia vermuten, Großschiffe aus Alexandria wie die ,,Isis" hätten auch in der Kaiserzeit ein eigenes Deck für Kabinen gehabt, doch das wird in der römischen Literatur nirgends erwähnt; dafür spricht allenfalls Caligulas Hinweis auf die ,,Bequemlichkeit" der alexandrinischen Schiffe. Da die „Syrakusia" als Geschenk des Syrakusaners Hieron II. nach Ägypten gekommen ist, läßt sich erwägen, daß die alexandrinischen Schiffsbauer von diesem Vorbild gelernt haben. Sonst ist von aufwendigeren Wohnungen für die Passagiere nur im Zusammenhang mit den Monsunseglern im Indischen Ozean die Rede. Nach Philostrat sollen sie hoch gebaut gewesen sein, mit mehreren (mehrstöckigen?) Aufbauten nach Art der üblichen Deckshütten im Achterschiff. Auch das könnte an Moschions Beschreibung der „Syrakusia" erinnern. Doch werden auch die riesigen Mehrmastschiffe aus Indien als ähnlich hoch gebaut beschrieben. Da sie aus einer eigenen Schiffsbautradition hervorgegangen zu sein scheinen, dürfen wir vermuten, daß diese spezielle „fahrgastfreundliche" Bauweise den besonderen Bedingungen der Monsunfahrt angepaßt war.

Die Versorgung an Bord war Sache der Reisenden. Normalerweise war im Fahrpreis nur das Trinkwasser enthalten. Sonst wird man von eigenen Vorräten so dauerhafter Nahrungsmittel wie Schiffszwieback und Trockenfisch gelebt haben. In nachantiker Zeit konnten Passagiere angeln und die Beute an Deck zubereiten. Ob sie aber in römischer Zeit Glutbecken oder gar offenes Feuer verwenden durften, ist höchst ungewiß. Die Anordnung der Bordküchen (für die Besatzung) außenbords auf der Heckgalerie (Abb. 134) und ihre Isolierung mit Ziegeln, die wir von mehreren Wracks kennen, spricht für große Vorsicht im Hinblick auf die Feuersgefahr.

Erst bei Athenaios findet sich ein Hinweis auf „die widerwärtige Kost, die auf Frachtschiffen serviert wird". Aber selbst ein so zweifelhafter Service mag die Ausnahme gewesen sein. Jedenfalls ist die gut eingerichtete, unter der Deckshütte im Achterschiff untergebrachte Küche des byzantinischen Wracks von Yassı Ada offenbar wieder nur für die Schiffsbesatzung bestimmt gewesen.

Auf kleinen Küstenschiffen wie jenen Ruderfrachtern, vor denen Caligula den Agrippa warnte oder wie sie die Straße von Otranto überquerten, werden die Lebensbedingungen noch spartanischer gewesen sein. Uns erscheinen sie unerträglich und unzumutbar; doch wurden auch in der Neuzeit bis ins 19. Jh. den Passagieren kaum größere Annehmlichkeiten geboten. In der Antike sind die Härten und Risiken einer Seereise offenbar als selbstverständlich hingenommen worden: die Frachtschiffe sind eben die billigsten und schnellsten Verkehrsmittel gewesen.

Gefahren und Risiken im Seeverkehr

Wir haben eben mit der Strandung des Paulus auf Malta und dem Untergang von Josephus' Schiff auf hoher See zwei häufige Arten von Seeunfällen kennengelernt. Der erstere Bericht läßt sowohl das zähe Bemühen der

Besatzung deutlich werden, ihr Schiff zu retten, als auch schließlich den verzagten Versuch, sich ohne Rücksicht auf die Passagiere im Beiboot davonzumachen. Welche Gefahr man zunächst gefürchtet hat, zeigen die Notmaßnahmen, die man während der Sturmtage auf hoher See trifft: durch das Umspannen des Rumpfs mit Strecktauen und das Überbordwerfen eines Teils der Getreideladung soll die Gefahr gemindert werden, daß sich die Verbände des strapazierten Rumpfs lockern und durch aufklaffende Plankennähte Wasser eindringt. Als dann in Lee die Küste auftaucht, die Anker nicht halten, kann man freilich nur noch versuchen die Menschen zu retten, indem man das Schiff kontrolliert auf den Strand setzt.

Josephus' Reisegesellschaft hat weniger Glück, als das Schiff leckschlägt. Es sinkt so schnell, daß man keine Boote aussetzen kann: die 600 Schiffbrüchigen müssen die ganze Nacht über schwimmen. Der wortkarge Bericht läßt es möglich erscheinen, daß am nächsten Morgen – als ein Frachtschiff aus Zypern zur Unfallstelle kommt – noch mehr Menschen am Leben gewesen sind als jene achtzig, die von dem Frachter an Bord genommen werden: vielleicht war das Schiff schon voll besetzt. Immerhin hat der Kapitän nicht grundsätzlich die Hilfeleistung verweigert, und damit eine Haltung bezeugt, die bis in die Gegenwart als selbstverständlich gilt.

Solche Arten von Seeunfällen sind zeitlos.[32] Wir können für die Frühzeit auf die ägyptische ,,Geschichte des Schiffbrüchigen'' verweisen oder auf Homers dramatische Schilderungen der Schiffbrüche des Odysseus. Zweifellos ist es richtig, wenn Wachsmuth sagt, das Ende auf See wäre für ein antikes Schiff das Normale gewesen: die Ankunft hätte nie als sicher gegolten, sondern bestenfalls als wahrscheinlich. Für die Annona-Fahrten wird mit einem jährlichen Verlust von ca. 20% des Frachtraums gerechnet. Entsprechend mehr Schiffe mußten von vornherein eingeplant werden, damit genug Getreide in Rom ankam.

In dieser Rechnung dürften aber nur die Totalverluste ganzer Schiffe erfaßt sein. Wenn in Seenot die Ladung über Bord geworfen werden muß oder durch eindringendes Wasser verdirbt, ist das für deren Eigentümer kein geringerer Schaden als ein Totalverlust. Dann beschäftigt die Haftungsfrage die Gerichte (S. 170).

Seeschäden verdanken die Kalfaterer ihr Brot. Dieser Handwerkszweig ist darauf spezialisiert, undicht gewordene Plankennähte abzudichten. In Portus ist er als Zunft organisiert, so daß auf eine große Zahl solcher ,,*stuppatores*'' zu schließen ist. Da die ,,auf Schale'' gebauten Mittelmeerschiffe mit ihren durch Feder und Nut dicht verklammerten Planken und der häufig hinzukommenden Bleiverkleidung eigentlich keine Kalfaterung benötigen, dürften die *stuppatores* für die Ausbesserung beschädigter Schiffe zuständig gewesen sein. Solche Fahrzeuge, deren Verbände sich gelockert hatten, sind freilich trotz der vorübergehenden Abdichtung im Sturm immer besonders gefährdet gewesen. Oder sollten während der ganzen Kaiserzeit ,,auf Skelett" (Abb. 39) kraweel gebaute Frachtschiffe im Süden verbreiteter gewesen sein, als wir heute meinen? Bei dieser Bauweise wäre die Kalfaterung von Anfang an unentbehrlich gewesen und hätte regelmäßig erneuert werden müssen. Sei das wie es wolle, die Existenz der Kalfatererzunft in Portus zeigt jedenfalls das Bemühen, schadhaft gewordene Schiffe möglichst lange verwendbar zu halten. – Daß man an Bord das unvermeidliche Bilgewasser regelmäßig ausgeschöpft, durch die archimedische Förderschnecke oder in der Kaiserzeit auch durch Pumpen unter Kontrolle gehalten hat, versteht sich von selbst. Der Posten des Bilgewächters war wegen des nassen, dunklen und stinkenden Arbeitsplatzes wohl der elendeste an Bord, doch er war nichts weniger als unwichtig.

Welche Schutz- und Hilfsmaßnahmen kennt die Antike sonst, um Schiffsverluste zu vermeiden? In gewissem Sinne sind hier die Leuchttürme zu nennen, die allerdings erst vom 1. Jh. v. Chr. an sicher bezeugt sind (Abb. 60, 128). Mindestens das Ansteuern der Häfen ist dadurch leichter und sicherer geworden. Zuvor sind anscheinend hier und da in Sturmnächten an der Küste Warnfeuer entzündet worden – eine Hilfe von zweifelhaftem Wert, da mit solchen Mitteln auch Schiffe von Strandräubern absichtlich in den Untergang gelockt werden konnten.

In den größeren Häfen stehen geruderte Schleppboote zur Verfügung (Abb. 130), die wohl auch eine Art Lotsendienst versehen. Eine Hilfsorganisation für Schiffe in Not und zur Rettung von Schiffbrüchigen ist aus der Antike aber nicht bekannt. Am nächsten kommt ihr eine Einrichtung der Rhodier (Strabo XIV,654.10): Sie sollen ,,viele Jahre vor dem Beginn der Olympischen Spiele" – d. h. wohl im 9. Jh. v. Chr. – weithin Schiffe entsandt haben, um in Not geratenen Landsleuten beizustehen. Eine erstaunliche Hilfsmaßnahme! Aus späterer Zeit ist nichts Ähnliches überliefert.

Normalerweise bleibt, wenn ein Schiff auf See untergeht, nur die Flucht in die Boote. Sie gehören spätestens vom Hellenismus an zur Schiffsausrüstung. Für die riesige ,,Syrakusia" wissen wir, daß sie eine ganze Flottille von Beibooten verschiedener Größe mitgeführt hat. Das größte, ein *Kérkuros* (S. 62), entsprach im Typ einem selbständigen Küsten-Ruderschiff. Kleinere Beiboote werden an Deck mitgeführt. Nach römischen Darstellungen zu urteilen, wird oft auch ein Boot nachgeschleppt, das immer mit einem Matrosen besetzt ist, um bei ,,Mann über Bord" (Abb. 48) unverzüglich helfen zu können. Breusing meint, daß es außerdem schon eine Art Rettungsbojen aus Kork gegeben hätte. Daß von Josephus' Schiff immerhin 80 Menschen überlebten, wäre diesen Rettungsmitteln zu verdanken gewesen.

Doch bis heute ist das Meer nur der eine Todfeind der Schiffe. Der andere ist – das Feuer. Wir erwähnten oben, wie vorsichtig in der Kaiserzeit mit dem Kochfeuer umgegangen wird. Vielleicht sind Bordküchen überhaupt erst im Hellenismus üblich geworden, und Küstenfahrer wie das Kyrenia-Schiff scheinen auch dann noch des Abends an Land abgekocht zu haben. Auf Kriegsschiffen war das auch später noch die Regel – wohl mit Ausnahme der punischen Marine (S. 135). Dennoch waren Brände an Bord nicht zu vermeiden, wie etwa das spätrömische Wrack von Pommègues zeigt. Ob das Feuer durch Unachtsamkeit entstanden ist, durch Blitzschlag oder Piraten, ist nicht zu klären. Wie bedrohlich die Brandgefahr aber besonders für die dicht an dicht im Hafen liegenden Frachter gewesen ist, zeigt die Katastrophe des schlimmen Jahres 64, als im Tiberhafen von Rom 100 beladene Annonakähne verbrennen. Daß Brände im Hafen nicht selten waren, sehen wir auch an einem, mit Marmorkunstwerken beladenen, Frachtschiff im Piräus, das ebenfalls durch Feuer zerstört worden ist. – Da selbst die starken Motorpumpen auf heutigen Stahlschiffen keine absolute Sicherheit gegenüber der Feuersgefahr bieten, läßt sich ermessen, wie schwer es in der Antike gewesen sein muß, einen Brand an Bord unter Kontrolle zu bringen.

Schließlich sind Schiffe durch Kollision gesunken. Ein Sarkophag in Kopenhagen stellt offenbar den Augenblick vor einer solchen Katastrophe in der Hafeneinfahrt von Portus dar, als ein Schiff beim ,,Mann über Bord"-Manöver einem anderen vor den Bug gerät (Abb. 59).

Versicherungsgesellschaften zur Ersatzleistung für Verluste auf See hat die Antike nicht gekannt. Bei der zumeist höchst verwickelten Finanzierung der Handelsreisen durch ,,Seedarlehen" (S. 172) traf der Schaden an der Fracht letztlich den Darlehensgeber, jener am Schiff dessen Eigentümer. Besondere Umstände konnten aber die Schiffsoffiziere oder den Passagier-,,Beirat" zur Haftung verpflichten. Für die Klärung solcher Streitfragen waren die Gerichte zuständig, in Athen sogar besondere Seegerichtshöfe (S. 170). Offizielle Untersuchungen zu Schiffsunfällen – nach Art der Seeamtsverhandlung – scheint es erst in der Kaiserzeit beim Verlust von Annona-Schiffen gegeben zu haben: dann war ja der Staat selbst der Geschädigte, sowohl finanziell als auch im Hinblick auf eventuelle Hungerrevolten der hauptstädtischen Bevölkerung.

Nicht genug mit den Gefahren, mit denen die Natur den Seefahrer bedroht, hat sich auch auf See der Mensch selbst als des Menschen Wolf erwiesen: der Seeraub dürfte so alt sein wie der Handel zur See. Wir sehen daran nur das Verbrecherische (und überführte Piraten sind auch in der Antike unbarmherzig bestraft worden); den Küstenanwohnern hingegen galt der Seeraub als geradezu ehrbares Gewerbe und vielleicht auch als eine Art ritterlicher Sport. So sind die Grenzen zwischen Handel und Piraterie fließend gewesen, und zumal in Kriegszeiten war das Kapern feindlicher Kauffahrer keineswegs allein Aufgabe der Kriegsflotten. Doch haben gerade Seestaaten in Friedenszeiten versucht, zum Schutz des eigenen Handels die Piraterie einzudämmen, und dazu ihre Kriegsflotten eingesetzt.

Die Anfänge der Seeräuberei liegen im Dunkel. Vielleicht ist sie schon im

3. Jt. v. Chr. auf den Kykladen ausgeübt worden. Im 2. Jt. v. Chr. soll dann der Kreterkönig Minos die Ägäis gesichert haben, indem er die Städte der kykladischen Seeräuber eroberte und dem kretischen Reich eingliedertc. Die Odyssee nennt wiederholt piratische ,,Heldentaten", und etwa zur selben Zeit hält sich sogar der ägyptische Gesandte (!) Wenamun an fremdem Gut schadlos, ohne Schuldgefühle erkennen zu lassen.

In der Frühzeit scheint das Ausplündern von Orten an der Küste das Hauptanliegen der Seeräuber gewesen zu sein; doch der Angriff auf ein Schiff wurde z. B. von Wenamun nicht verschmäht. Später tritt das letztere Delikt mehr in den Vordergrund. Wie manche Wrackfunde andeuten, haben es die Piraten vielleicht in erster Linie auf Menschen und Wertsachen abgesehen, die sich unauffällig verkaufen lassen. Gefangene werden als Sklaven verkauft, wenn sie das geforderte Lösegeld nicht zahlen. Jenes des Publius Clodius im 1. Jh. v. Chr. ist bekannt: 2 Talente – ein exorbitanter Betrag!

In archaischer Zeit sind die etruskischen Seeräuber so verrufen, daß ihr griechischer Name ,,Tyrrhener" geradezu ein Synonym für ,,Pirat" geworden zu sein scheint. Allerdings zeigen Waffen auf dem etruskischen Frachterwrack von Bon-Porté, daß auch etruskische Schiffe selbst auf der Hut sein mußten. Nur die Hafenstadt Caere (Cerveteri) hat sich an dem schmutzigen Gewerbe nicht beteiligt (Strabo V, 220). Im 6. Jh. v. Chr. müssen sich Etrusker und Punier gemeinsam gegen phokäische Piraten zur Wehr setzen, die sich in Alalia auf Sardinien etabliert haben und von dort aus das Tyrrhenische Meer unsicher machen. Im 5. Jh. v. Chr. sorgt der attische Seebund vorübergehend für Sicherheit in der Ägäis, und andere Staaten wie Makedonien und besonders Rhodos haben dieses Anliegen später aufgegriffen. Manchmal haben Städte und reiche Heiligtümer wie Delos sogar Subsidien für den Kampf gegen Piraten gezahlt, die aber zumal im Schwarzen Meer, in den kretischen und kilikischen Gewässern sowie in der Adria (Illyrer) stets eine latente Gefahr geblieben sind. Aus der Zeit zwischen 150 und 50 v. Chr. stammen die meisten Wracks mit Waffenfunden oder sogar Kampfspuren an Bord (Spargi), zugleich die meisten, deren Untergangsursache nicht zu erkennen ist. Reddé meint, vielleicht seien viele davon durch Piraten versenkt worden, nachdem sie die ,,interessante" Beute von Bord geholt hätten. Im 1. Mithridatischen Krieg treten die Seeräuber wie eine Großmacht auf und bringen zeitweilig das ganze Mittelmeer unter ihre Kontrolle. Städte und Heiligtümer werden geplündert, Handelsfahrten nahezu unmöglich gemacht. Erst als sogar die Annona zusammenbricht und als die Piraten mit Erfolg den Hafen von Ostia angreifen, findet Rom durch die Erteilung von Sondervollmachten an Gnaeus Pompeius die rettende Lösung. Pompeius säubert in wenigen Monaten das ganze Mittelmeer von Seeräubern. Daß er 1300 Piratenschiffe verbrannt und über 300 im Kampf erobert hat, gibt eine Vorstellung vom Ausmaß der Bedrohung. Nach den

Wirren der Bürgerkriege sorgen dann die Reichs- und Provinzflotten des kaiserlichen Roms wieder für Sicherheit im Mittelmeer. Dafür muß sich Rom nun mit den Piraten im Roten Meer und im Indischen Ozean auseinandersetzen. Sie sind so aggressiv, daß zum Schutz die Besatzung (und darunter vielleicht private Bordsoldaten, „Schiffswächter") nicht ausreicht: man gibt den Handelsschiffen professionelle Bogenschützen mit, und zeitweilig haben im Roten Meer sogar römische Kriegsschiffe operiert. Sie eigneten sich freilich nicht für einen Eskortendienst auf dem Ozean selbst.

Der Niedergang des Reiches in der Spätantike läßt die Seewege auch im Mittelmeer und Pontos wieder unsicher werden. Neben Einheimischen bedrohen hier – und besonders im Nordseeraum – germanische Piraten die Küsten und Seewege. Die Verhältnisse gleichen denen der Frühzeit, als die Grenzen zwischen Räuberei und Krieg kaum zu erkennen waren.

Die Gefährdung der Handelsschiffahrt als einer unentbehrlichen Stütze der antiken Wirtschaft läßt einen der Gründe deutlich werden, warum die antiken Staaten nicht auf Kriegsschiffe und -flotten verzichten konnten. Zudem ist Seekrieg zu allen Zeiten letztlich Handelskrieg gewesen, und um den Handel des Gegners treffen zu können, muß die Seeherrschaft errungen werden, bzw. müssen lebenswichtige Handelsrouten vor feindlichen Angriffen geschützt werden können. Das zeigte sich schon besonders klar an der Bedeutung des Bosporus für die Strategie Athens im Peloponnesischen Krieg. Wir lernen, daß es in die Irre führen müßte, Wertunterschiede etwa zwischen der „nützlichen" Handelsschiffahrt und dem „überflüssigen, unproduktiven" Seekriegswesen treffen zu wollen. Beide gehören untrennbar zusammen, und beide ließen sich oben schon für die Frühzeit aufzeigen. Wir wollen diesen Faden wieder aufgreifen und uns dem Seekriegswesen der Antike zuwenden.

Kriegsflotten und Seekrieg

Schiffstypen

Wir haben oben für die Frühzeit nur zwischen Rund- und Langschiffen unterschieden. Die ersteren sind durch ihre gedrungene, geräumige Bauart eindeutig als Frachtschiffe ausgewiesen, die möglichst viel Ladung tragen sollten. Weniger klar ist es, ob die geruderten Langschiffe automatisch als Kriegsschiffe gelten können. Zur Erläuterung des Problems: die Wunderschiffe der Phäaken sind ohne jeden Zweifel Langschiffe; doch Homer spricht nie von irgendwelchen kriegerischen oder piratischen Ambitionen dieses Volkes, und geschildert werden die Schiffe nur bei der friedlichen Geleitfahrt. Wir werden daher von ,,Kriegsschiffen'' erst von jener Zeit an (etwa dem 9./8. Jh. v. Chr.) sprechen, als die Ruderschiffe durch die Ausrüstung mit einem Rammsporn und durch die Rammtaktik selbst zum Kampfmittel werden. Zuvor sind die Langschiffe überall dort verwendet worden, wo es auf Unabhängigkeit vom Wind und gelegentlich auf hohe Geschwindigkeit ankam. Das schließt natürlich Kriegs- und Raubzüge ein, doch gewiß in gleichem Maße auch friedliche Reisen. Nach heutiger Terminologie dürften selbst so große, aufwendig gebaute Fahrzeuge wie im minoischen Fresko von Thera keine ,,Schlachtschiffe'' gewesen sein, sondern lediglich – im weitesten Sinne – ,,Schnelltransporter''.[33] Das werden auch die geometrischen Langschiffe noch vorwiegend gewesen sein. In Griechenland scheint zu Homers Zeit allenfalls mit den langen Schiffslanzen von Bord zu Bord gekämpft worden zu sein.

Thukydides (I,13) setzt die ,,erste Seeschlacht'' unter Hellenen in die 1. Hälfte des 7. Jhs. v. Chr. Jetzt kann in der Ägäis fest mit Kriegsschiffen gerechnet werden; um 700 v. Chr. soll auch Ameinokles die ersten Trieren gebaut haben. Die griechischen Quellen erwecken den Eindruck, daß es sich um eine selbständige Entwicklung handelt.

Doch weist das Kriegsschiff in einem assyrischen Fresko aus dem 8. Jh. v. Chr. (Abb. 81) bereits einen metallverkleideten Sporn auf: es sollte rammen können, und dasselbe gilt für einige phönikische ,,Zweier'' in dem Relief aus Khorsabad (Abb. 66) vom Ende dieses Jahrhunderts. Dies dürfte für einen Vorsprung der Phöniker im Kriegsschiffsbau sprechen.

Die ,,Zweier'' in Abb. 66 werden von Landström als Einbäume rekonstruiert, die ihre Stabilität durch seitlich angefügte ,,Wannen'' erhielten. Eine Rojerreihe sitzt im eigentlichen Rumpf, auf dem ein hohes Kampfdeck mit fester Brustwehr steht, die andere sitzt außen in den ,,Wannen''. Auffal-

66 Relief aus Khorsabad (Ninive), Irak: phönikischer „Zweier"; um 700 v. Chr.

68 Graffiti auf Steinblock aus Samos: Langschiffe; 6. Jh. v. Chr.

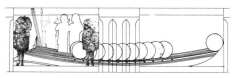

67 Tonmodell aus dem Meer vor Gytheion, Peloponnes; wohl 6. Jh. v. Chr.

69 Metopenrelief vom Schatzhaus der Sikyonier in Delphi: Iasons „Argo";
6. Jh. v. Chr.

70   *Vasenbild in Schale des Exekias: Dionysos' Meerfahrt; 6. Jh. v. Chr.*

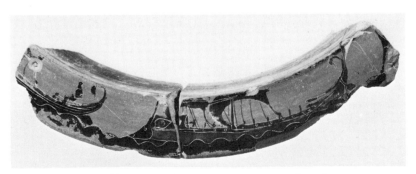

71   *Vasenbild aus Korinth: zweimastiges Kriegsschiff; 6. Jh. v. Chr.*

72 *Attisches Vasenbild: Odysseus' Sirenen-Abenteuer; ,,Zweier"; 6. Jh. v. Chr.*
73 *Etruskisches Vasenbild: ,,Zweier" mit Kampfdeck im Bug; 6. Jh. v. Chr.*

lend ähnliche Züge trägt ein großes Terrakottamodell eines Kriegsschiffes (Abb. 67), das vor Gytheion – dem Hafen Spartas – aus dem Meer gefischt wurde. Es wird von Basch in die Kaiserzeit datiert, und manche Merkmale sprechen dafür. Die ,,Wannen", das Kampfdeck mit fester Brustwehr, der lange Sporn weisen aber gar zu deutlich zu den frühen phönikischen ,,Zweiern". Als weiteres Argument für einen Zeitansatz ins 7. oder 6. Jh. v. Chr. lassen sich auch die rechteckigen ,,Tücher" am Heck nennen. Sie kehren in griechischen Vasenbildern aus dem 6. Jh. v. Chr. und phönikischen Münzbildern aus dem 5. Jh. v. Chr. (Abb. 82) wieder. Somit erscheinen phönikische Einflüsse auf den frühgriechischen Kriegsschiffsbau keineswegs unmöglich.

Die griechischen Schiffsbilder aus dem 7. Jh. v. Chr. (Abb. 27, 28) weichen wenig von denen des 8. Jhs. ab. Die überlängte spitze Spornform verliert sich; an ihre Stelle treten gedrungene Bugformen ohne das erhöhte Schanzkleid und die ,,Hörner" der geometrischen Schiffe. Manchmal ähnelt der Bug schon einem Eberkopf. Häufig wird der Mast gezeigt, hier und da auch ein Mastkorb. Korinthische Darstellungen zeigen ,,Zweier", sogar als Karikaturen mit aus dem Gleichtakt geratenen Remenreihen und aufgeregt gestikulierendem Rudermeister (GOS Taf. 12f). Die Remen der unteren Reihe gehen jetzt eindeutig durch runde Pforten in der Bordwand, während jene der oberen Reihe auf dem Dollbord aufliegen. Decks oder Kampfdecks fehlen.

Das 6. Jh. v. Chr. bringt eine Fülle von Kriegsschiffsdarstellungen, unter denen attisch schwarzfigurige Vasenbilder (Abb. 43, 71, 72) durch Genauigkeit hervorragen. Diese Schiffe stehen in mancher Hinsicht den attisch-geometrischen näher als den vorwiegend korinthischen und böotischen Darstellungen aus dem 7. Jh. v. Chr.: Der niedrige Dollbord verläuft oft horizontal, mit einer Art Reling über den Köpfen der Rojer, und am Bug ist wieder ein hohes Schanzkleid angegeben (vgl. hingegen das peloponnesische Schiff in Abb. 69). Die Entwicklung ist in Attika wohl ohne Bruch verlaufen. Freilich erscheinen neuartige Elemente wie die Eberkopfform des Bugs und eine elegante Heckzier *(áphlaston)*, die zur buschartigen klassischen Form (Abb. 135) überleitet. Bei günstigem Wind kann man einen Mast für ein Rahsegel aufstellen. Das korinthische Vasenbildschiff in Abb. 71 hat sogar zwei senkrechte Masten. Vielleicht hat man im 6. Jh. v. Chr. mit Zweimastern experimentiert, die Idee aber bald aufgegeben.

Die Typen sind oft klar gekennzeichnet. So sind ,,Zweier" zu erkennen (Abb. 72) und sogar erstmals ,,Anderthalber" *(hemiolía)*, typische Piratenschiffe – als solche greifen sie auch einen Segelfrachter an (Abb. 42). Die Einzelheiten der Hemiolia sind nicht gänzlich geklärt. Ihre besondere Einrichtung hängt mit der Piratentaktik zusammen, das Opfer zunächst unter Segel zu verfolgen; wenn dann direkt vor dem Überfall auf den Ruderantrieb übergegangen wird, soll ein Teil der Besatzung den Mast abnehmen und im Achterschiff verstauen können, ohne daß die rudernden Rojer behindert werden. – Eigenartigerweise fehlen Darstellungen von Triéren (,,Dreiern") völlig, obwohl dieser Typ im 6. Jh. v. Chr. schon bekannt war. So besaß der Tyrann Polykrates von Samos nicht weniger als 40 Triéren, die er – mit politischen Opponenten bemannt – dem Perserkönig Kambyses für dessen Angriff auf Ägypten lieh. Das Gros von Polykrates' Flotte bilden aber 100 Pentekontoren. Vielleicht sind in dieser Zahl auch Sámainai enthalten: Ruderschiffe, die sowohl Fracht tragen als auch gegebenenfalls in der Schlachtreihe kämpfen können (Abb. 68 ?).

Als samische Erfindung gilt der Rammbug in Eberkopfform (Abb. 76), der später auch in Attika (Abb. 43) und Lykien (Abb. 74) bezeugt ist. Er scheint recht unsolide zu sein, denn die Ägineten können nach einem Sieg den erbeuteten samischen Schiffen die ,,Schnäbel" abbrechen und der Athena weihen (Herodot III,59). Ähnlich den Sámainai mögen jene Pentekontoren gewesen sein, mit denen die Phokäer ihre Fernreisen durchführen und auf denen sie während der persischen Belagerung ihre Heimatstadt evakuieren. Daß sie nicht nur Frauen und Kinder, sondern sogar die Götterbilder nach Korsika mitnehmen, spricht jedenfalls für einen geräumigeren und seetüchtigeren Schiffstyp, als es reine Kriegsschiffe sein könnten. – Auch die phokäischen Schiffe haben unsolide Sporne. Die Überlebenden der Schlacht bei Alalia können nicht mehr rammen, weil die Rammsporne ,,verbogen" sind.

Die im Bau und Betrieb aufwendigen ,,Dreier" sind zunächst wohl nur von wenigen wohlhabenden und ehrgeizigen Seemächten gebaut worden. Neben Samos wäre an Korinth und die ionischen Städte zu denken, vor allem aber an Phönikien und Ägypten. Ihre Triéren waren wohl anders gebaut als die griechischen (L. Basch) und kamen ohne deren ,,Ausleger" aus (S. 102).

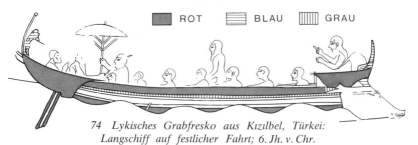

ROT ☰ BLAU ⫴ GRAU

74 *Lykisches Grabfresko aus Kızılbel, Türkei:*
Langschiff auf festlicher Fahrt; 6. Jh. v. Chr.

75 *,,Lenormant-Relief'' von der Akropolis in Athen: Triere; 5. Jh. v. Chr.*

76 *Münze von Samos: Kriegsschiffsbug;*
frühes 5. Jh. v. Chr.

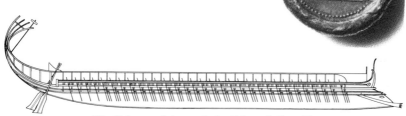

77 *Rekonstruktion: attische Triere; 5. Jh. v. Chr.*

Wie ist es zur Entstehung der ,,Dreier" gekommen? Kriegsschiffe mußten schnell sein, ganz besonders wenn sie mit dem Rammsporn kämpfen sollten. Sie brauchten also eine möglichst große Zahl von Rojern. Aus demselben Grunde mußten sie leicht und schlank sein. Das schloß Längen über etwa 35 m zunächst aus; längere Schiffe wären wohl in der Schlacht auch nicht wendig genug gewesen. Da man Rojer nicht enger aneinanderrücken kann als auf knapp einen Meter, konnte ihre Zahl nur dadurch gesteigert werden, daß man irgendwie eine zweite Reihe oder einen zweiten Rang von Rojern an jeder Schiffsseite unterbrachte. Bei den phönikischen ,,Zweiern" von Khorsabad (Abb. 66) und offenbar auch bei dem Modell von Gytheion (Abb. 67) hat man dafür seitlich an den eigentlichen Rumpf ,,Wannen" angesetzt. Normalerweise sitzen bei den frühen griechischen ,,Zweiern" aber alle Rojer im Rumpf, und die ,,Wannen" fehlen. Dann sind die Remen in zwei Ebenen angeordnet – die unteren in runden Pforten in der Bordwand, die oberen auf dem Dollbord. Diese Schiffe sind im strengen Sinne zweireihig. Die Rojer der unteren Reihe dürften, etwas tiefer, innen neben denen der oberen Reihe gesessen haben.

Eine dritte Rojerreihe unterzubringen, ohne das Schiff über Gebühr breit oder hoch werden zu lassen, ist ein schwierigeres Problem. Die Phöniker haben es nach Basch irgendwie geschafft, den ganzen Ruderapparat im Rumpf der ,,Dreier" unterzubringen (S. 100), die deswegen wohl relativ breit sein mußten. Bei den Griechen hat Ameinokles die Lösung gefunden, die Rojer der dritten Reihe überhöht in den Zwischenräumen der inneren, untersten Reihe zu plazieren und den Rumpf mit einem Ausleger für die Dollen der obersten Rojerreihe zu versehen (Abb. 75, 77). Durch diese Anordnung der drei Rojerreihen (von unten: Thalamiten, Zygiten, Thraniten) wird der Schiffsraum bis zum Äußersten genutzt. Die Enge muß qualvoll gewesen sein. Die Komödie spielt darauf an, daß der Thalamit den stinkenden Hintern eines Thraniten vor seinem Gesicht hat. Aber die militärische Überlegenheit dieser ,,Dreier", auf denen bei unveränderter Länge und Breite und nur geringfügiger Steigerung der Höhe 170 Rojer zusammengepfercht werden können, über andere Typen ist so eindeutig, daß man an Rücksicht auf die Rojer nicht denkt.

Morrisons Lösung für das ,,Triérenrätsel" (d.h. die Frage nach der Anordnung der Rojer und Remen auf ,,Dreiern") wird gelegentlich noch in Frage gestellt. Auf den Galeeren der Neuzeit saßen die Rojerränge meist nebeneinander, und vom Hellenismus an wären solche Lösungen auch in der Antike denkbar. Für die Klassik hat der obige Vorschlag aber am meisten für sich. Nicht zuletzt harmoniert er mit der Triérendarstellung im Lenormant-Relief (Abb. 75).

Die Bauweise dieser hochgezüchteten Kampfmaschinen wird in der antiken Literatur nicht näher beschrieben. Originalfunde aus Griechenland fehlen. Gesagt wird, daß der Kiel aus Eiche bestand, weil er beim Landen des

Fahrzeugs (über Heck) besonderer Biegebelastung ausgesetzt war. Zur Längsversteifung dienten auch Strecktaue (*hypozómata;* Abb. 135), die außen am Rumpf entlang gespannt wurden. Die Darstellungen (Abb. 76,134) zeigen ferner horizontale Barghölzer, die vorn über den Steven hinaus vorspringen.

Um Gewicht zu sparen, wurden die Spanten und Bordwände aus leichten Hölzern (z.B. Platane, Lärche) gebaut. Man nimmt allgemein an, daß die Kriegsschiffe reine Schalenbauten (Abb. 38) waren. Das trifft aber auf das punische Schiff von Marsala (3. Jh. v. Chr.) nur zum Teil zu. Am Übergang vom Boden zu den Seiten sind die Planken dachziegelartig mit übereinandergreifenden Kanten angeordnet (,,Klinkerbau''). Das setzt wohl eine Art Teilskelett (Abb. 40) voraus. Auch fällt auf, daß in den Arsenalakten Athens und in anderen Quellen aus dem 5. und 4. Jh.v.Chr. oft von Kalfaterarbeiten und -materialien die Rede ist. Hanf und Pech stehen im Kriegsfall unter Ausfuhrembargo und sind trotzdem manchmal bedrohlich knapp. Auch wird gesagt, daß die Rümpfe der ,,Dreier'' stark arbeiten: sie saugen sich schnell voll Wasser und werden schwer und langsam; nach einem Winter im trockenen Schiffshaus (S. 147) sind sie so ausgedörrt, daß die Plankennähte klaffen und erst wieder abgedichtet werden müssen. So große Unterschiede wären bei Schalenbauten, deren Planken durch Feder-und-Nut-Bindung zusammengehalten werden, eigentlich nicht zu erwarten. Sie könnten für eine Skelettbauweise aus dünnen Planken sprechen. Hat man vielleicht am Mittelmeer nicht nur ,,auf Schale'' gebaut, sondern auch mit anderen Methoden experimentiert? Auf einem Vasenbild des 6. Jhs. v. Chr. (GOS Taf. 11d) scheint Iasons mythisches Langschiff ,,Argo'' ein Klinkerbau zu sein wie viel später die Wikingerschiffe Skandinaviens oder, teilweise, das punische Marsala-Schiff.

Die Form des Achterschiffs hat sich bis in die Kaiserzeit nur geringfügig verändert, hauptsächlich in der Verzierung des Hecks (*áphlaston, aplustre*). Seit der Klassik besteht sie meistens aus einem offenen ,,Fächer'' dünner geschwungener Hölzer; daneben steht nun die *Stylís* als religiöses Emblem (Abb. 135). Viele Schiffe wurden nach Gottheiten benannt, deren Name vermutlich auf dem Stylís-Schild stand.

Demgegenüber wandelt sich im 5. Jh. v. Chr. die Bugform deutlich. Wie Münzbilder meist aus Ostgriechenland (Abb. 76) zeigen, springt der Steven jetzt in flachem Winkel weit vor und trifft sich am Sporn spitz mit dem leicht hochgebogenen Kiel. Der bronzene Sporn selbst ist ein kurzer kompakter Rammbock aus drei horizontalen Stoßmeißeln übereinander, der in den Münzbildern oft durch starke, leicht ansteigende Balken gegen die Barghölzer am Rumpf abgestützt ist. So wird der Stoß beim Rammtreffer auf das Verstärkungsgerüst des Rumpfs abgeleitet. Diese Bauweise ist auf die Blütezeit des reinen Rammkampfs im 5. und 4. Jh.v.Chr. beschränkt. – In der Form des Stevens deutet sich noch die Abkunft von der naturalistischen

Eberkopfform an, die im 6. Jh. üblich war: so in der etwas konvexen Krümmung, die auf die Stirn des Tieres anspielt (Abb. 76; zu Details Abb. 135), und in der Augenangabe – das Schiff als lebendes Wesen, muß natürlich sehen können. Die Stevenform ist jener in den archaischen Schiffsgraffiti aus Samos (Abb. 68) recht ähnlich. Dies könnte bedeuten, daß Polykrates' Triéren für den griechischen Schiffsbau im 5. Jh. v. Chr. richtungweisend gewesen sind. Der schmückende Stevenaufsatz vorn *(akrostólion)* ist ein dünnes S-förmiges Holz, dessen Spitze nach vorne weist. An beiden Enden des Rojerbereichs im Mittelschiff gehen nicht sehr starke Balken quer durch den Rumpf, die wohl mit der Abstützung der Ausleger zusammenhängen. Der vordere Balken *(epotís)* dient aber auch zum Belegen der Ankertaue.

Im Peloponnesischen Krieg werden die Vorschiffe der attischen Triéren als langgestreckt und schlank beschrieben. Korinther und Syrakusaner haben in der späteren Phase des Krieges eine Neuerung eingeführt: Sie haben den Bug mit dem Sporn verkürzt und vor den Auslegern einen viel kräftigeren und längeren Querbalken als stabiles Rammgestell eingebaut. Mit dieser Waffe sind sie dem Gegner frontal entgegengefahren, um mit dem weit ausladenden Rammbalken den ungeschützten Ausleger des feindlichen Schiffs loszureißen. Dann konnte an dieser Seite nicht mehr richtig gerudert werden, und der gefürchtete Vorteil der attischen Schiffe, ihre Schnelligkeit und Wendigkeit, war beseitigt. – Die Athener werden von der neuen Taktik überrascht und müssen Verluste hinnehmen. Später sind die vorderen Verankerungen der Ausleger bzw. der Ruderkästen besonders stabil gebaut und nach hinten abgeschrägt worden, um den Ruderapparat vor Schäden durch solche Treffer zu schützen. Dann schmückten kunstvolle Bronzeverkleidungen, wie sie in dem Wrack von Mahdia gefunden wurden, die vorderen Ecken der Ruderkästen.

Mit der Kampfweise hängt auch zusammen, ob die ,,Dreier" ein geschlossenes Deck haben oder nicht. Als Attika für den Perserkrieg aufrüstet, baut man die 200 Triéren ungedeckt ,,wie Seeräuberschiffe". Auf dem kurzen Vordeck haben nur wenige schwerbewaffnete Hopliten und Bogenschützen Platz; denn nicht der Enterkampf wird angestrebt, sondern die Versenkung des feindlichen Schiffes selbst durch Rammstoß. Dafür sind die Besatzungen vorzüglich gedrillt, man beherrscht die taktischen Manöver des *diékplus* und des *períplus* meisterhaft.

Demgegenüber setzt die persische Seite auf den Enterkampf. Die phönikischen, ionischen und ägyptischen Schiffe haben geräumige Decks und fahren mit persischen Elitetruppen an Bord in die Schlacht. Trotz der verschiedenen Bauweise müssen die Triéren beider Seiten aber sehr ähnlich ausgesehen haben, denn es ist zu Verwechslungen gekommen. Daher sind nationale Embleme *(seme͞ia)* ähnlich wichtig wie später die Kriegsflaggen. Attische Schiffe trugen am Bug z. B. vergoldete Schnitzbilder der Stadtgöttin Pallas Athene.

Die Rammtaktik ist in der attischen Marine stets besonders gepflegt worden. Kurz nach Salamis hat Kimon die ionische Enterkampfweise einführen wollen und die attischen Schiffe mit Decks versehen lassen, doch ist man bald wieder davon abgekommen. Nur die Decks selbst werden beibehalten. Später hat Athen nochmals bei der letzten Schlacht im Hafen von Syrakus (413 v. Chr.) versucht, mit der Entertaktik zu siegen.

Auch die klassische Triére kann bei gutem Wind ein Rahsegel setzen. Bei Ruderfahrt wird die Takelage normalerweise abgenommen und verstaut, vor der Schlacht sogar an Land deponiert. Dann behält man für Notfälle, wie etwa die Flucht, einen leichten „Bootsmast" *(akáteion)* mit kleinem Segel an Bord. Das Akateion ist offenbar in der normalen Mastspur aufgestellt worden, ist also etwas anderes als der zusätzliche schräge Vormast *(artémon)* der römischen Kriegsschiffe. – Welche Geschwindigkeit ein solcher „Dreier" erreichen konnte, wird unterschiedlich geschätzt. Als im Peloponnesischen Krieg ein Depeschenschiff von Athen nach Mytilene geschickt wird, das ein am Vortage abgefahrenes einholen soll, bewältigt das zweite – mit ausgewählten Rojern und vermutlich zusätzlich unter Segel – die weite Strecke nach Lesbos in weniger als 24 Stunden. Es ist also fast 9 Knoten (16,6 km/h) gelaufen. Normalerweise wird aber nur eine Geschwindigkeit unter 5 Knoten zu erreichen gewesen sein.

Im 4. Jh. v. Chr. wird in Karthago der „Vierer" erfunden: vermutlich ein zweireihiges Schiff mit zwei Rojern an jedem Remen (Abb. 89). Jedenfalls zeigen die attischen Flottenakten, daß die Remenausstattung eines „Vierers" billiger ist als die des „Dreiers": offenbar ist die Zahl der Remen geringer. Der Schritt zum „Fünfer" folgt schnell. Nach Casson ist das ein „Dreier", bei dem zwei Remenreihen durch je zwei Ränge von Rojern bedient werden, während die dritte Reihe nur mit einem einzigen Rang von Rojern besetzt ist.

Daneben hat die Antike aber auch mindestens vierreihige Schiffe gekannt. Außer dem Fresko in der Aula Isiaca in Rom (Abb. 98) ließe sich eines aus Pompeii nennen, das ein Schiff mit drei Reihen leerer Ruderpforten und (mindestens) einer Remenreihe in Betrieb zeigt. Die früheste mir bekannte Darstellung dieser Art findet sich auf einer calenischen Schale aus dem 3. Jh. v. Chr. Diese Bildzeugnisse ergänzen Reddés Hinweise auf die Nennung vielreihiger Schiffe in der römischen Literatur.

Dennoch hat Casson aber Recht, wenn er meint, daß die Steigerung der Zahl der Rojer an den einzelnen Remen eine bessere Lösung ist als die Verwendung von mehr als drei Reihen von Remen. Mit zunehmender Schiffsbreite könnte so die Gesamtzahl der Rojer fast unbegrenzt gesteigert werden, und zudem benötigte man dann nur relativ wenige voll ausgebildete Rojer: An jedem Remen brauchte nur ein einziger Experte als „Schlagmann" den Takt zu halten; die übrigen Rojer steuerten nur ihre Muskelkraft bei. Dazu bedarf es keiner langen Ausbildung.

In dieser Weise sind dann die Schlachtschiffe des Hellenismus konstruiert, die bis zum Format des ,,Dreißigers`` (d. h. mit 30 Rojern an den funktionell zusammengehörenden Remen eines Rumpfabschnitts) wirklich in Schlachten eingesetzt worden sind. Ein ptolemäischer ,,Vierziger`` ließ sich nicht mehr wirksam rudern und blieb als monströse Kuriosität im Hafen von Alexandria liegen.

Casson vermutet aufgrund eines detaillierten Vergleichs mit neuzeitlichen Galeeren, daß die Schlachtschiffe vom ,,Zwanziger`` aufwärts als Katamarane gebaut waren: mit zwei Rümpfen (mit Rudern an beiden Seiten), die durch eine Art Brückenkonstruktion mit einer riesigen Decksplattform für Massen von Bordinfanterie und für Wurfmaschinen miteinander verbunden waren. Die Vermutung besticht deswegen, weil die für den ,,Vierziger`` genannten Zahlen von Rojern und Soldaten hätten untergebracht werden können; auch die Erwähnung von vier Rudergängern spricht für ein Doppelrumpfschiff. Doch erscheinen auch Zweifel berechtigt, ob man zwei riesige Rümpfe so stabil miteinander verbinden konnte, daß der Zwilling nicht bei Seegang oder durch den Impakt beim Rammen (der ,,Vierziger`` hatte fünf Rammsporne !) auseinanderbrach. Gegenwärtig dürfte der Kompromißvorschlag am meisten für sich haben, daß diese Riesen zwar zwei Rümpfe besaßen, doch ohne Remen an der Innenseite, so daß man die Rümpfe konstruktiv unmittelbar miteinander verbinden konnte. Ihr Vorteil gegenüber dem Einrumpfschiff hätte nicht in einer bestimmten Anordnung der Rojer gelegen, sondern in der immer noch doppelten Größe des Kampfdecks.

Diese schwimmenden Festungen sind gewiß weder schnell gewesen noch wendig. Aber ihre ,,Fernartillerie`` aus Steinschleudern war nicht nur für kleine Fahrzeuge des Gegners gefährlich; Katapulte konnten Balkengeschosse in die Rojerräume schießen und dadurch dessen Antrieb behindern, und wenn der Riese schließlich auf Enterabstand herangekommen war, gab die Masse der Bordinfanteristen den Ausschlag.

Natürlich bestanden die hellenistischen Flotten zahlenmäßig nach wie vor überwiegend aus kleineren Einheiten wie jenen ,,Dreiern``, ,,Vierern`` und ,,Fünfern``, die im 4. Jh. v. Chr. noch selbst als Schlachtschiffe gegolten hatten.

Über das Aussehen hellenistischer Kriegsschiffe sagt (neben Quellen wie Abb. 78, 79) das Fresko der ,,Isis`` aus der 1. Hälfte des 3. Jhs. v. Chr., das kürzlich in Nymphaion auf der Krim gefunden wurde (Abb. 83), am meisten aus. Sie dürfte aus Ägypten stammen (N. L. Grač). Deutlich sind drei Remenreihen ohne Ausleger zu erkennen: die ,,Isis`` vertritt also nicht den griechischen Trierentyp, sondern Baschs phönikischen Typ mit glatten Seiten. Die Rojer sitzen geschützt; das Schiff ist also ,,kataphrakt``. Man erkennt ein breites Kampfdeck, das mittels S-förmiger Stützen über die Bordwand hinausragt. Darauf sind Ovalschilde aufgestellt. Am Bug und Heck

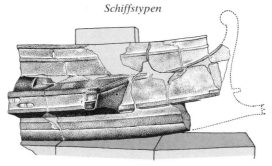

78 *Schiffsbug vom Siegesdenkmal ,,Nike von Samothrake'':*
,,Zweier'' oder ,,Vierer''; um 180 v. Chr.

79 *Felsrelief von Lindos, Rhodos: ,,Schiff des Hagesandros''; um 180 v. Chr.*

80 *Grabstele des Demetrios aus Kyzikos (Panderma), Türkei; 3. Jh. v. Chr.*

81   *Fresko aus Til Barsip, Syrien: Kriegsschiffsbug mit Metallsporn; 8. Jh. v. Chr.*

82   *Münzbild von Sidon, Phönikien: Kriegsschiff; 5. Jh. v. Chr.*

83   *Fresko aus Nymphaion, Krim: das dreireihige Kriegsschiff „Isis"; 3. Jh. v. Chr.*

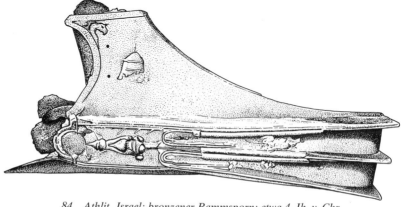

84   *Athlit, Israel: bronzener Rammsporn; etwa 4. Jh. v. Chr.*

liegen mannshoch darüber nochmals Teildecks. Der Rumpf weist einen kräftigen ,,Sprung" auf, d. h. er ist in Längsrichtung stark geschwungen. Verschiedene Elemente der ,,Isis" galten bisher als typisch römisch. So weist der Vorstevenaufsatz auf die Volutenform voraus, die im frühen Rom gängig ist (Abb. 90). Am Aphlaston ist schon (wie auch bei Abb. 78) jener Rundschild zu erkennen, der vom 1. Jh. v. Chr. an die römischen Kriegsschiffe kennzeichnet (Abb. 93–95, 100, 103). Die am Bug schräg ansteigende Bordwand kehrt an dem Schiffsdenkmal auf der Tiber-Insel in Rom wieder (Abb. 92), und schließlich weisen noch die Kriegsschiffe auf Münzen des Marcus Antonius einen ebenso starken ,,Sprung" auf wie jenes in Nymphaion.

Die ,,Isis" ist fast mit Sicherheit keine einfache, leichte Triére, sondern ein größeres Fahrzeug mit mehr als einem Rojer pro Remen: ihre hohen und schweren Aufbauten setzen einen relativ breiten Rumpf voraus, wenn das Schiff nicht topplastig werden sollte. Und daß die ,,Isis" seetüchtig war, beweist ihre weite Reise vom Nil zur Krim. Gewiß konnte sie auch segeln, obwohl das Fresko den Mast nicht zeigt. Man darf sich vorstellen, daß er beim Einlaufen in den Zielhafen abgenommen und verstaut worden ist.

Der wichtigste Originalfund aus dieser Zeit ist ein bronzener Rammsporn von 2 m Länge und 600 kg Gewicht, der unlängst vor Athlit in Israel gefunden wurde (Abb. 84). Seine ,,Arbeitskante" ist in drei horizontale ,,Stoßmeißel" gegliedert wie zuvor, doch stützt sich der Sporn wohl besser auf den hölzernen Bug ab als bei der klassischen Form aus dem 5. Jh. v. Chr.

Die Grabstele des Demetrios aus Kyzikos (Abb. 80) bezeugt um 270 v. Chr. ebenfalls den dreifach gegliederten, doch nach klassischer Art kurzen Sporn. Zusätzlich ist darüber ein dreifach gegliederter Obersporn (*proembólion*) angegeben; die ,,Isis" hat an dieser Stelle nur einen langen ungegliederten Balken. In Abb. 80 ist der Steven konkav geschwungen; der Zieraufsatz ist zwar steiler als zuvor, doch noch dünn und nach vorn gebogen wie in der Klassik. – Der Obersporn ersetzt die vorn über den Steven hinaus vorspringenden Enden der Barghölzer an den Schiffen im 5. Jh. v. Chr. (Abb. 76). Er dürfte dazu bestimmt gewesen sein, bei einem einleitenden Angriff den Ausleger bzw. Remenkasten des feindlichen Schiffs zu beschädigen und dieses bewegungsunfähig zu machen. Dann wäre es leichter gewesen, an einer ungeschützten Stelle wie etwa am Achterschiff gezielt mit dem Hauptsporn zu rammen, um den Gegner zu versenken.

Neuartig ist auch die in flacher Kurve zum Steven hochgezogene Bordwand der ,,Isis" und des Demetrios-Schiffs. Diese Form ist bald auch in Karthago (Abb. 85, 86, 89) und Rom (Abb. 90) bezeugt. Die Volute am Ziersteven deutete sich bereits bei der ,,Isis" an (Abb. 83).

Ebenso schnell wie diese Ornamente verbreiten sich Neuerungen am Remenapparat. Wie z. B. die ,,Nike von Samothrake" (Abb. 78) oder das Felsrelief von Lindos (Abb. 79) zeigen, sind bei mehrreihigen Schiffen die

Dollen jetzt auf den Auslegern angeordnet, die als geschlossene Remenkästen ausgebildet sind. Die Rojer sitzen geschützt hinter einer geschlossenen
Bordwand. Diese ,,kataphrakte" Bauart kennzeichnet auch die Großkampfschiffe in Rom. – Wie die ,,Isis" zeigt, hat es aber auch weiterhin
Mehrreiher ohne Remenkästen gegeben. Sie dürften in phönikischer Tradition stehen.

Die Ära der ,,schwimmenden Festungen" im hellenistischen Osten ist nur
von kurzer Dauer. Vermutlich haben die Bau- und Betriebskosten dieser
Riesen sogar die finanziellen Möglichkeiten der Ptolemäer überfordert.
Doch die zum Schutz gegen Rammangriffe sehr solide gebauten und zusätzlich mit Blei verkleideten Großschiffe werden sehr langlebig gewesen sein.
Wir wissen, daß ein über 80 Jahre alter makedonischer ,,Sechzehner" nach
Roms Endsieg über Perseus als eine Art Siegesdenkmal nach Rom über-
führt worden ist. Vielleicht liegen seine Reste noch irgendwo tief im Tiber-
Schlamm. Doch auch die normalen, leicht gebauten Schiffe konnten mindestens 30 Jahre überdauern. Im Peloponnesischen Krieg läßt sich der Le-
benslauf des attischen ,,Dreiers" übersehen: In den ersten Jahren dient er
als ,,schnelle" Triere in der ersten Linie, dann wird er zum nicht mehr
vollwertigen Schiff der zweiten Linie degradiert, schließlich wird er als Ru-
dertransporter, etwa für die Pferde der attischen Kavallerie bei amphibischen Operationen, eingesetzt.

Normalerweise können vom 3. Jh. v. Chr. an ,,Vierer" (wie in Rhodos)
und ,,Fünfer" (wie in Karthago und dann in Rom) als Haupttypen der
Großkampfschiffe gelten. Taktisch bleiben beide Grundtendenzen der Perserkriege lebendig. Die punische Marine setzt wie Athen auf den Versen-
kungsangriff durch Rammstoß, Rom wie die Perser bei Salamis auf den
Enterangriff durch Massen von Landinfanterie, die man für die Schlacht an
Bord nimmt und mittels der neuartigen Enterbrücke – des ,,Raben" –
erfolgreich einzusetzen weiß.

Der kleinen, doch vorzüglich ausgebildeten und ausgerüsteten rhodischen
Marine sind einige Neuerungen zu verdanken. Ihr Bemühen, die für Rhodos lebenswichtigen Handelswege wirksam gegen Piraten zu schützen, führt
zur Entstehung des ,,Zweieinhalbers" *(trihemiolía)* als eines speziellen See-
räuberjagdschiffs: einer um eine Ruderreihe vergrößerten Ausführung der
Hemiolia (S. 100). Noch richtungweisender ist die Einführung von Brandwaffen durch Rhodos. An einer über den Sporn hinaus vorragenden Spiere
hängt ein Eisenkorb voll brennenden Materials, der ins feindliche Schiff
hinabgestürzt werden kann.

Dieser späterhellenistische Stand des Kriegsschiffsbaues bestimmt für
Jahrhunderte die weitere Entwicklung. Doch kommt noch eine neue, fremde Komponente hinzu. In den Makedonischen Kriegen trifft Rom bzw. sein
im Seekrieg unentbehrlicher treuer Bundesgenosse Rhodos erstmals auf
,,Lemboi" als Kampfeinheiten: schnelle wendige Kleinschiffe nach illyri-

85   Weihrelief aus Karthago: Kriegsschiffsbug; 3. Jh. v. Chr.
86   Punische Münze der Barkiden aus Spanien: Kriegsschiffsbug; um 240 v. Chr.

87   Punisches Graffito aus der Höhle Grotta Regina bei Palermo, Sizilien:
Kriegsschiff; 3. Jh. v. Chr.
88   Punisches Graffito aus Kef el-Blida, Tunesien: Kriegsschiff

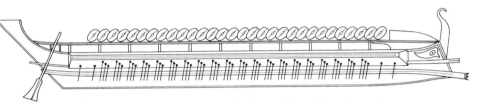

89   Rekonstruktion: punischer „Dreier" („Fünfer"?); 3. Jh. v. Chr.

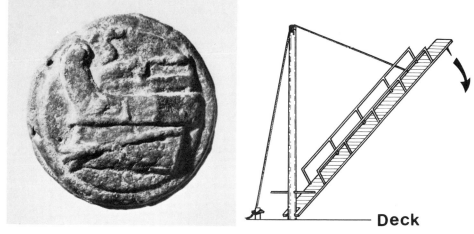

90   *Republikanisch-römisches Münzbild: Kriegsschiffsbug; 3. Jh. v. Chr.*
91   *Rekonstruktion: römische Enter-Fallbrücke (corvus ,,Rabe"); um 260 v. Chr.*

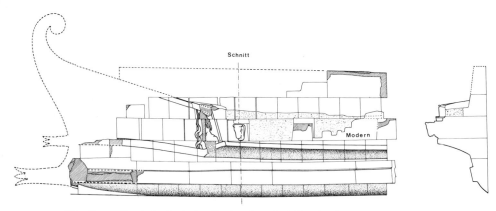

92   *Republikanisch-römisches Denkmal an der Tiber-Insel in Rom: Bug des Kriegs-schiffs, das den griechischen Heilgott Asklepios (Aesculap) nach Rom brachte*

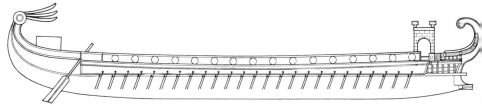

93   *Rekonstruktion eines römischen Kriegsschiffs aus spätrepublikanischer bis augusteischer Zeit; möglicherweise im Heck ein weiterer Kampfturm*

scher Seeräuberart, die durch ihre Beweglichkeit den größeren rhodischen Schiffen anfangs schwer zu schaffen machen. Wir dürfen vermuten, daß die Schiffe auf illyrischen Stammesmünzen (Abb. 101) solche Lemboi zeigen. Der deutlichste sichtbare Unterschied gegenüber der griechischen, phönikisch-punischen und römischen Bauweise liegt darin, daß der Kiel nicht nur am Bug als Sporn über den Steven vorspringt, sondern auch am Heck. Vielleicht konnten die Lemboi wirklich in beiden Richtungen rammen und brauchten im Getümmel der Schlacht nicht umständlich zu wenden, um sich zurückzuziehen oder einen anderen Gegner anzugreifen.

Wie ein Relief aus der Kaiserzeit (Abb. 102) zeigt, das sich auf die Überführung der kleinasiatischen Göttin Kybele nach Rom (204 v. Chr.) bezieht, hat Rom den illyrischen Schiffstyp übernommen. Andererseits bestanden Roms Flotten großenteils aus ,,Liburnen'', ebenfalls einem illyrischen Typ. Manche Gelehrte vermuten, Lembos und Liburne wären identisch gewesen. Somit erscheint möglich, daß in Abb. 102 eine frühe Liburne dargestellt ist. Daß Doppelspornschiffe nach Art von Abb. 101 schon im Hellenismus in Italien bekannt waren, beweist jedenfalls ein spätetruskisches Urnenrelief (Abb. 36).

Vielleicht ist der Typ in seiner äußeren Erscheinung bald den Kriegsschiffen der griechisch-punischen Traditionslinie angeglichen worden. So nimmt z. B. Viereck an, die Besonderheit der Liburne habe nicht im Aussehen gelegen, sondern in einer unorthodoxen Anordnung der Rojer; Lucan (III,534) bezeichnet die Liburne der Kaiserzeit als ,,bescheidenen Zweier''. Für diese These spricht, daß auf römischen Münzen – soweit wir sehen – niemals ,,illyrische'' Doppelspornschiffe wiedergegeben sind, obwohl dort Darstellungen eines so verbreiteten Typs wie der Liburne zu erwarten wären. So mag von der ursprünglich exotisch aussehenden Liburne in Rom schließlich nur noch der fremde Name beibehalten worden sein, während sich der Typ selbst grundlegend geändert hat. Später scheint ,,Liburne'' zuzeiten für ,,Kriegsschiff'' schlechthin gestanden zu haben.

Basch vermutet im Zusammenhang mit dem punischen Schiff von Marsala, daß auch dieses ,,liburnische'' Merkmale aufweist – und zwar in der Konstruktion des Rammsporns. Bei diesem einzigen frühen Originalkriegsschiff ist der Sporn ganz anders gebildet, als es den griechischen, phönikischen und punischen Darstellungen zu entnehmen ist. Er geht weder aus dem Kiel hervor noch aus dem Steven, sondern ist als separates, aufwärts gebogenes Holz dem Steven vorgeschuht und mit ihm durch übergreifende seitliche Hölzer verbunden. Offenbar stand hier das Konzept dahinter, daß der Sporn nur für einen einzigen Stoß zu taugen brauchte und dabei abbrechen konnte, ohne daß der Rumpf selbst Schaden nahm. Das Prinzip hat seine Logik, und so dünne hochgebogene Sporne wie in Marsala lassen sich – neben der ,,griechischen'' Form – bis in die späte Kaiserzeit nachweisen. Unsicher erscheint lediglich, ob es mit der Liburne im ursprünglichen Sinne als Illyrerschiff verbunden werden sollte: Wenn die illyrischen Münzen wirklich Liburnen wiedergeben, so hatten deren Bug- und Hecksporne keine Ähnlichkeit mit jenem des punischen Schiffs.

Die römischen Kriegsschiffe der Kaiserzeit (Abb. 93–95, 103, 105) sind meist von maßvoller Größe. Der ,,Vierer'' aus Rom (Abb. 98) ist wie die von Reddé erschlossenen Großschiffe Caesars eine Ausnahme. Octavians und Agrippas Sieg mit kleineren, doch wendigen und schnellen Einheiten bis zum ,,Sechser'', über die ungelenken ,,Zehner'' des Marcus Antonius hat für die Folgezeit die Maßstäbe gesetzt. Dann ist nur noch ein einziger ,,Sechser'' als Flaggschiff der Reichsflotte in Misenum bezeugt, an ,,Fünfern'' lassen sich nur zwei nachweisen; das Gros der Reichsflotten besteht also aus ,,Vierern'', ,,Dreiern'' und kleineren Einheiten wie den Liburnen. Die letzteren sind der Standardtyp der Provinzflotten, und hier ist ein ,,Dreier'' das Flaggschiff. – Die Bauart der ,,Dreier'' in Rom ist unklar. Ein Relief in L'Aquila (Abb. 96) zeigt ein Fahrzeug mit Ausleger und ungeschützt *(,,aphrakt'')* sitzenden Rojern. Die konstruktive Ähnlichkeit mit der Triére des Lenormant-Reliefs (Abb. 75) ist erstaunlich. Hat sich der ,,Dreier'' in Rom zur leichten *aphrakten* Bauform zurückentwickelt, oder ist das Relief – obgleich in Italien gefunden – gar nicht römischer, sondern griechischer Herkunft wie Abb. 75? Vieles spricht für diese Annahme. Jedenfalls sind die Kriegsschiffe Roms *kataphrakt* gebaut, normalerweise mit Remenkästen wie im hellenistischen Griechenland (Abb. 92,95).

Cassons Behauptung, daß in Rom große Mehrreiher auch ohne Ausleger bzw. Remenkasten gebaut worden sind, findet jetzt Unterstützung durch die hochwertige hellenistische Darstellung der ,,Isis'', die diesen Typ vertritt. Diese Schiffe dürften mehr als einen Rojer pro Remen gehabt haben, und dasselbe läßt sich für einreihige Kriegsschiffe auf kaiserzeitlichen Münzen annehmen. Unscheinbare kleine ,,Einer'' im strengen Sinne wären schwerlich würdig gewesen, auf Münzen dargestellt zu werden: eher sind dies ,,Dreier'' mit drei Rojern an einem Remen. Solche Schiffe müßten dann breiter gewesen sein als die schlanken ,,Dreier'' der griechischen Klassik.

Ungewöhnlich gedrungen sind auch die beiden mächtigen Wracks aus dem Nemi-See (Maße: 73 × 24 m; 71,3 × 20 m), die für Caligula wohl von Werftpersonal aus Misenum gebaut worden sind. Daher dürfte ihre Bauweise kriegsschiffsartig sein. Funktionell gesehen sind die beiden Riesenschiffe nur Lustyachten auf dem stillen Binnensee, verstiegene Ausgeburten einer kaiserlichen Laune. Dennoch möchten wir mit Viereck in ihnen Zeugnisse dafür sehen, daß der Bau von übergroßen Schlachtschiffen in der älteren Kaiserzeit noch nicht vergessen war: Schiffen einer Größe, über die die Überlieferung schweigt und für die es im ringsum von Rom beherrschten Mittelmeer keine militärische Existenzberechtigung mehr gab.

Vielleicht haben die Konstrukteure aus Misenum begeistert die Chance

94   Fresko im Vettier-Haus, Pompeii: Schiffskampf; 1. Jh.

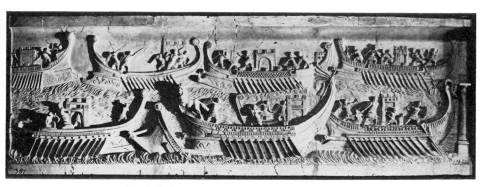

95   Relief aus Rom: Seeschlacht (Actium?); 1. Jh.

96   Relief in L'Aquila, Italien: Heckansatz von ,,Dreier". Kaiserzeit oder Beutestück
aus Athen (5. Jh. v. Chr.; u. U. zu Abb. 75?)

97   Gemmenabdruck: Großkampfschiff mit mindestens 7 Türmen; 1. Jh.

aufgegriffen, endlich einmal zu zeigen, daß sie auch übergroße Schiffe bauen konnten! Hierfür sprechen solche auf dem See völlig überflüssigen Einzelheiten wie die Längsverstärkung der Rümpfe durch Seitenkiele und zahlreiche Stringer, aber auch die Blciverkleidung der Rümpfe. – Eines der Schiffe hat einen Rammbug und ist dadurch eindeutig als Anspielung auf ein Kriegsschiff ausgewiesen. Bei dem anderen ist der Vorsteven gerundet wie bei einem Segelfrachter. Viereck sieht auch in diesem Fahrzeug – vom Rumpftyp her – ein Großkampfschiff: der Rammsporn wäre in der Kaiserzeit für Kriegsschiffe kein zwingend notwendiges Requisit mehr gewesen. In diesem Sinne liegt, daß im 1. Jh. die bisherige Spornform mit drei gefährlichen ,,Stoßmeißeln'' übereinander durch eine weniger wirksame, ungegliedert-blockartige Form ersetzt worden ist.

Viereck bezieht Gemmenbilder eines großen Schiffs mit gerundeten Steven und mehreren Türmen an Deck (Abb. 97) auf ,,Dreadnoughts'' der älteren Kaiserzeit nach Art des zweiten Nemi-Schiffs. Andere haben als Vorbild die viel ältere ,,Syrakusia'' vermutet. Auf jeden Fall zeigen die Nemi-Funde, daß man im 1. Jh. technisch imstande gewesen ist, Schiffe von weit überdurchschnittlicher Größe zu bauen.

Im regulären Kriegsschiffsbau zeichnen sich an den Rumpfformen zwei verschiedene Entwicklungslinien ab. Die eine (Abb. 94, 95) führt letztlich zur Demetrios-Stele zurück. Nur zwei Neuerungen unterscheiden die römischen Schiffe von den älteren griechischen und punischen: Für die Schlacht werden auf Deck leichte Türme für Fernwaffen (Abb. 95, 135) aufgestellt, bzw. im Bug steht ein getrepptes Gestell, dessen Konstruktion unklar ist. Solche Aufbauten scheinen nur im späteren 1. Jh. v. Chr. üblich gewesen zu sein. Ein weiteres Merkmal römischer Schiffe ist der schräggestellte Vormast mit Rahsegel *(artémon).* Daß die Formen der Bug- und Heckzier in Rom einem modischen Wandel unterliegen, erleichtert zwar die Unter-

98   Fresko von der Aula Isiaca, Rom: ,,Vierer''
99   Münze des britannischen Gegenkaisers Allectus, um 296

100 *Mosaik aus Tebessa, Tunesien: Ruderschiff ,,Fortuna Redux" mit Decksladung von Amphoren; 2./3. Jh.*

101 *Münze des Illyrerstammes der Daorser: frühe Liburne(?); 2. Jh. v. Chr.*
102 *Weihrelief aus Rom: die Priesterin Claudia zieht (205 v. Chr.) das Schiff der kleinasiatischen ,,Göttermutter" Kybele tiberaufwärts nach Rom; 1. Jh.*

scheidung von griechischen oder punischen Schiffen, fällt funktionell aber nicht ins Gewicht. – Bei dem geläufigsten Typ ist entweder der Rumpf in ganzer Länge geschwungen, oder es ist zumindest die Bordwand am Bug zum Steven hin hochgezogen (Abb. 90, 92–95, 98, 100, 102, 108, 109). Daß das Achterschiff hochgebogen ist, versteht sich bei dieser Traditionslinie von selbst.

Daneben ist eine zweite Richtung zu erkennen, deren Kennzeichen der horizontale Verlauf nicht nur des Decks im Mittschiffsbereich, sondern auch des eventuell leicht erhöhten Vordecks ist (Abb. 99, 105–107). Es scheint, daß auch diese Tradition letztlich im griechischen Raum wurzelt; einiges spricht für das hellenistische Makedonien. Auf kaiserzeitlichen Münzen erscheint der Typ zunächst im griechischen Osten, doch wird er vom 2. Jh. an auch auf hauptstädtischen Prägungen dargestellt. Der Unterschied gegenüber der „Standardform" beschränkt sich nicht auf das Aussehen, sondern dürfte konstruktive Gründe haben.

Wenn ein Rumpf aus Planken von gleichbleibender Breite aufgebaut wird, so werden die Bordwände zwangsläufig im gleichen Maße höher, wie sich der Rumpf verjüngt. Auch die elegante Kurve, in der das Achterschiff hochgebogen ist, dürfte sich mindestens zum Teil aus dem Verlauf der Planken ergeben. Ein horizontaler Dollbord ist demgegenüber nur zu erzielen, wenn man die Planken zum Bug und Heck hin schmaler zuschneidet. Dann wäre das erhöhte Achterschiff kein organischer Teil des Rumpfs, sondern eine Art Attrappe oberhalb des eigentlichen Dollbords. Daß es in manchen Münzdarstellungen (Abb. 107) in deutlichem Winkel am Mittschiff ansetzt, liegt im Sinne der hier vorgeschlagenen Bauweise. Warum man dann das Heck überhöht gebaut hat? Wir können nur vermuten, daß der Rumpf aus Gründen der Tradition und Gewohnheit hinten am höchsten zu sein hatte.

Als im 3. Jh. die Flotten Roms auf Donau, Rhein und Nordsee in die Kampflinie der germanischen Angriffe geraten, verzichtet man bald auf die Achterschiffsattrappe: dem Mehraufwand beim Bau steht wohl kein entsprechender Nutzen gegenüber. Bei britannischen Münzbildschiffen des späten 3. Jhs. (Abb. 99; so auch Abb. 106) ragen die Steven vorn und hinten nackt über dem Dollbord auf, der in ganzer Länge horizontal verläuft. Diese Nordseekriegsschiffe Roms scheinen nicht sehr groß gewesen zu sein; sie hatten offenbar kein Deck und wohl meist nur eine Ruderreihe, dazu den üblichen Segelmast. In mancher Hinsicht könnten sie dem germanischen Boot von Nydam aus dem späten 4. Jh. ähnlich gewesen sein. Dieses knapp 23 m lange Fahrzeug ist, wie im Norden von altersher üblich, ein Klinkerbau (S. 103). Der Antrieb durch Remen anstelle der zuvor bei den Germanen verwendeten Stechpaddel, vielleicht auch die Ausbildung echter Steven an den Rumpfenden, weisen aber auf römischen Einfluß hin, und es könnte sein, daß es auch in der Größe den römischen Gegnern angepaßt ist.

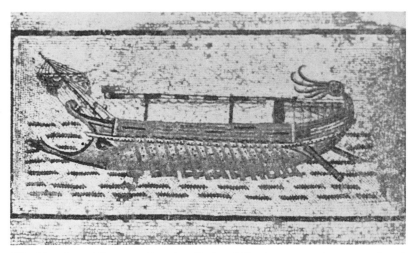

103 Mosaik aus Themetra, Tunesien: Ruderschiff mit gesetztem Artemonsegel und
umgelegtem Hauptmast; 2./3. Jh.

104 Buchillustration aus renaissancezeitlicher Kopie des spätrömischen Verwal-
tungshandbuchs „Notitia Dignitatum": Kriegsschiff („Liburna") mit drei Paaren von
Schaufelrädern, die durch Ochsengöpel angetrieben werden

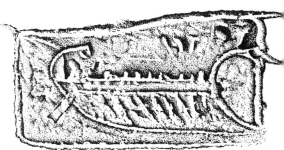

105   Münze Constantins des Großen: die Siegesgöttin Nike/Victoria auf Kriegsschiff; um 427
106   Spätrömischer Ziegelstempel aus Mainz: Kriegsschiff

107   Kölner Prägung des Gegenkaisers Postumus: Kriegsschiff; 262
108   Relief von der Trajanssäule in Rom: Donaukriegsschiff; Anfang 2. Jh.

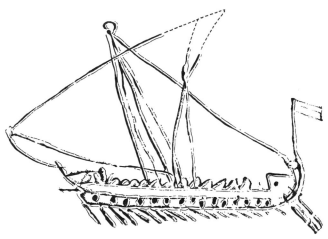

109   Graffito aus Málaga, Spanien: frühbyzantinische Dromone mit Lateinsegel; 6. Jh. (?)

Solche Äußerlichkeiten sahen die Germanen ja bei den Seeräuberscharmützeln mit römischen Schiffen in der Nordsee. Daß aber in den baulichen Merkmalen nichts Römisches zu erkennen ist, mag durch einen Passus aus dem Codex Theodosianus von 438 seine Erklärung finden: dort wird die Weitergabe der „Geheimnisse" des Schiffsbaues an Barbaren mit dem Tode bedroht.

Nur erwähnt sei hier, daß der geringe Tiefgang des Nydam-Schiffs eventuell erklären kann, warum bei den Einheiten der spätrömischen Britannischen (d. h. Nordsee-) Flotte der Sporn so weit nach oben gebogen ist: mit dieser Waffe dürfte man ein Boot vom Nydam-Typ unter der Wasserlinie treffen können. Gerade den Rammsporn haben die Germanen nicht übernommen – an einem Rumpf ohne Kiel ließ er sich nicht anbringen, und der Skelettbau ist diesem Volk noch lange fremd geblieben.

Kienasts Vermutung, daß der römische Nordseetyp im 4. Jh. durch Constantin d.Gr. auch im Mittelmeer eingeführt worden ist, hat einiges für sich. Vielleicht handelt es sich bei den 80 Dreißigruderern, mit denen Constantin die 200 „Dreier" des Licinius an den Dardanellen schlägt, um solche Fahrzeuge. Dreißigruderer sind die größten Kriegsschiffe auf den späten Münzen aus dem Nordwesten des Reichs. Und nach dem Sieg weisen die Schiffe auf den constantinischen Nike-Prägungen (Abb. 105) „nordweströmische" Merkmale, so zum Beispiel den horizontalen Dollbord und die Stevenform auf, deren Einfluß auch später zu erkennen bleibt. Sie erscheinen unter anderem in den Mosaiken von Piazza Armerina mit mediterranen Formen vermischt, darunter stets dem im Süden altvertrauten geschlossenen Deck. Gerade jenes Element, das im Mittelmeer weit über 1000 Jahre lang die Entwicklung des Kriegsschiffsbaues bestimmt hatte, tritt im 4. Jh. zurück: die Steigerung der Antriebskraft durch die Addition mehrerer Remenreihen. Ob die Menschen der Spätantike nicht mehr zu jener Disziplin bereit gewesen sind, die für den Betrieb eines Mehrruderers unerläßlich ist? Die Glosse eines Amtsschreibers „Meine Arbeit gefällt mir nicht" auf der Rückseite eines Dokuments könnte in diese Richtung weisen.

Jedenfalls ist der Bau von „Dreiern" zu Zosimos' Zeit „schon lange vergessen"; und es mag kein Zufall sein, daß ein Konstrukteur der Jahre um 400 ein grundsätzlich neues Antriebssystem ersonnen hat, bei dem es nicht mehr auf Rojer ankam. Als Anhang zu dem (in Abschriften aus der Renaissance erhaltenen) spätrömischen Staatshandbuch *Notitia dignitatum* ist ein illustrierter Traktat über die Möglichkeit, Kriegsschiffe („Liburnen") mittels Schaufelrädern durch Ochsen an Göpeln anzutreiben, auf uns gekommen (Abb. 104). Man darf vermuten, daß die Idee in offiziellen Kreisen diskutiert worden ist. Vielleicht hat man das Prinzip auch getestet, und es ist an mechanischen Problemen gescheitert oder, eher, am Einspruch alter Admirale. Wir wissen es nicht. Jedenfalls werden später in Byzanz die Kriegsschiffe (Dromonen) wie eh und je durch Remen und Segel angetrieben. Dennoch zeigt der Anhang zur Notitia, daß Rom in technischer Hinsicht seinen Gegnern bis zuletzt überlegen geblieben ist. Der Untergang des verarmten, in seiner Staatsgesinnung, der Wirtschaft und Sozialstruktur ausgehöhlten Westreichs ließ sich dadurch aber nicht aufhalten.

Antike Flottenrüstung und Bemannung der Flotten

Wer hat die Langschiffe und Kriegsschiffe bauen lassen? Wie wurde das Baumaterial beschafft? Woher kamen die Besatzungen, und in welcher Form sind sie für den Flottendienst gewonnen worden? Die Fragen lassen sich nur zu oft nicht, oder lediglich mit Vermutungen beantworten.[34]

Dies gilt besonders für die Frühzeit. In Ägypten haben die Pharaonen selbst für den Schiffsbau gesorgt und das Langholz dafür aus dem Libanon und aus Anatolien heranholen lassen. Aber das Nilland war ein zentral regierter Staat, wie er im 3. Jt. v. Chr. in Europa nirgendwo existierte. Die kykladischen und kretischen Langschiffe dieser Zeit dürften demgegenüber von wohlhabenden Einzelpersonen, etwa von lokalen Kleinfürsten, oder von lockeren Interessengemeinschaften erbaut worden sein, wie viel, viel später die Wikingerschiffe Skandinaviens. Im mittleren 2. Jt. v. Chr. scheint es, als ob im Kreta des mythisch verklärten Königs Minos der Bau und Unterhalt der Flotte Sache des Königs gewesen wäre: die unterworfenen kykladischen Piraten mußten ihm im Kriegsfall Mannschaften für seine Schiffe stellen. Das klingt nach einer ,,königlichen‘‘ Flotte.

Die spätmykenischen Militärakten des Reichs von Pylos lassen ähnliche Verhältnisse vermuten. Jedenfalls weist das Hauptquartier den Wachgeschwadern an der Küste zentral ,,Wehrpflichtige‘‘ als Rojer zu, und der Marschbefehl für ein Schiff zeigt, daß auch der Einsatz vom Oberkommando selbst gelenkt wird. Allerdings wissen wir nicht, ob die Flotte in Friedenszeiten ebenso organisiert gewesen ist oder ob der König die Schiffe nur wegen des Krieges unter militärisches Kommando gestellt hat.

In der Ilias ist gelegentlich von Schiffen einzelner Fürsten die Rede, z. B. dem des Protesilaos, das beim trojanischen Sturm auf das Achäerlager von Hektor in Brand gesetzt wird. Doch spricht Homer auch von den Geschwadern ganzer Volks- oder Stammesverbände wie denen der Böoter. Beides braucht sich nicht zwangsläufig auszuschließen: vielleicht bestanden die ,,Stammesflotten‘‘ aus den Schiffen adliger Herren, die ihrem König oder Oberfeldherrn als eine Art Vasallen Heeresfolge leisteten. – In der Odyssee verdichtet sich der Eindruck, daß auch die Langschiffe persönlicher Besitz sind – so bei den Phäaken oder in Ithaka, als Telemachos für die Reise nach Pylos ein Schiff ausleiht und mit Anhängern seiner Familie als Freiwilligen bemannt. Wir dürfen vermuten, daß diese Privatbauten dem Eigentümer u. a. für Piratenfahrten im Sinne eines ,,freien Unternehmertums‘‘ dienen sollten. Alles in allem ist der Befund aber nicht eindeutig, und das bleibt auch in den folgenden Jahrhunderten so; denn Pauschalbezeichnungen („die Schiffe der Kerkyräer") sind noch in der Klassik geläufig. Greifbar wird die Flottenorganisation erst in Samos zur Zeit des Polykrates, um die Mitte des 6. Jhs. v. Chr. Hier ist es eindeutig der Tyrann selbst, der die Triérenflotte bauen läßt und nach Ägypten schickt.

Ähnliches zeigt sich (abgesehen von dessen demokratischer Staatsform) in Athen während der Jahre vor 480 v. Chr., als Themistokles unter dem Vorwand eines Krieges gegen Ägina die Volksversammlung überredet, auf Staatskosten jene 200 „Dreier" bauen zu lassen, die dann bei Salamis die Perser zurückschlagen (S. 14). Es kann wohl vorausgesetzt werden, daß die Wälder Attikas nicht ausgereicht haben, die benötigten Mengen an Bauholz zu liefern: gewiß hat man schon jetzt im Ausland einkaufen müssen. Jetzt bilden Bürger der unteren Steuerklassen, zugewanderte Ausländer (Metöken) und Söldner die Rojermannschaften; die Kapitäne werden von den Feldherren ernannt. Im Seebund gilt dann das Prinzip, daß der Staat die Kriegsschiffe bereitstellt, während die Betriebskosten als eine Art Vermögenssteuer wohlhabenden Bürgern aufgebürdet werden, die jährlich als Trierarchen das Kommando über einen „Dreier" erhalten. Im 5. Jh. v. Chr. haben sie dieses Amt der Trierarchie selbst wahrgenommen. Im 4. Jh. ist das nicht mehr so sicher; manchmal teilen sich wohl zwei Bürger in die aufwendige Trierarchie eines Schiffes. Das mag eine Folge der Verarmung Athens durch die Niederlage im Peloponnesischen Kriege sein. Stets sind die Trierarchen aber dem Staat gegenüber für das Schiff und seine Ausrüstung an Remen, Segeln und Tauwerk verantwortlich. Verliert ein Kapitän sein Schiff, so muß er sogar den bronzenen Rammsporn bergen und im Arsenal im Piräus abliefern – oder dessen Geldeswert ersetzen.

Im Hellenismus wird die persönliche Trierarchie durch eine allgemeine Trierensteuer ersetzt. Hier und in Rom sind die Trierarchen Berufsoffiziere aus dem Stand der Bürger oder der Metöken (in Rom: Peregrini).

Welch ungeheure Zahlen von Rojern für die Seebundsflotten benötigt worden sind, läßt sich andeutungsweise abschätzen. Gehen wir davon aus, daß normalerweise um 200 Triéren einsatzbereit gewesen sind, so ergibt das schon einen Bedarf an Rojern von 200×170 Mann: 34000 Mann, mehr, als selbst eine Weltstadt wie Athen im 5. Jh. aus eigenen Kräften aufbieten konnte. Es überrascht daher nicht, daß beide Parteien im Peloponnesischen Krieg in aller Herren Ländern Söldner als Rojer geworben haben, sogar bei feindlichen Staaten. Daß zu dieser Zeit im Piräus erstmals das Fest der thrakischen Göttin Bendis öffentlich gefeiert worden ist, läßt annehmen, daß Athen auch „Barbaren" in Sold genommen und ihnen die Ausübung der heimischen religiösen Bräuche gestattet hat.

Trotz dieses drückenden Mangels an Rojern hat man nur selten, meist in Notlagen, auf Sklaven als Rojer zurückgegriffen. Als Beispiel sei etwa die

Schlacht zwischen Korinthern und Kerkyräern zu Beginn des Peloponnesischen Krieges genannt, in der die Korinther 800 Sklaven, aber nur 250 Freie gefangen genommen haben. Offensichtlich wurden die Kerkyräer so überrascht, daß sie überalterte Schiffe notdürftig herrichten und mit allem bemannen mußten, was gesunde Arme und Beine hatte. Andere Gründe hat es, als 414/413 v. Chr. vor Syrakus attische Rojer sich beim schweren Schiffsdienst durch sizilische Kriegsgefangene, Sklaven, vertreten lassen. Thukydides rügt das mit Recht als moralische Verfallserscheinung. Neun Jahre später ist Athen aber gezwungen, vor der Arginusenschlacht von Staats wegen Sklaven auf der Flotte einzusetzen. Nach dem Sieg werden sie großenteils freigelassen.

Rom hat seine Seekriege wenn möglich mit den Schiffen und Mannschaften seiner griechischen Verbündeten geführt. Wenn – etwa im 1. Punischen Krieg oder in den Bürgerkriegen des 1. Jhs. v. Chr. – eigene Flotten gebaut werden, bemannt man sie mit Freien: des Kriegsdienstes sind Sklaven eigentlich nicht würdig. Wenn man sie, wie Octavian bei Naulochos, zum Flottendienst heranziehen muß, werden sie erst freigelassen. Nur in der frühen Kaiserzeit scheinen die Flotten so eng zum kaiserlichen Haushalt *(fiscus)* gehört zu haben, daß der Herrscher sie mit eigenen Sklaven und Freigelassenen (sogar als Trierarchen) bemannen konnte. – Die Galeerenstrafe für Verbrecher ist eine Erfindung der nachantiken Zeit.

Während der, zur See zunächst meist friedlichen, Kaiserzeit hat wieder der griechische Osten des Reiches den Großteil der Flottenmannschaften gestellt. Den Steuermann Horus aus Alexandria hat es bis zur Rheinflotte nach Köln verschlagen.

Doch kehren wir nochmals kurz zum Peloponnesischen Krieg zurück, um auch einen Blick auf die materiellen Grundlagen der Flottenrüstung zu werfen. Es zeigt sich deutlich, wie sehr die Versorgungsprobleme mit Schiffsbauholz die Politik und Kriegführung beeinflußt haben. Attika hat von Thrakien bis Unteritalien Holz eingekauft bzw. Lieferverträge abgeschlossen, und die Gegner haben mit gleicher Energie versucht, dieses Nachschubsystem zu stören. Denn der Zusammenbruch der Holzversorgung hätte die attische Seemacht am Lebensnerv getroffen, nicht anders als eine Folge vernichtender Niederlagen im Kampf. Ebenso zeigt sich der Einfluß der Logistik auf die Kriegführung im 5. Jh. v. Chr. bei den Flottenüberfällen auf feindliche Kriegshäfen, bei denen die Zerstörung der Werften und Holzlager das Hauptziel ist.

Man muß außerdem bedenken, daß hochwertiges Langholz ja nicht nur zum Bau von Kriegsschiffen benötigt wurde, sondern ebenso für die Handels- und Fischereiflotten, für Befestigungs- und Hafenbauten und zahllose Bauvorhaben sonst. Ziehen wir in Betracht, daß zudem ja auch der Holzkohlebedarf der Rüstungsindustrie und der Brennholzbedarf der Zivilbevölkerung die Waldungen dezimierte, so möchten wir für wahrscheinlich halten, daß Griechenland schon im 5. Jh. v. Chr. weitgehend entwaldet war und zu verkarsten begann. Italien dürfte diesen Zustand während der Punischen Kriege oder spätestens während der Bürgerkriege im 1. Jh. v. Chr. erreicht haben. Gewiß hat die Antike bereits als Preis für politische und wirtschaftliche Aktivität ähnliche Verwüstungen der natürlichen Umwelt in Kauf nehmen müssen, wie sie jetzt uns bedrohen.

Schiffskampf und Seekrieg

Wir sprachen oben von der Thalassokratie des Kreterkönigs Minos und vermuteten, daß sie nicht durch Seeschlachten errungen worden ist, sondern durch Landungsüberfälle auf die Städte der kykladischen Seeräuber. Schiffsschlachten, wie sie in der Levante und in Ägypten zumal gegen die ,,Seevölker`` geschlagen wurden, sind für die bronzezeitliche Ägäis nicht bezeugt. Dies schließt nicht aus, daß gelegentlich von Schiff zu Schiff gekämpft worden ist, und das nicht nur bei Piratenüberfällen.

Homer erwähnt riesige, bis 6 m lange ,,Schiffskampflanzen`` *(naūmacha xystá)*. Und als in der Odyssee (bes. 16,355 ff., 471 ff.) die Freier den Telemachos auf der Heimfahrt von Pylos abfangen und ermorden wollen, wird die beabsichtigte Taktik sogar deutlich beschrieben: Waffen werden an Bord gebracht (Od. 4,784), dann läuft das Schiff aus und legt sich bei einem Inselchen in einer Meeresstraße vor Ithaka auf die Lauer. Bei Tage bleibt man an Land, hält aber scharf Ausguck nach dem Opfer. Nachts hingegen kreuzt das Schiff der Freier in der Durchfahrt. Als es schließlich erfolglos wieder in Ithaka einläuft, ,,starrt das Schiff von Schilden und doppelt gespitzten Lanzen`` – Waffen, die normalerweise im Nahkampf zu Lande eingesetzt werden. Man wollte also entern, mit anderen Worten: nach Piratenart kämpfen. So wird es in der Ägäis noch jahrhundertelang geblieben sein, und wir dürfen vermuten, daß noch im 7. Jh. v. Chr. bei der ,,ersten Seeschlacht`` zwischen Korinthern und Kerkyräern die beiden Flotten ohne große taktische Kunststücke aufeinander losgegangen sind.[35]

Sehr wahrscheinlich ist bei dieser Schlacht auch schon gerammt worden. Sicher bezeugt ist der Rammangriff zur Versenkung des feindlichen Schiffs aber erstmals bei der Schlacht der Phokäer gegen Etrusker und Punier (,,Alalia``, 535 v. Chr.). Allerdings fällt auf, daß es sich wohl um wenig leistungsfähige Rammwaffen handelt – um recht locker an den Rumpf angefügte ,,Einwegsporne``, wie sie frühe etruskische Vasenbilder und viel später das punische Kriegsschiff von Marsala zeigen.

Zwei Menschenalter später (494 v. Chr.) führt dann Dionysios von Phokäa beim Großen Ionischen Aufstand gegen die Perser jene Manöver ein, die in der Folgezeit die Seetaktik beherrschen: den ,,Durchbruch`` *(diékplus)* und die ,,Umzingelung`` *(períplus;* wörtlich: ,,Umschiffung``). Der erste Ausdruck ist weniger eindeutig, als er erscheint. Sicher ist nur, daß sich die Flotten – meist in mehrere Geschwader unterteilt – in Dwarslinie (d. h. ein Schiff *neben* dem anderen) zur Schlacht aufgestellt haben. Ob sie aber versucht haben, in Dwarslinie zwischen den feindlichen Schiffen durchzufahren und dabei möglichst deren Remen abzubrechen, oder ob sie zur Einleitung des Diékplus in Kiellinie (d. h. ein Schiff *hinter* dem anderen) eingeschwenkt sind, die feindliche Front an einer einzigen Stelle durchbrochen haben und dann wieder ausgeschwärmt sind, um den Rammangriff von hinten gegen die wehrlosen Hecks der Gegner zu richten, ist umstritten. Aischylos berichtet als Mitkämpfer, die Schlacht von Salamis sei durch ein griechisches Schiff eröffnet worden, dessen Rammstoß einem Phöniker die hochragende Heckzier (*kórymba:* die Deutung gilt aber als nicht gänzlich gesichert) abgerissen habe. Das scheint eher für den Angriff von hinten, nach Durchbruch in Kiellinie zu sprechen. Aber eindeutig ist auch diese Aussage nicht: denn hinter der vordersten persischen Linie stehen Massen weiterer persischer Schiffe – eine günstige Situation, um die aus der Kiellinie ausschwärmenden Griechenschiffe von der Seite zu rammen. Im Peloponnesischen Krieg hat man planmäßig hinter der vorderen Front ein zweites Treffen in Dwarslinie aufgestellt, so daß der Durchbruch durch die erste Linie für den Gegner ein Risiko bedeutete. Diese Gegenmaßnahme scheint uns alles in allem eher für die Deutung des Diékplus als Durchbruch in Kiellinie durch die feindliche Front zu sprechen.

Die ,,Umzingelung'' zu deuten, ist einfacher. Die seitliche Überflügelung mit dem Ziel des Angriffs auf Flanke und Rücken gehört zur Taktik der Landschlacht und liegt auch beim Seegefecht so nahe, daß Dionysios die Operation eher durch bestimmte Ruder- und Steuermanöver reglementiert als sie neu erfunden haben wird. Beim ersten großen Treffen der Griechenflotte mit den Persern vor Kap Artemision (480 v. Chr.) zeigt sich bereits, welche Voraussetzungen für die ,,Umzingelung'' bestehen müssen, und wie man darauf reagiert. Die griechischen Schiffe sind schon lange im Wasser gewesen und dadurch schwer und langsam geworden, während die persischen an Zahl weit überlegen, in besserem Zustand und schneller sind. Daher ziehen sich die Griechen am ersten Kampftag zur Kreisformation (gleichsam einem ,,Igel'') zusammen und lassen sich, den Bug nach außen gewendet, einkesseln. Erst dann erfolgt ein Ausfall, bei dem die Griechen nicht ohne Glück kämpfen. – Am dritten Tag rücken die Perser wieder in weit offener Sichelformation zum Períplus an, während die Griechen die innere Linie einnehmen. Die persische Flotte, die sich ja aus Geschwadern unterschiedlicher Herkunft – mit vermutlich verschiedenen Kampfgewohnheiten und Signalen (S. 127) – zusammensetzt, gerät beim Aufmarsch in Unordnung, und jetzt greifen wieder die Griechen an und erzielen Vorteile. – Diese Erfolge sind gewiß mehr der Einsatzbereitschaft und der guten Führung der Griechen zu verdanken als allein der Kampfformation. Denn im Peloponnesischen Krieg bricht der attische Admiral Phormion trotz zahlenmäßiger Unterlegenheit einen „Igel" der Peloponnesier auf, als deren Schiffe durch die Morgenbrise aus der Ordnung geraten. Die beiden Beispiele genügen, um zu zeigen, daß schon im Altertum eine intelligente Führung, die sich auf die prompte und genaue Ausführung schnell mitgeteilter Befehle verlassen kann, gegenüber zahlenmäßiger Überlegenheit im Vorteil sein kann.

Ein Wort zum Signalwesen! Homer kennt bereits Feuerzeichen. So ist beim Troja-Zug quer durch die Ägäis eine Meldelinie installiert, die dann endlich auch den Fall Trojas nach Mykene mitteilt. An anderer Stelle ist von Signalfeuern die Rede, mit denen eine von Piraten belagerte Stadt die Nachbarn zu Hilfe ruft. Beim Perserangriff 480 v. Chr. melden Küstenwächter auf der Insel Skiathos der griechischen Flotte bei Artemision das Nahen der Perser. Solche Feuerzeichen sind in der ganzen Antike verwendet worden. Sie sind nur bei Dunkelheit voll wirksam und können nur eine einzige, vorher abgesprochene Botschaft vermitteln. Ein Lichtsignal bei Tage wird 490 v. Chr. bei Marathon erwähnt, als ein bronzebeschlagener Schild als Spiegel, gewissermaßen als Heliograph benutzt wird. Die Heliographie wird später weiterentwickelt. Doch fehlen Hinweise auf ein antikes „Morsealphabet" völlig: wahrscheinlich waren die Mitteilungsmöglichkeiten dieses urtümlichen Telegraphen höchst beschränkt.

Im Gefecht reicht dieses System nicht aus, um differenzierte Signale weiterzugeben. Hier werden andere Signalmittel benötigt. Aischylos erwähnt das Lärmen der schalmeiartigen Salpinx beim griechischen Angriff vor Salamis. Und daß in dieser Schlacht Xerxes von seinem „Logenplatz" an der attischen Küste aus imstande gewesen ist, einzelne Schiffe seiner Flotte zu identifizieren, läßt vermuten, daß die persischen Geschwader durch weithin sichtbare Flaggen gekennzeichnet waren. Spätestens in der Kaiserzeit scheinen Flaggen auch für differenziertere Anweisungen benutzt worden zu sein. Einzelheiten sind kaum bekannt, doch bedeuteten rote Flaggen anscheinend den Befehl zum Angriff. Vielleicht hat das Signalwesen in der späten Kaiserzeit ein Niveau erreicht gehabt, das erst im 18. Jh. übertroffen worden ist.

Erwähnt sei, daß bei Nachtfahrten römischer Flotten für die Flaggschiffe, normale Kriegsschiffe bzw. begleitende Transporter eine bestimmte Lichterführung bezeugt ist. Die Maßnahme hat ebenfalls eine Art Signalwert, da sie die Wahrung der vorgeschriebenen Formation ermöglicht.

Die griechischen Siege bei Artemision und dann besonders bei Salamis dürfen nicht darüber hinwegtäuschen, daß 480 v. Chr. die strategische Planung und Logistik der Perser Bewunderung verdient. Dies beginnt lange vor dem Krieg mit der Erkundung und „Aufzeichnung" der griechischen Küsten. Dann wird, als Folge der schlimmen Erfahrungen beim ersten Invasionsversuch von 490 v. Chr., das gefährliche Athos-Kap durch einen Kanal am Ansatz der Halbinsel umgangen. Nachschubdepots für Heer und Flotte werden am Anmarschweg angelegt, und zudem requiriert man riesige Zahlen von Frachtschiffen, die den vorrückenden Streitkräften Lebensmittel zuführen. Schiffsbrücken werden über den Hellespont geschlagen – technische Großtaten, bei denen sich die Phöniker und Ägypter besonders auszeichnen. Schließlich ist es keine geringe Leistung, über 1200 Kriegsschiffe aus verschiedenen Teilen des Reichs zusammenzubringen und einheitlich zu führen. Die persischen General- und Admiralstäbe müssen ebenso tüchtig gewesen sein wie die zivile Verwaltung.

Auch in der großräumigen Planung der Operationen selbst ist die persische Seite überlegen. Schon bei Artemision wird ein starkes Geschwader auf dem Umweg um Skiathos herum, d. h. außerhalb der Sicht der Griechen, ausgeschickt, das um Euböa herumfahren und die Griechen im Rükken fassen soll. Die Hellenen haben Grund, dessen Vernichtung durch einen Seesturm göttlicher Hilfe zuzuschreiben. Auch bei Salamis ist die Dislokation der persischen Flotte tadellos. Wieder wird ein Geschwader (über dessen Verbleib die Quellen merkwürdigerweise schweigen) um die Insel Salamis herum in den Rücken der Griechen geschickt und die kleine Insel Psyttaleia von Gardeinfanterie besetzt, während das Gros in mehreren Wellen von Süden in den Sund zwischen Salamis und dem attischen Festland eindringt. Daß dieses glänzende Konzept mißlingt, dürfte drei Gründe haben: Der Perserkönig Xerxes durchschaut das raffinierte Doppelspiel des attischen Admirals Themistokles nicht, der als vorgeblicher Perserfreund Xerxes zur Umzingelung einlädt und dadurch die demoralisierten Griechen zum vollen Einsatz zwingt. Am Morgen der Schlacht ist jedem an Bord der griechischen Schiffe klar, daß man rings eingeschlossen ist und mit dem Rücken zur Wand steht: die Rettung kann nur noch im entschlossenen Kampf liegen. – Zweitens sind die persischen Schiffe schon die ganze Nacht auf See, um eine Flucht der Feinde zu verhindern: die Rojer sind müde und hungrig, als es zum Kampf kommt, während die Griechen ausgeruht in die Schlacht gehen. – Schließlich postiert sich Xerxes persönlich auf einem Hügel oberhalb der Straße von Salamis, um Augenzeuge der Leistung seiner Schiffe zu werden – mit einer Schar von Schreibern, um Verdienst oder Schande der einzelnen Kapitäne festzuhalten. Vielleicht hat gerade dieser Erfolgszwang die Disziplin der Flotte untergraben. Die hinteren Treffen der Perser dringen so rücksichtslos vor, daß sie in die flüchtenden Teile des eigenen Vordertreffens hineinfahren. Andererseits rammt die tapfere karische Königin Artemisia auf der Flucht vor einem griechischen Verfolger ebenfalls ein persisches Schiff. Der Grieche hält sie für einen Überläufer und läßt von ihr ab. Xerxes irrt nicht weniger, als er Artemisias Opfer für ein Griechenschiff hält und die Königin seinen männlichen Kapitänen als Vorbild hinstellt.

Die lange Dauer der Schlacht zeigt, daß zumindest einige persische Geschwader tapfer und ausdauernd gekämpft haben müssen. Aischylos hebt die Gefährlichkeit der Kiliker hervor, deren König im Kampf fällt. Herodot setzt später die Akzente anders, aber auch er gibt Schiffsverluste der Griechen zu. Die Besatzungen hätten sich schwimmend nach Salamis retten können, während die persischen Schiffsleute als Nichtschwimmer viel größere Verluste gehabt hätten.

Gewiß ist es Themistokles gelungen, die persische Flotte zu überlisten, indem er sie in den engen Sund zwischen Salamis und dem Festland lockte. Dennoch fällt es schwer zu glauben, daß die zahlenmäßig mehrfach überlegene Perserflotte an dem einen Kampftag so dezimiert worden ist, daß ein erneuter entschlossener Angriff am nächsten Morgen keine Erfolgschancen gehabt hätte. Die Griechen haben damit gerechnet. Entscheidend dürfte gewesen sein, daß die Verluste in der Schlacht die Kampfmoral sowohl der Schiffsbesatzungen als auch des Großkönigs selbst haben zusammenbrechen lassen und daß an diesem Tag so viele der tapfersten Führer auf persischer Seite gefallen sind. – Xerxes flüchtet zu Schiff an den Hellespont und läßt nur ein Elite-Landheer in Griechenland zurück, das im folgenden Jahr bei Platää geschlagen wird. Auch die persische Restflotte wird 479 v. Chr. bei Mykale in Kleinasien vernichtet – nicht im Seegefecht, sondern im Schiffslager an der Küste. Die Befreiung Ioniens und die Gründung des Seebunds (477 v. Chr.) lassen in der Ägäis neue Machtverhältnisse entstehen, die das Perserreich endgültig in die Defensive zwingen. Kimons Land- und Seesieg am Eurymedon (465 v. Chr.) setzt den Schlußstrich unter die Phase direkter militärischer Konfrontation zwischen dem Perserreich und dem Seebund im ägäischen Raum.

Es wäre falsch, aus den griechischen Erfolgen in diesem Krieg auf eine zeitlose Überlegenheit der ,,abendländischen'' Hellenen über die ,,asiatischen Barbaren'' zu schließen. Als wenig später der Seebund eine riesige Flotte und ein Landheer nach Ägypten schickt, um Inaros' Aufstand gegen die Perser zu unterstützen, werden beide 456 v. Chr. am Nil so restlos vernichtet, daß sich der Seebund sogar in der Ägäis bedroht fühlt und seinen Staatsschatz von Delos ins sichere Athen verlegt (454 v. Chr.). Das wird dann eine wichtige Voraussetzung für die zentralistische Reichspolitik Athens unter Perikles, die im Peloponnesischen Krieg gipfelt.

Wir haben über diesen Krieg gesprochen, der die ganze griechische Welt vom Schwarzen Meer bis Italien in seinen Wirbel zieht. Der attische ,,Walfisch'' kämpft mit amphibischen Landungsoperationen und durch die Beherrschung der See am peloponnesischen ,,Elefanten'' vorbei, der zu Land überlegen ist. Sparta kann zwar wiederholt das attische Land verwüsten, doch bleibt Athens Versorgung mit Getreide und Bauholz aus Übersee jahrelang intakt. Zugleich bringt der Seebund dem Gegner durch Angriffe auf Küstenlandschaften und -städte immer wieder schmerzhafte Wunden bei. Der psychologisch größte Erfolg dieser Strategie kommt 425 v. Chr., als

die Athener auf dem peloponnesischen Inselchen Sphakteria 120 Spartia-
ten gefangen nehmen. Das Blatt wendet sich erst, als Athen 415–413
v. Chr. Spartas Verbündeten Syrakus in Sizilien amphibisch angreift. Hier
trifft die attische Flotte erstmals auf einen zur See gleichstarken Gegner,
dessen Triéren den attischen an Zahl und Qualität gleichwertig sind, während die Kampfmoral der Syrakusaner bei der Verteidigung ihrer Heimat
desto klarer überlegen ist je länger der Kampf dauert. Die Offiziere und
Mannschaften der gewaltigen, später nochmals verstärkten attischen Flotte
mit ihrem großen Troß von Frachtern und ausgemusterten Kriegsschiffen
zum Transport von Landtruppen und Pferden gehen mit ähnlicher Sieges-
zuversicht in diesen Feldzug wie 480 v. Chr. die Perser, und mit ähnlichen
Folgen. Die Syrakusaner hingegen übernehmen in jeder Hinsicht die Rolle
Athens bei Salamis und sind zum vollen Einsatz entschlossen.

   In dem wechselvollen Land- und Seekrieg bewährt sich zunächst die intelligente Routine der attischen Offiziere, während die Moral der Mannschaften offenbar bald nachläßt (S. 124). Nachdem einmal die attische Flotte nur durch den energischen Einsatz des kleinen etruskischen Hilfskorps
vor der Eroberung durch syrakusanische Landtruppen gerettet worden ist,
nachdem die Syrakusaner mit der neuen korinthischen Frontal-Rammtak-
tik (S. 104) ein Seegefecht nach dem anderen in der Hafenbucht für sich
entscheiden und die Ausfahrt sperren, verrammeln die Athener ihr Flotten-
lager mit einem Schutzwall aus Frachtschiffen. Jene an den Durchfahrten
erhalten schwere Fallgeschosse (,,Delphine"), die sie von den Enden der
Rahen auf Feindschiffe, die die Einfahrt erzwingen wollen, herabstürzen
lassen können. Nachdem die Syrakusaner durch diese Waffe zwei Schiffe
verloren haben, geben sie Durchbruchsversuche auf. Doch die Lage der
attischen Angreifer drängt sie zu einer Entscheidungsschlacht. Sie wollen
ihr Glück mit einer neuartigen Taktik versuchen: man will die syrakusanischen Schiffe mit Enterhaken fesseln und dann mit starken Decksmannschaften aus dem Landheer entern. Das Konzept bricht mit allen Erfahrungen, denen Athen bisher seine Seesiege verdankte. Eher nimmt es die römische Taktik bei Mylai vorweg (S. 132), doch ohne deren Grundlage (den
,,Raben") und daher auch ohne ihren Erfolg.

   Die Syrakusaner erfahren durch Verrat von dem Plan und verkleiden ihre
Schiffe mit Lederbahnen, an denen die Enterhaken der Gegner abgleiten.
Zudem schicken sie Kleinboote in die Schlacht, die sich unter deren Remen
an die attischen Schiffe heranmachen und die Rojer von außen her, durch
die Ruderpforten, beschießen und demoralisieren. Die Athener geben auf.
Ihr Fluchtversuch zu Lande zu den sizilischen Verbündeten scheitert.

   Athen verliert den Kern seiner Flotte und seiner kriegserfahrenen Offiziere und Mannschaften. Dennoch heißt es, der attische Staat habe sich
nach dieser Katastrophe in einer Weise auf sich selbst besonnen, als ob der
Krieg eigentlich erst jetzt anfinge. Mit den Schatzreserven noch aus Peri-

kles' Zeit stampft man eine neue Flotte, ein neues Heer aus dem Boden und wirft sich erneut entschlossen in den Krieg. Doch die Initiative liegt jetzt beim Gegner, da Sparta die Atempause nutzt und ebenfalls zur See aufrüstet. Bald zwingen die spartanischen Admirale Hegesandridas und Lysandros Athen durch Operationen in Ionien und am Hellespont das Gesetz des Handelns auf. Die Lage wird bedrohlich, da vom Hellespont (und von Ägypten) ja die Getreideversorgung Attikas abhängt. Attische Seesiege, wie 406 v. Chr. bei den Arginusen, erleichtern nur vorübergehend die Lage, die durch die Bedrohung einer persischen Kriegsflotte, die fast bis ins Kampfgebiet vorrückt, immer schwieriger wird. Von beiden griechischen Parteien umworben, beeinflußt diese Flotte durch ihre bloße Anwesenheit ohne einen Schwertstreich das Geschehen stark. Aber erst als 405 v. Chr. die attische Flotte bei Aigospotamoi durch Lysandros' Überfall am Ufer vernichtet wird, ist Athens „Weltkrieg" verloren (404 v. Chr.).

Im 4. Jh. v. Chr. kommt es zur Gründung des Zweiten Attischen Seebunds, der vorübergehend eine gewisse Machtstellung erreicht. Athen hält aber zu lange an dem traditionsreichen Typ des „Dreiers" fest und führt die modernen „Vierer" und „Fünfer" (S. 105) zu spät und zu zögernd ein. Als es 322 v. Chr. bei Amorgos zur Schlacht gegen die Großschiffe der makedonischen Flotte kommt, wird Athen so entscheidend geschlagen, daß es aus der Reihe der Seemächte ausscheidet. Es bleibt Vermutung, daß die Makedonier schon hier von ihren großen Schiffen aus mit Entertruppen gekämpft haben wie später im 3. Jh. v. Chr. die Superschlachtschiffe (Polyeren) der hellenistischen Staaten, die als unversenkbare schwimmende Festungen konzipiert wurden und mit Tausenden von Bordinfanteristen sowie mit Fernwaffen kämpften (S. 106).

Das ist jedoch nur eine kurze, kostspielige Episode. Bald kehren die griechischen Staaten mehr und mehr zu den beweglicheren „Vierern" und „Fünfern" zurück. Beispielhaft ist hier Rhodos, der „Seestaat par excellence", dem es gelingt, mit seinen glänzend ausgebildeten und motivierten Besatzungen sich sowohl auf „Vierern" im Seekrieg zu behaupten, als auch mit den neuen Trihemiolíai (S. 110) die Handelswege in der Ägäis von Piraten frei zu halten. Der Rhodier Pausistratos setzt 190 v. Chr. auch erstmals „Feuerkörbe" als taktische Brandwaffen ein. Zwar heißt es, schon die Hethiter hätten vor Zypern eine feindliche Flotte (wohl auf See) „verbrannt", doch hat dieser Erfolg offenbar keine kriegsgeschichtlichen Auswirkungen gehabt. – Der Einsatz von Brandern gegen Schiffe im Hafen ist von 413 v. Chr. an (vor Syrakus) wiederholt bezeugt.

Im 3. und frühen 2. Jh. v. Chr. sind Rhodos und Pergamon die wichtigsten See-Alliierten Roms in der Ägäis bei dessen Kriegen gegen Makedonien und das seleukidische Syrien. Zumal die Rhodier haben schwere Verluste hinnehmen müssen, jedoch zu den entscheidenden römischen Erfolgen wie 201 v. Chr. bei Chios wesentlich beigetragen.

Einzelheiten über die Seekriegführung im Westmittelmeer sind aus der Zeit vor dem 1. Punischen Krieg kaum bekannt. Wir wissen nicht, mit was für Schiffen und mit welcher Taktik die Phokäer kurz nach 600 v. Chr. bei Massilia die Punier geschlagen haben, und wir können nur vermuten, daß 535 v. Chr. bei Alalia vorwiegend mit (einreihigen) Pentekontoren gekämpft worden ist. Allerdings zeigt ein Vasenbild aus etwa dieser Zeit bereits einen etruskischen „Zweier" mit teilweise geschlossenem Deck (Abb. 73). – Sicher ist nur, daß hier mit dem Rammsporn gekämpft worden ist. Als Syrakus 474 v. Chr. bei Kyme die etruskische Seemacht für immer vernichtet, wird es „Dreier" eingesetzt haben: Herodot (VII,158) zitiert das Angebot Gelons von Syrakus, den Mutterlandsgriechen u. a. mit 200 Triéren gegen die Perser beizustehen, wenn diese ihm den Oberbefehl überließen (an dieser Bedingung, und gewiß an dem gleichzeitigen punischen Angriff auf Syrakus, ist der Plan gescheitert). Der Sieg bei Kyme läßt sich kriegsgeschichtlich aber nicht zuverlässig beurteilen, da über die Zahl, Bauart und Taktik der etruskischen Schiffe nichts bekannt ist.

Wie im 1. Punischen Krieg die zuvor praktisch reine Landmacht Rom dem „Walfisch" Karthago beigekommen ist, haben wir schon geschildert: zunächst durch den Massen-Nachbau eines gestrandeten punischen „Fünfers" und dann bald, als sich die unzulängliche Ausbildung der römischen Rojer für den Rammkampf herausstellte, durch die neuartige Waffe der Fallbrücke (corvus, „Rabe"). Über diesen Klappsteg, der zugleich mit einem kräftigen Dorn das Gegnerschiff festhält und an der Flucht hindert (Abb. 91), lassen die Römer unter Duilius bei Mylai (Milazzo) nahkampferfahrene Legionäre die punischen Schiffe entern und infanteristisch erobern. Später hat sich Rom dann rhodischen Vorbildern zugewandt und ist im klassischen Rammkampf ebenso erfolgreich wie seine Gegner geworden.

Im 2. Punischen Krieg ist Roms Seeherrschaft niemals mehr ernstlich bedroht worden. Seine Flotten haben sich mit rhodischer und pergamenischer Hilfe auch in der Ägäis durchgesetzt.

Nach einer Phase des Niedergangs, die sich die kilikischen und kretischen Piraten zunutze machen, erreicht Roms Seemacht in den Bürgerkriegen nach Caesars Ermordung einen neuen Hochstand. So fähige Flottenführer wie Sextus Pompeius auf der einen Seite, Octavian und sein großer Admiral Agrippa auf der anderen liefern sich jahrelange Seekriege, in deren Verlauf Agrippa schließlich durch eine neue Waffe bei Naulochos die Entscheidung herbeiführt (36 v. Chr.). Er greift das taktische Konzept des „Raben" wieder auf, fängt die feindlichen Schiffe aber nicht mit dem relativ kurzen Fallsteg ein, sondern mittels Harpunenbalken *(harpago)*, die mit dem Katapult über größere Entfernungen verschossen werden. Sie verhaken sich im Ziel, und der getroffene Gegner wird dann am Harpunentau an den Angreifer herangezogen und geentert. Die Kapitäne von Pompeius' kleinen, wendigen Piratenschiffen wissen gegen die neue Wunderwaffe keine andere

Hilfe als die Punier bei Mylai gegen den ,,Raben" und suchen ihr Heil in der Flucht.

Fünf Jahre später gelingt es Octavian und Agrippa, beim Actium-Feldzug auch ihren einstigen Waffengefährten Marcus Antonius mit einer unerwarteten Taktik zu überraschen. Antonius, inzwischen als ,,Gemahl" der letzten Ptolemäerin Kleopatra Herrscher über Ägypten, führt Octavians Sieg bei Naulochos auf die überlegene Größe seiner Schiffe zurück und rüstet sich selbst mit noch größeren Neubauten bis zum ,,Zehner". Doch bei der Entscheidungsschlacht von Actium (31 v. Chr.) setzen seine Gegner auf die kleineren, wendigen Liburnen und greifen die ägyptischen Großkampfschiffe mit Fernwaffen an. Besonders Brandgeschosse zeigen große Wirkung, demoralisieren Antonius' Mannschaften vollends und entscheiden die Schlacht für Octavian, den künftigen Kaiser Augustus.

Während der zunächst friedlichen Kaiserzeit läßt die Kampftüchtigkeit der römischen Flotten im Mittelmeer nach. Zwar bestehen Reichsflotten in Misenum und Ravenna, doch ihre Bordinfanterie (mit leichterer Bewaffnung als die der Legionäre: kein Panzer, dafür aber neben einem Speerpaar und dem Schwert die Axt) wird nur dann und wann bei Thronstreitigkeiten als Landarmee eingesetzt. Gelegenheiten, sich im Seekrieg zu üben, fehlen über Jahrzehnte hinaus. Flottenkämpfe sinken zum Schauspiel herab, das der hauptstädtischen Bevölkerung in speziellen Wasserbecken (Naumachien) geboten wird. Die in immer größerer Zahl entstehenden Provinzflotten sind anscheinend in erster Linie zu Transportaufgaben verwendet worden (Abb. 100, 106).

Als im 3. Jh. Goten und Franken erst das Schwarze Meer, dann die Ägäis und schließlich das westliche Mittelmeer unsicher machen, scheint das Reich nicht wirksam reagiert zu haben. In den Grenzprovinzen an Nordsee, Rhein und Donau setzt aber ein neuer Aufschwung ein, der dem Reich hier wieder die Überlegenheit sichert. Die Nordseeküsten Britanniens werden durch das Defensivsystem des Litus Saxonicum gegen sächsische Seeräuberüberfälle geschützt, und die Flotten auf den Grenzströmen werden verstärkt und, wie es scheint, spätestens unter Constantin d. Gr. mit dem neuartigen Schiffstyp der Lusoria ausgerüstet (S. 142). Auch in der Nordsee ist offenbar ein neuer Typus kleiner, vielleicht nicht immer gedeckter Kriegsschiffe entstanden. Sie werden erstmals kurz vor 300 auf Münzen der britannischen Gegenkaiser Carausius und Allectus (Abb. 99) dargestellt, später aber auch auf Prägungen Constantins d. Gr. (Abb. 105), die auf seinen Sieg vor den Dardanellen über Licinius (323) anspielen. Wie es scheint, hat Constantin diese kleinen, wendigen Fahrzeuge im Mittelmeer eingeführt und ihnen den Sieg über die zahlenmäßig stark überlegene Triremenflotte des Gegners zu verdanken. Auf welche Weise diese modernen Kleinschiffe gekämpft haben, wird nicht erwähnt. Daß auf den britannischen Münzen manchmal Soldaten mit Rundschilden angedeutet sind, spricht aber wohl für die Entertaktik. Rom hat sich mit diesen Mitteln der sächsischen Piraten erwehren können; denn Britannien hat bis zum Abzug der Legionen (407) als Reichsprovinz funktioniert. Da die germanischen Schiffe des Nydam-Typs (S. 118) ernstzunehmende Gegner waren, ist dies keine geringe Leistung. Wie die Lusoriae der Flußflotten eingesetzt wurden, klingt bei Ammianus Marcellinus (31,5.3) an. Als die Goten die Donaugrenze im heutigen Rumänien belauern, bemerken sie ein Nachlassen der römischen Patrouillenfahrten auf dem Strom. Sie schließen auf Schwierigkeiten im römischen Lager und wagen den Übergang auf eilig improvisierten Flößen. Einige Jahre später (386) versuchen die Goten wieder, auf 3000 Einbäumen die Donau zu überschreiten. Dieses Mal haben sie weniger Glück, denn die römische Flotte unter Promotus ist rechtzeitig zur Stelle und bereitet den Germanen eine vernichtende Niederlage (Zosimos 4,35.1 und 38f.). Sowohl der Respekt vor den patrouillierenden Lusoriae als auch das Ergebnis der Donauschlacht zeigen, daß die römischen Patrouillenschiffe imstande gewesen sein müssen, wirkungsvoll zu kämpfen. Die noch jüngst von Bollini vertretene These, die römischen Flußflotten wären *allein* für militärische Transportaufgaben bestimmt gewesen, dürfte für die späte Kaiserzeit unhaltbar sein. Wahrscheinlicher ist, daß sie aus Mehrzweckfahrzeugen bestanden, die je nach Bedarf für leichte Schnelltransporte oder zum Patrouillendienst bzw. Kampfeinsatz hergerichtet werden konnten.

Die Kampfweise der römischen Donauschiffe wird nicht erwähnt. Wenn sie ähnlich gebaut waren wie die Mainzer Schiffe vom Typ A (S. 142), so waren sie groß und schnell genug, feindliche Einbäume einfach zu überfahren und zum Kentern zu bringen. Wenige Bogenschützen oder Speerwerfer (eventuell die Rojer selbst) dürften ausgereicht haben, diesen vielseitigen ,,Schnellbooten" eine klare Überlegenheit über ihre Gegner zu sichern. Der Nahkampf mit Schwert und Lanze ist unwahrscheinlich: zum Entern sind Einbäume zu klein und vor allem zu instabil.

Alles in allem können wir davon ausgehen, daß römische Flotten der Kaiserzeit in waffentechnischer und taktischer Hinsicht richtungweisend gewesen sind. Selbst Byzanz hat diesen Stand erst im 8. Jh. durch die Erfindung des ,,Griechischen Feuers", einer Art Flammenwerfer übertreffen können.

Die Leistungsfähigkeit einer Flotte hängt nicht zuletzt von der Kommandostruktur ab. Sie hat sich von der griechischen Klassik bis zur Kaiserzeit wenig geändert, und Rom hat meist sogar die griechischen Rangbezeichnungen beibehalten. Allerdings wirkt sich die römische Standesgliederung auf die Offiziershierarchie aus: das Kommando über die Reichsflotten in Misenum und Ravenna ist mit einer kurzen Unterbrechung unter Claudius dem Ritterstand vorbehalten. Die beiden Praefekten sind in der Regel Landratten, eher Verwaltungschefs als militärische Führer, und als solche auf den Rat von Berufs-Seeoffizieren angewiesen.

Der nächstuntere Rang des *Nauárchus* hat schon in Griechenland seine ursprüngliche Bedeutung als Schiffsführer verloren und läßt sich etwa als Flottillenadmiral übersetzen, d. h. als Geschwaderchef. Dem Kapitän entspricht der Trierarch, vom Hellenismus an ein Berufsoffizier aus dem Bürger- oder Peregrinenstand. Die wichtigsten Deckoffiziere sind dann der Steuermann (griech. *kybernétes,* latein. *gubernator*), der ,,Bugoffizier" *(proreus, proreta)* und der ,,Rojeroffizier" *(keleustés).* Wie die Langlebigkeit des Systems zeigt, hat es sich offenbar bewährt. Nur der griechische Pentekontarch – eigentlich ein ,,Pentekontorenführer", der aber auch zur Besatzung der Trieren gehörte – fehlt in der römischen Marine.

Weitere Spezialisten wie der Feldscher *(iatrós, medicus),* Bordhandwerker, der Waffenmeister, Schreiber, ,,Musiker" (als Gehilfen des Keleustés Taktgeber für die Rojer bzw. ,,Signalgäste") und die *Velarii* zur Bedienung des Segels zählen zum Mannschaftsstand. Ein Koch ist weder für griechische noch für römische Kriegsschiffe bezeugt. Eine Bordküche ist bisher nur von dem punischen Fahrzeug von Marsala bekannt. Den Funden nach zu urteilen sind die punischen Matrosen ausgezeichnet verpflegt worden. – Am Ende der römischen Rangordnung stehen dann die Decksmatrosen und die Rojer.

Dieses Marinepersonal entspricht in der Aufgabenstellung, z. T. auch in der Bezeichnung dem griechischen Bestand. Im Laufe der Kaiserzeit wird dann die Mannschaftsstruktur der Flotte an die des Heeres angeglichen. Die Seeleute gelten zugleich als Soldaten und werden für den Waffendienst ausgebildet. Jede Schiffsbesatzung gilt als Centurie, d. h. als (Heeres-) Kompanie mit eigenem Kompaniechef *(centurio)* und Wachtmeister *(optio)* neben den Seeoffizieren und Chargen. Und die Kommandoposten der Flotte werden in die Laufbahn römischer Offiziere und Beamten einbezogen.

Flußschiffahrt

Das griechische Mutterland hat keine schiffbaren Flüsse. Als griechische Kolonisten große Ströme wie den Nil, die Donau oder die Rhône kennenlernen, werden sie sich dort einheimischer Fahrzeuge bedient haben (meist Einbäume, im Westen u. U. Lederboote). Nur am Nil besteht eine alte Tradition größerer Flußschiffe. Vom Hellenismus an sind auch „griechische" Typen bezeugt, die von Hochsee-Ruderschiffen abgeleitet sein dürften. So hat das Palastschiff *(thalamegós)* Ptolemaios' IV. zwei Katamaranrümpfe wie die hellenistischen Großkampfschiffe; darauf stehen erlesen ausgestattete, zweistöckige Aufbauten.

Für Rom ist die Ausgangslage ähnlich. Die meisten Flüsse Italiens eignen sich nur für Kleinboote wie Einbäume. Ob es am Tiber größere Flußschiffe gab, ist für die Frühzeit nicht bekannt. Archäologische Funde setzen erst ein, als in der frühen Kaiserzeit Rhein und Donau römisch werden. Anfangs hat man am Rhein auf mediterrane Weise gebaut, wie das „auf Schale" gezimmerte Boot aus Vechten zeigt, und lediglich Seeschiffstypen den lokalen Bedingungen angepaßt.[36] Das rammspornbewehrte Kriegsschiff in ei-

*110   Relief auf Grabstein des Schiffers Blussus aus Mainz-Weisenau:
Rheinfrachtschiff; 1. Jh.*

111 Relief aus Köln: Heck von
Rheinfrachtschiff; 1. Jh.

112 Modellnachbau des römischen
Binnenschiffs von Bevaix am
Neuenburger See, Schweiz

113 Relief von Grabdenkmal aus Igel: Treidelkahn; 3. Jh.

114   *Votivschiff (Bronze) für die Göttin Sequana aus dem Heiligtum an den Quellen der Seine, Gem. Poncey; 3. Jh.*
115   *Votivschiff (Bronze) aus Privatheiligtum von Blessey unfern der Quellen der Seine; 3. Jh.*

116   *Relief auf der Trajanssäule in Rom: Donaufrachtschiffe; Anfang 2. Jh.*

117 *,,Nilmosaik" aus Praeneste (Palestrina), Italien: Reiseschiff mit Wohnhütte;*
1. Jh. v. Chr.

nem Kölner Grabrelief (RF Bild 77) unterscheidet sich nur unwesentlich
von denen im Süden, und der Lastkahn in einem anderen Relief aus Köln
(Abb. 111) spielt mit seinem hochgezogenen Steven wohl ebenfalls auf
Mittelmeerfrachter an. Nur das steile Ruder am Achtersteven (auch Abb.
116) scheint eine provinzielle Sonderform zu sein. Ganz ähnliche Kriegs-
und Frachtschiffstypen sind dann auf der Trajanssäule (Abb. 108, 116) für
die Donau bezeugt, entsprechende Lastschiffe auch durch Darstellungen
aus dem Nordwesten des Reiches (Abb. 115).

Eine zweite Entwicklungslinie der Flußschiffe steht in vorrömisch-kelti-
scher Tradition. Es handelt sich um plumpe Prähme mit flachem Boden
ohne Kiel und Steven; Bug und Heck sind als flache Rampen gebildet
(,,Typ Zwammerdam": Abb. 110, 112). Daher brauchten diese oft über
20 m langen Kähne keine Hafenanlagen, sondern sie konnten wie ein Lan-
dungsboot überall aufs Ufer laufen und über die Bugrampe laden. Sie dürften beim Transport von Fässern, einer keltischen Erfindung, besonders
vorteilhaft gewesen sein. Doch konnten die Kähne auch als Fähren dienen.
Vielleicht hießen sie im Binnenland ,,*Ponto"*: spätantike Philosophen in

Gallien haben ihren Geist an der Frage gewetzt, ob der *Ponto* ein Schiff oder eine Brücke gewesen sei.

Die Rampenkähne vom Typ Zwammerdam sind konstruktiv aus Einbäumen hervorgegangen, die man längs halbiert und durch dazwischengefügte Bodenplanken sowie seitliche Setzborde vergrößert hatte. Unter den Originalfunden nördlich der Alpen sind die Prähme weitaus am zahlreichsten. Der Typ hat das Ende der Römerzeit lange überlebt, und dasselbe gilt für nicht-mediterrane Flachbodenboote mit scharfem Bug und Spiegelheck (Abb. 114). – Offensichtlich wurde für den Handel, die Versorgung der Bevölkerung und des Militärs und nicht zuletzt für die Beförderung von Baumaterial viel Frachtraum benötigt; denn Transporte wurden aus Kostengründen wenn irgend möglich zu Wasser durchgeführt. Das gilt auch für Bau- und Brennholz. Eiserne Floßfesseln beweisen, daß die Flößerei ausgeübt wurde. Auch Lasten wie die viele Tonnen schweren Säulenschäfte im Trierer Dom, die vom Felsberg im Odenwald stammen, sind eher auf Flößen transportiert worden als in Schiffen, deren Festigkeit schon beim Laden derartiger Frachten überfordert worden sein dürfte. – Als Beleg für die Bedeutung des Massengüterverkehrs zu Wasser sei Ammians (XVIII,2.3) Bericht über die Versorgung des Rheinlands mit Getreide aus Britannien genannt. Iulian setzte dafür 600 Schiffe ein, die zum Teil für diese Aufgabe neu erbaut wurden. – An der Verbreitung von Waren wie Ton- und Glasgefäßen und an Grabinschriften z. B. von Wein- und Salzhändlern aus Südfrankreich zeigt sich, daß auch andere Güter über weite Entfernungen per Schiff befördert worden sind. Die Handelsverbindungen des Rheinlands, besonders eng mit Britannien, reichten von Südfrankreich bis zum Schwarzen Meer. Auch kleine Nebenflüsse, so am Oberrhein die Alb und die Ill, wurden genutzt, um die teuren Landwege von einem Stromgebiet zum anderen abzukürzen.

Die Schiffer, kleine Privatunternehmer, waren in Zünften zusammengeschlossen, die jeweils einen Fluß kontrollierten. Fernkaufleute, die z. B. Waren vom Rhein zur Donau bringen wollten, mußten also zuerst ein Rheinschiff chartern und dann ein weiteres vielleicht auf der Alb. Für den Landweg über die Wasserscheide mußten sie mit Fuhrleuten akkordieren und schließlich an der Donau oder schon zuvor an einem schiffbaren Nebenfluß wieder auf Schiffe umladen: Ein recht kompliziertes System.

In der Kaiserzeit haben sich auch die militärischen Flußflotten im Rhein- und Donaugebiet durch die Güterbeförderung nützlich gemacht. Das deutete sich schon durch das martialische Äußere der ,,Weinschiffe'' von Neumagen an. Bei Stempelbildern auf Ziegeln aus Mainz (Abb. 106) bzw. Novae in Bulgarien ist eindeutig gesichert, daß diese Ruderschiffe kriegsschiffsartigen Typs zu Legionen des Heeres gehört haben.

Abb. 106 zeigt ein Fahrzeug, das den Kriegsschiffen des Allectus (Abb. 99) im Typ nahesteht. Wahrscheinlich gehen die Mainzer Originalschiffe

118 *Mainz: der Bug des Ruderkriegsschiffs Nr. 9; 4. Jh.*

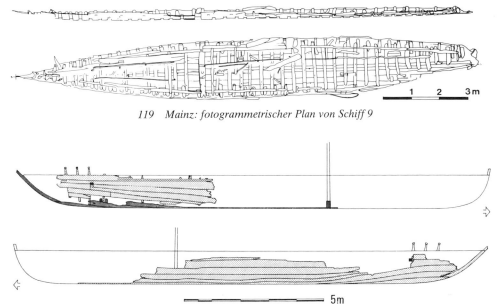

119 *Mainz: fotogrammetrischer Plan von Schiff 9*

120 *Mainz: Rekonstruktion des Rumpfes von Schiff 3; 320–321*

des Typs A (Abb. 118, 119) aus dem 4. Jh. auf solche Vorformen zurück. Der Typ Mainz A kann vermutlich mit dem literarisch bezeugten Typ der *Lusoria* identifiziert werden. Dies sind leichtgebaute, schnittige ,,Schnellboote" von knapp 20 m Länge, offene Moneren (,,Einer") für mehr als 20 Rojer. Sie sind zusätzlich mit einem Segelmast versehen, der wohl auch zum Treideln dienen konnte. Der niedrige horizontale Dollbord ist letztlich durch die Entwicklung im Mittelmeer vorbereitet. Die Bauweise ,,auf Teilskelett" (Abb. 40) ist eher durch die Verwendung extrem dünner Planken erzwungen als durch eine ,,keltische" Bautradition bedingt. Auch die Abdichtung der Plankennähte durch Holzteer, nicht durch nach keltischem Brauch hineingehämmertes Kalfatermaterial, zeigt, daß die Mainzer Langschiffe (Typ A) im wesentlichen zum Mittelmeer tendieren. – Offenbar konnten diese ,,Schnellboote" durch den Einbau eines schmalen, den Rumpf fast in ganzer Länge durchziehenden ,,Gepäckabteils" zur Aufnahme leichter Sonderfrachten hergerichtet werden, bei denen die schnelle Beförderung wichtiger als die Menge der Fracht war. Eines der Mainzer Schiffe scheint einmal in diesem eingebauten ,,Kasten" Holzkohle transportiert zu haben.

Möglicherweise haben die spätrömischen Rheinschiffe die spätere Entwicklung beeinflußt. Einige Merkmale des Typs Mainz A kehren viel, viel später an der mittelalterlichen Kogge von Kollerup in Jütland wieder, und literarische Hinweise lassen erwägen, ob nicht die Kogge ebenso wie die Mainzer Funde ursprünglich ein Ruder-Langschiff gewesen ist.

Ein anderes, weniger schnittiges Schiff aus Mainz (Typ B) scheint eher zur Personenbeförderung als zum Gütertransport bestimmt gewesen zu sein (Abb. 120; vgl. das Nilboot Abb. 117). Vielleicht ist dies ein ,,Richterschiff" *(navis iudiciaria):* ein Typ, der in einer Bauanordnung aus dem Jahre 406 für die Donauflotte bezeugt ist. Der Name deutet an, daß es sich um Dienstreisefahrzeuge für Beamte handelt. Vielleicht waren die Wasserwege in der Spätantike nicht nur bequemer, sondern auch sicherer als die Straßen.

Die Originalfunde, Darstellungen und literarischen Hinweise zeigen, daß das römische Reich im Norden sowohl für zivile als auch für militärische Aufgaben über leistungsfähige und zweckmäßige Flußschiffe verfügte.

Im Süden gelten für den Tiber besondere Verhältnisse. Auf der kurzen, doch wegen der Strömung schwierigen Strecke von Ostia bzw. Portus nach Rom hat der Fluß eine lebenswichtige Bedeutung für die Versorgung der Hauptstadt gehabt. Vielleicht sind einige der plumpen Schuten aus dem Portus-Fund (dem heutigen Fiumicino) dazu bestimmt gewesen, Annona-Getreide nach Rom zu bringen. – Daneben bezeugen Darstellungen und literarische Quellen einen Schiffstyp, die *Codicaria,* der sowohl in der Küstenfahrt als auch getreidelt auf dem Tiber verwendet werden konnte (Abb. 56). Die Codicaria besaß ein großes Gangspill, eine Winde, im Achterschiff.

Von hier aus konnte offenbar ein Tau über die Spitze des weit vorn stehenden Masts zum Ufer geführt und dort befestigt werden, so daß sich das Schiff mittels der Winde stromaufwärts hangeln konnte. Die Codicaria scheint fast ausschließlich am Tiber benutzt worden zu sein. Sonst fällt der Name nur in einer Inschrift aus Gallien.

Am Nil haben in der Kaiserzeit, neben Segel- und Treidelbooten uralten Typs, Ruderschiffe große Bedeutung für den Personen- und auch Güterverkehr gehabt. Hier ist auch erstmals die Lusoria (S. 142) als Ruder-Frachtschiff bezeugt. Da am Nil kein Bedarf an echten Kriegsschiffen bestand, dürfte der Typ dann im Norden zum Militärfahrzeug weiterentwickelt worden sein. Direkte Beziehungen zwischen dem Rheinland und Ägypten lassen sich durch die Inschrift des alexandrinischen Steuermanns Horus in Köln beweisen. Es ist mithin gut möglich, daß Nilschiffstypen im Norden bekannt waren (so auch Abb. 117).

Neben den genannten Schiffen ist in Nord und Süd mit einer Fülle von Kleinbooten zu rechnen, darunter auch Einbäumen, die eigentlich als ,,prähistorische'' Fahrzeuge gelten. Auch in der Römerzeit sind Einbäume noch nicht ausgestorben. Wenn wir einige Darstellungen in dem Mosaik von Althiburus (Abb. 52) richtig deuten, so hat es sogar speziell römische Einbaumtypen mit stumpf abgeschnittenem ,,Bug'' und schlankem, wohl durch Setzborde erhöhtem Heck gegeben. Anders als der ,,prähistorische'' Typ im Norden, scheinen diese römischen Einbäume aber die folgende Entwicklung nicht beeinflußt zu haben.

Häfen und Hilfseinrichtungen

Häfen haben für den antiken Menschen eine doppelte Bedeutung: Einerseits stehen sie für Geborgenheit und Heimkehr aus den Gefahren des Meeres (aber auch das Bild des Todes als „letzter Hafen" und Zielpunkt des Lebensweges ist schon bekannt), andererseits gelten die Häfen aber auch, wie Wachsmuth nachgewiesen hat, als gefährliche Einlaßtore für das bedrohliche Wirken der Meeresdämonen, und sie bedurften daher des besonderen Schutzes durch „Hafengottheiten" (Namenszusätze: *liménios, portunus*). Homer (Od. 6,266) nennt bereits ein Heiligtum des Poseidon beim Phäakenhafen von Scheria. Dieser religiöse Aspekt ist typisch antik. In praktisch-funktioneller Hinsicht sind die Unterschiede zwischen Einst und Jetzt geringer: zahlreiche heutige Häfen liegen ja tatsächlich an Stellen, die schon im Altertum als Häfen dienten. Und ebenso zeitlos ist die Bedeutung der Häfen als Knotenpunkte der internationalen Handelsverbindungen.

Die Anlage antiker Häfen ist außerordentlich vielgestaltig.[37] Neben dem „geschlossenen" Hafen im Schutz von Molen und Mauern, der eventuell sogar in die Stadtmauer einbezogen sein konnte, gab es den „offenen" Hafen, am ungeschützten Strand. Lehmann-Hartleben unterscheidet drei Grundtypen: die mehr oder weniger von Bauten eingefaßte Bucht, das Becken im Schutz natürlicher Wellenbrecher wie Riffen oder Inseln, die u. U. durch Kunstbauten miteinander verbunden sind, und schließlich künstliche (ausgeschachtete) Hafenbecken. Alle drei Systeme lassen Zwischenformen weiten Raum, zumal wenn ein großes Hafensystem mehr als eine dieser abstrakten Komponenten umfaßt. Kombinationen aus Vorhäfen im Schutz von Inseln oder Riffen, steinernen Kais am Ufer und zum Teil künstlichen Becken scheinen bereits im frühen 1. Jt. v. Chr. in Phönikien geschätzt worden zu sein. Doch erwägt z. B. Frau, daß auch die griechische Faktorei Graviscae bei Tarquinia (Abb. 122) im 6. Jh. v. Chr. neben einer tiefen natürlichen Hafenbucht ein künstliches Becken besaß; Cintas bezieht die Beschreibungen des Hafens von Karthago auf ein ähnliches System mit einer vorgelagerten Insel; und schließlich ließe sich einer der berühmtesten Häfen der Antike, Alexandria (Abb. 123), als hellenistisches Beispiel für solche vielgestaltigen Anlagen nennen. Soviel zu den Schwierigkeiten einer gar zu abstrakten Typologie.

In der Frühzeit dürften Buchten mit Flachstränden, auf die man die Schiffe leicht hinaufziehen konnte, die Regel gewesen sein. Für das 3. Jt. v. Chr. läßt sich etwa Agia Irini auf Keos als Beispiel nennen. Auf einer kleinen

121   Der Hafen von Pythagoreion, dem antiken Samos, Griechenland. Die heutigen Molen sind auf den Resten jener aus der Zeit des Polykrates (6. Jh. v. Chr.) erbaut. Damals reichte die Hafenbucht noch etwa bis zum rechten Bildrand landeinwärts

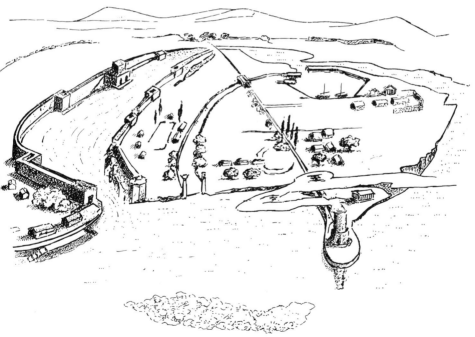

122   Idealvorstellung des griechisch/etruskischen Hafens von Graviscae, Italien; 6. Jh. v. Chr. (nach B. Frau)

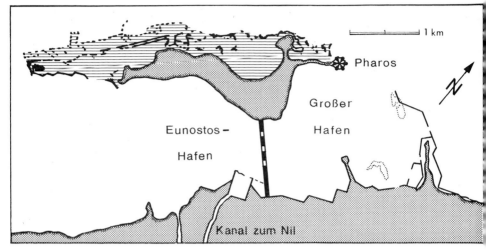

123   *Die hellenistisch-römischen Häfen von Alexandria, Ägypten.*
Grau: in der Antike sicher Land. Strichraster: in der Antike wahrscheinlich Land.
Schwarz: Reste antiker Wasserbauten (nach Jondet; G. Caruso)

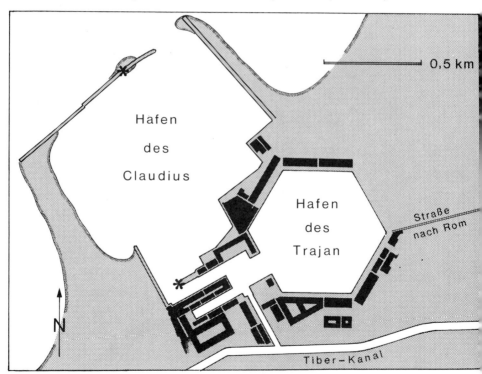

124   *Die römisch-kaiserzeitlichen Kunsthäfen von Portus an der Tibermündung.*

Halbinsel gelegen, besitzt es gleich zwei Hafenstrände, die je nach Wind-richtung wahlweise benutzt werden konnten. Einen solchen Doppelhafen links und rechts des schmalen Isthmus zwischen Festland und Stadt erwähnt Homer (Od. 6,263 ff.) für Scheria. Dort soll es steinerne Poller zum Fest-machen der Schiffe, Reparaturplätze (Werften?) und Häuser für Schiffsge-rät gegeben haben; außerdem das erwähnte Heiligtum Poseidons. Aus Kre-ta sind aus der Bronzezeit bisher nur tiefe Buchten (z.B. Pseira) bzw. offene Strände (Katsamba bei Knossos) als Häfen bekannt. Nach einem Befund in Amnissos ist eventuell zu erwägen, daß dort bereits Lagerhallen für Han-delsgüter errichtet worden sind. Sehr aufwendig braucht man sich diese Häfen nicht vorzustellen. Molen sind zu dieser Zeit unwahrscheinlich, und wenn Plato für die Märchenstadt Atlantis (deren ,,Beschreibung" am ehe-sten zu bronzezeitlichen Städten wie Thera paßt) schon Schiffshäuser nennt, so erscheint das ebenso phantastisch wie der größte Teil der Atlantisge-schichte.

Vielleicht sind bereits im 2. Jt. v. Chr. die Hafenbauer der Levante füh-rend gewesen. Sicher sind es die Phöniker im frühen 1. Jt. v. Chr. So weist die Inselstadt Jezirat Fara'un im Golf von Aqaba einen geschlossenen Ha-fen innerhalb der Stadtmauer auf. Vielleicht ist sie mit Ezeon-Geber iden-tisch. Von dort aus segelten König Salomos Schiffe mit phönikischen Besat-zungen zum Goldlande Ophir. Das erste künstliche Hafenbecken, das wir kennen, liegt am Nil und wurde im Neuen Reich Ägyptens angelegt.

In archaischer Zeit lernen die Griechen, ihre Häfen durch Molen zu schützen. Berühmt sind jene von Samos (Abb. 121), die ungewöhnlich lang und in tiefem Wasser aufgeschüttet worden sind. Wassertiefen bis 10 m wurden von den griechischen Molenbauern anstandslos bewältigt.

Im 6. Jh. v. Chr. bildet sich in Griechenland der Unterschied zwischen Kriegs- und Handelshäfen heraus. Die schweren, tiefgehenden Frachter sollen möglichst an Kais oder auch in geschützten Becken vor Anker lie-gend mit Hilfe von Leichtern laden. Für Kriegsschiffe muß hingegen die Möglichkeit bestehen, sie zum Trocknen aus dem Wasser ziehen und in überdachten luftigen Schiffshäusern *(neosoïkoi)* lagern zu können. Solche Hallen, die eine weit im Wasser beginnende flach ansteigende Rampe zum ,,Aufslippen" der Schiffe haben, sind wiederum erstmals für das Samos der Polykrates-Zeit bezeugt (Hdt. III,45); ob schon die ionischen Söldner Psammetichs I. ein Menschenalter zuvor in Ägypten Schiffshäuser erbaut haben oder nur offene Schlepprampen, ist ungewiß (Hdt. II,154). Ob die Ioner diese wichtige Einrichtung selbst erfunden haben oder ob sie fremden (phönikischen?) Vorbildern gefolgt sind, wissen wir nicht.

Vom 6. Jh. v. Chr. an können Schiffshäuser für Griechenland, Italien und den phönikisch-punischen Bereich vorausgesetzt werden. Sie wurden im Piräus nachgewiesen, aber auch in dem spartanischen Kriegshafen Gythei-on, dem kyrenischen Hafen Apollonia (Abb. 127), in Syrakus und vielleicht in Thurioi in Unteritalien (S. 153). Besonders eindrucksvoll wird der Kriegshafen Karthagos geschildert. Ein rundes Becken, durch Mauern geschützt, war rings von Schiffshäusern umgeben; auf einer Insel in seiner Mitte stand der Amtssitz des Flottenchefs. Reste punischer Gebäude, darunter Fundamente mehrerer Schiffshäuser, wurden vor einigen Jahren auf der Insel inmitten der ringförmigen Lagune von Douar-Chott ausgegraben. Nach jahrzehntelangen Diskussionen kann jetzt als sicher gelten, daß diese Lagune der Rest des punischen Kriegshafens ist.

Im Piräus gehören Magazine für Schiffsausrüstung zu den Kriegshäfen Zea und Munychia. Das berühmteste, die *„Skeuothék"* des Architekten Philon aus dem 4. Jh. v. Chr., wird als riesiger Hallenbau beschrieben, und geringe Reste sind durch Ausgrabungen bekannt. Zusätzlich wurde eine „Eiserne Reserve" von Ruder- und Segelgerät für 100 „Dreier" auf der Athener Akropolis verwahrt. Das ist der bestgeschützte Platz im ganzen attischen Reich. Auch sonst werden die Marineanlagen aus Furcht vor Sabotage und Brandstiftung durch Mauern geschützt und streng bewacht. In Rhodos drohte Unbefugten für das Betreten der Schiffshäuser die Todesstrafe! – Auch in Rom gab es Schiffshäuser. Römerzeitliche Originalreste wurden in Tarent gefunden.

Die Nordsee bereitet dem Hafenbauer durch Ebbe und Flut besondere Schwierigkeiten. Es scheint, daß der römische Kriegshafen von Dover bereits in der späten Kaiserzeit Schleusen besessen hat, um den Wasserstand im Hafenbecken auf gleicher Höhe zu halten (Abb. 125). Reste von Kanal-Sielen wurden in Cosa ausgegraben.

Für Handelshäfen sind Kais und Lagerhallen die wichtigsten Einrichtungen. Am Handelshafen des Piräus (Kántharos) stehen in Athens Blütezeit Einzelhallen neben den steinernen Kais. Solche Bauten sind bis in die Kaiserzeit vielfach bezeugt. Römische Großhäfen wie der trajanische Portus (Abb. 124) scheinen demgegenüber von einem Kranz von Lagerhallen umgeben gewesen zu sein, die mit ihren vorgesetzten Säulenhallen oder Arkaden, oft mit mehr als einem Stockwerk, ein ansehnliches Bild geboten haben dürften. Bei den Lagerhäusern der Annona – massive Steinbauten mit nur wenigen Fenstern und Türen – scheint die Brandsicherheit der wichtigste Gesichtspunkt gewesen zu sein. Da der Ladebetrieb von Lastträgern bewältigt wird, brauchen die Hallen keine weiteren Sondereinrichtungen als Kontrollstellen und Büros für die allgegenwärtigen Aufseher und Schreiber.

Römische Häfen weisen nicht nur in ästhetischer, sondern auch in technischer Hinsicht gegenüber griechischen einige Fortschritte auf. Beim Molenbau werden hydraulischer Gußbeton und Beton-Fertigteile verwendet (Abb. 126). Arkadenförmig durchbrochene Molen brechen zwar die Gewalt der Stürme, lassen aber die normale Strömung zum Freispülen des Hafenbeckens durch. Kanäle, wie sie seit Nechos Vorläufer des Suez-Kanals vom Nil zum Roten Meer und Xerxes' Athos-Durchstich gelegentlich

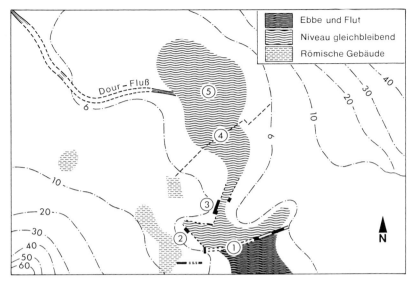

125 *Der römische Hafen – mit Sperranlagen zum Ausgleich des Tidenhubs (schwarz) – in Dover, England (nach S. E. Rigold)*

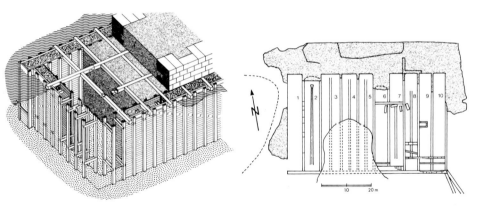

126 *Römischer Molenbau: Guß- bzw. Stampfbeton in einem doppelwandigen, mit Stampflehm abgedichteten Senkkasten (nach H. Schläger)*

127 *Grundrisse von Schiffshäusern zur Lagerung von Kriegsschiffen in Apollonia, dem Hafen von Kyrene, Libyen (nach N. C. Flemming)*

schon von den Griechen gebaut wurden (Spina, Thurioi), sind für römische Ingenieure alltägliche Aufgaben. Sie dienen als Binnenwasserstraßen wie die Fossa Drusiana hinter der Nordseeküste, verbinden Häfen mit Flüssen wie Portus mit dem Tiber oder Ravenna mit dem Po-Delta oder dienen als Einfahrtswege für Häfen. Hierdurch können große Strandlagunen in Südfrankreich als Häfen erschlossen werden; Agrippa läßt auf diese Weise den Avernersee bei Puteoli über den Lucrinersee mit dem Meer verbinden, und der zusätzliche direkte Kanaltunnel zum Meer ist eine technische Großleistung wie jener im syrischen Seleukeia.

Römische Neuerungen sind ferner Trinkwasser- und Fischteiche im Hafenbereich (dazu Columella VIII, 16 f.), wie sie z. B. in Sarepta, Pseira und Mochlos archäologisch nachgewiesen wurden. Aus Cosa liegen Reste einer Art Trinkwasser-„Tankstation" vor.

Kräne sind in der Kaiserzeit bekannt, dürften aber nur in geringer Zahl zum Laden von Schwergütern wie Steinquadern, Säulen oder Sarkophagen zur Verfügung gestanden haben. Die Kräne werden mittels Winden oder Laufrädern durch Menschenkraft angetrieben (Abb. 129).

Der Hafenbetrieb wird schon in griechischer Zeit von Behörden kontrolliert und durch Verordnungen (wie in Thasos die Zuweisung spezieller Hafenteile an Groß- bzw. Kleinschiffe) geregelt. In der Kaiserzeit wächst dieser Behördenapparat stark an. Dennoch scheint ein großer Teil des Betriebs in privater Hand gelegen zu haben. Die Annona-Hallen haben in republikanischer Zeit Privatleuten gehört und gehen erst später in Staatseigentum über. Vermutlich werden andere Lagerhallen ebenfalls oft Privatbesitz gewesen sein. Auch Schleppboote (Abb. 130) und Leichter gehören Kleinunternehmern, die ebenso wie andere „Spezialisten" (Kalfaterer, Ballastierer, Taucher u. dgl.) in Zünften zusammengeschlossen sind.

Zum römischen Hafen gehört ein Leuchtturm (Abb. 60, 128), sei es an der Einfahrt oder als Ansteuerhilfe auf Bergen im Hinterland. Jener von La Coruña in Spanien konnte noch in der Gegenwart dem ursprünglichen Zweck dienen, und von jenem bei Dover sind immerhin noch bedeutende Reste erhalten. Der Ahnherr all dieser Bauten ist der ca. 135 m hohe hellenistische Turm auf der Pharos-Insel vor Alexandria, mit deren Namen Griechen und Römer dann generell Leuchttürme bezeichnen. Der „Ur-Pharos" hat anfangs wohl nur als Ansteuerungsmarke bei Tage gedient. Vom 1. Jh. v. Chr. an sind echte Leuchttürme gesichert, und damals – oder vielleicht erst in der Kaiserzeit – hat auch der Pharos von Alexandria eine Befeuerung erhalten. Daß das Leuchtfeuer 20 Seemeilen weit sichtbar gewesen sein soll, spricht für eine raffinierte Konstruktion (mit Metallspiegeln?). – Die Leuchttürme lassen verschiedene Grundtypen erkennen (eckig oder rund, mit oder ohne Stufenabsätze, usw.), und dasselbe gilt für die eigentlichen Leuchtanlagen. Im Prinzip sind dies aber stets Holzfeuer, wohl mit irgendwelchen „Aufzügen" zur Versorgung mit

128 Römisches Bronzemodell eines Leuchtturms aus „Libarna".
*129 Relief am Grabmal der Haterier, Rom: Kran mit Antrieb durch Sklaven
in Lauftrommel*

*130 Relief aus Ostia: geruderter Hafenschlepper nach Art des Modells aus
Poncey (Abb. 117)*

131   *Tongefäßrelief aus Iolkos, Thessalien: Odysseus baut sein Boot;*
spätes 3. Jh. v. Chr. (nach F. Brommer)

132   *Relief auf Grabstein des Longidienus aus Ravenna, Italien: der Schiffsbauer*
schlägt vor der fertigen ,,Schale'' eines Schiffs einen Spant zurecht; 1. Jh.

133   *Grabstein des Schiffsbauers Laronius Rufus aus Castelvecchio di Compito, Italien:*
oben sein ,,Amtssessel'' (sella) als Ratsherr,
unten ein Schiffsrumpf und Werkzeuge; 1. Jh.

Brennmaterial. Ölbrenner und optische Linsen sind erst Erfindungen der Neuzeit.

Mit ihrer Fülle von Lagerhallen, Verwaltungsbauten und Zunfthäusern, Tempeln und – nicht zu vergessen – schmückenden Portiken, Säulen und Statuen werden römische Häfen ein nicht nur imposantes, sondern auch ansprechendes Bild geboten haben und das zumal, wenn sie sich der Gesamtplanung einer Stadt einfügten. Es möge genügen, als Beispiel für diesen typisch antiken ästhetischen Aspekt den Hafen von Leptis Magna in Nordafrika zu nennen. Er wurde von langen Molen gebildet, so breit, daß darauf Lagerhäuser mit eleganten Säulenhallen als Fassade Platz haben. An der Einfahrt stand ein Leuchtturm, und im Hintergrund entfaltete sich über weiteren Säulenhallen die Stadt. – Wie sehr Hafenansichten die Römer fasziniert haben, zeigt sich nicht nur an Wandfresken, an Reliefs und Münzbildern, sondern nicht zuletzt an Glasflaschen mit eingeschliffenen Ansichten von Puteoli, die als Touristensouvenirs angefertigt wurden. Eine von ihnen ist bis Begram in Afghanistan gelangt.

Es sei aber nicht verschwiegen, daß die Hafenviertel mit ihren Kneipen und Bordellen voll raufsüchtigem Schiffsvolk in der Antike so anrüchig gewirkt haben wie heute. Im Winter wimmelte es dort von Bettlern: Matrosen, die sich bis zur nächsten Reisesaison irgendwie durchbeißen mußten.

Unter den Binnenhäfen läßt sich bisher nur Vidy bei Lausanne am Genfer See als verkleinerte Ausgabe eines Hafens nennen, wie sie oben beschrieben wurden. In Flußhäfen sind in der Regel nur die Ufer mit Kais aus Stein oder (im Nordwesten des Reichs) aus Holzbalkenwerk eingefaßt. Sie können, wie z. B. in London, erhebliche Länge haben. Anderer Art sind hölzerne Piers quer zum Ufer, die in Mainz in der Nachbarschaft der spätrömischen Schiffe gefunden wurden. Wir sehen in ihnen Reste eines Kriegshafens der Rheinflotte. Doch liegen aus diesem Zentrum Obergermaniens so weit verstreut Hinweise auf Verladebetrieb vor, daß hier mit einem ausgedehnten und komplizierten Fluß-Hafensystem gerechnet werden kann.

Über antike Werften ist wenig bekannt. So dauerhafte Einrichtungen wie die Helligen, Kräne und Werkhallen heutiger Werftbetriebe sind für das Altertum auch kaum vorauszusetzen. Eher sind beim Schiffsbau die nötigen Substruktionen („Stapel"), Stütz- und Arbeitsgerüste ad hoc aus Holz errichtet worden, so daß sich bestenfalls Standspuren werden nachweisen lassen. Selbst der Schwimmkörper der „Syrakusia" (S. 60) ist auf flachem Land errichtet worden und konnte erst mit einer von Archimedes konstruierten Winde zu Wasser gebracht werden. In Ägypten hat man später Großschiffe in Trockendocks erbaut. – Ein kleines, wohl nur für Reparaturen bestimmtes Trockendock wurde im punischen Motya bei Sizilien ausgegraben, und vielleicht gehört auch die Rampenanlage in Thurioi (S. 148) nicht zu Schiffshäusern, sondern zu einer Werft. Sonst fehlen archäologische Nach-

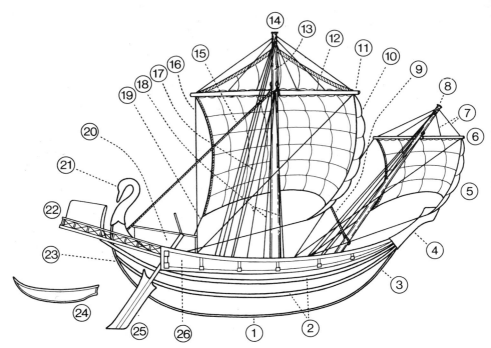

*134   Deutsche, griechische und lateinische Bezeichnungen von Schiffsteilen
(am Beispiel eines Frachtseglers des 1. Jhs.)*

1	Kiel	trópis	carina
2	Bargholz	zostér, stérea	–
3	Vorsteven	stēīra	rostrum
4	Bugzier	akrostólion	–
5	Vorsegel	artēmon	artemo
6	Vorsegelrah	(vgl. 11)	(vgl. 11)
7	Toppnanten	kerúchoi, himántes	ceruchi, funes
8	,,Vormast"	artēmon?	artemo?
9	Vorstag	prótonos	–
10	Großsegel	histíon, ármenon	velum
11	Rah	(histo-) kerāīa, epíkrion	antemna
12	Obersegel	sípharos	siparum
13	Mast	histós, tráchelos	arbor, malus
14	Masttopp	karchēsion	carchesium
15	Backstag	epítonos	–
16	Brassen	hypérai	funes?, rudentes?
17	Rahfall	ánkoina	anquina
18	Wanten	–	–
19	Schot/Hals	pūs, própus	pes
20	Hütte	diāīta, skenē, thálamos	diaeta
21	Heckzier	chem ́skos	cheniscus
22	Heckgalerie (Küche)	peritónaia	–
23	Achtersteven	holkāīon	rostrum?
24	Beiboot	skāphe	scafa
25	Ruder	pedālion	gubernaculum párodus?
26	,,Seitlicher Ausbau"	–	–

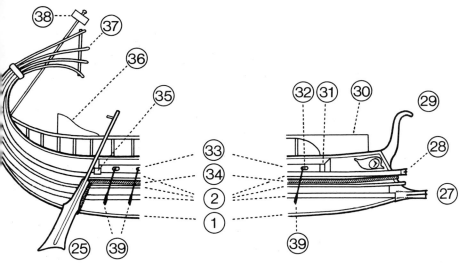

135   Deutsche, griechische und lateinische Bezeichnungen von Schiffsteilen
(am Beispiel eines Kriegsschiffs des 5. Jhs. v. Chr.).

27	Rammsporn	émbolon	prora, embolium
28	Obersporn	proembólion	proembolium
29	Bugzier	akrostólion	–
30	Deck, Kampfdeck	katástroma	constratum
31	„Vorderer Querbalken"	epotís	–
32	Remen-, Ruderpforte	trēma, thalamía	–
33	Remenkasten	parexeiresía	párodus?
34	Strecktau	hypózoma	–
35	„Hinterer Querbalken zur Lagerung der Ruder"	thrēnos, threnỳs	threnus
36	„Trierarchensitz"	–	–
37	Heckzier	áphlaston	aplustre
38	(Stylis)	stylís	–
39	Remen	kópe, eretmón	remus

weise. Auch Darstellungen des Schiffsbaues sind selten. In Abb. 131 arbeitet Odysseus an seinem Boot. Auf einer Grabstele aus Ravenna (Abb. 132) schlägt der Schiffsbauer P. Longidienus mit dem Dechsel einen Spant zu, um ihn in den Rumpf dahinter einzubauen. Es wird also auf die Schalen- oder Mischbauweise (Abb. 38, 40) angespielt. Auf der Grabstele Abb. 133 sind unten die Werkzeuge des verstorbenen Schiffsbauers dargestellt. Der Dechsel war wohl am wichtigsten, doch wurde auch die Säge verwendet.

Wie bei heutigen Holzschiffswerften, werden in der Antike die Holzlagerplätze die ausgedehntesten und wertvollsten Teile der Werften gewesen sein. Im Piräus sollen die Werften die ganze Nordwestseite des Kántharos-Hafens eingenommen haben. Es ist Sparta nicht gelungen, sie durch einen Überfall zu zerstören. Über die Organisation des Schiffsbaues ist aus der Literatur kein klares Bild zu gewinnen. Wir wissen nicht, ob die Piräus-Werft vom attischen Staat oder von Privatunternehmern betrieben worden ist. Die großen Flottenbauten Roms, z. B. im 1. Punischen Krieg, wurden vom Heer ausgeführt, und gewiß haben auch Flottenbasen wie Misenum und Ravenna ihre ,,Staatswerften" gehabt. Ob Longidienus (Abb. 132) aber für diese Werft gearbeitet hat oder Privatunternehmer war, ist nicht zu entscheiden. – Für Handelsschiffe läßt sich voraussetzen, daß sie auf Privatwerften erbaut worden sind.

Unter den Hilfseinrichtungen sei ihrer Originalität wegen eine erwähnt: der ,,*Díolkos*" über den Isthmus von Korinth. Diese Stadt verdankt ihre Bedeutung als See- und Handelsmacht der günstigen Lage am gleichnamigen Golf und zugleich unfern des Saronischen Golfs. Dazwischen liegt aber der felsige Isthmus, der die Peloponnes mit dem Festland verbindet. Schon Periander wollte ihn durchstechen (vor 600 v. Chr.), aber er scheiterte. Daraufhin haben die Korinther einen Schleppweg *(díolkos)* über den Isthmus gebaut, auf dem Schiffe über Land transportiert werden konnten. Tiefe Geleiserillen im Pflaster zeigen, daß sie auf einer Art ,,Tiefladern" (von Seilwinden gezogen?) vom einen Meerbusen zum anderen geschafft worden sind, um ihnen den langen Weg um die Peloponnes zu ersparen. – In der Kaiserzeit hat man nochmals einen Kanaldurchstich geplant. Er ließ sich ebensowenig durchführen wie etwa das römische Projekt eines Mosel-Saône-Kanals. Daß der Bau von Binnenkanälen aber grundsätzlich möglich war, zeigt der Drusus-Kanal an der friesischen Nordseeküste.

Seefahrt und Religion

Die See: das ist das Große, Fremde, grenzenlos und unberechenbar. Heute spiegelblank, vielleicht morgen schon ein tobender Hexenkessel voll tödlicher Gefahren für das Schiff und die Menschen an Bord. Warum solcher Wechsel? Sind es übermenschliche Wesenheiten, die aus Laune solchen Umschwung bewirken, oder weil der Mensch sie gereizt hat, indem er etwa das reine, heilige Element durch irgendwelche Handlungen befleckte? – Es liegt nahe, daß der frühe Mensch das fremde Element mit Göttern und Dämonen bevölkert, die Namen haben und sich durch Gebet und Opfer beeinflussen lassen. In den Ras-Šamra-Texten steht Yamm als Meeresgott obenan. Bei den Griechen entspricht ihm Poseidon. Hinzu kommt eine Fülle niederer, ursprünglich vielleicht vorhellenischer Gottheiten, wie der heilige Meeresgreis Nereus mit seinen Töchtern, oder Proteus, dessen Wandlungsfähigkeit das Verhalten des Meeres selbst widerspiegelt. Aber auch olympische Gottheiten wie Apollon und Artemis, Hera und Athena, Asklepios und andere erscheinen in maritimer Sonderform als Meeres- oder Hafengottheiten[38]. Zumal der Weingott Dionysos (Abb. 70) soll von tyrrhenischen Piraten über See entführt worden sein und sich gerettet haben, indem er die Sklavenjäger in Delphine verwandelte. Als solche sprangen sie über Bord und begleiteten seither die Schiffe. Als Helfer auf See sind auch die Dioskuren beliebt. Die Römer verehren zumal die ägyptische Göttin Isis, die wegen ihrer Seereise auf der Suche nach ihrem Gemahl Osiris offenbar als besonders schiffahrtskundig gilt.

Natürlich haben diese Gottheiten ihre Tempel und Heiligtümer am Meer, sei es an Hafenbuchten wie die Hera Limenia in Perachora, sei es auf markanten und gefährlichen Felsenkaps wie Artemision auf Euböa, Sunion an der Südspitze Attikas oder Malea im Süden der Peloponnes.

Auch Götterschiffe sind bezeugt. So wird beim Dionysos-Fest z. B. in Smyrna und Athen in der Prozession ein Schiffswagen mitgeführt. Bei Götterfesten senden die Athener Schiffe zum Heiligtum des Heros Aias auf Salamis bzw. bringen die jährliche Festgesandtschaft nach Delos. Vielleicht bezieht sich das Lenormant-Relief (Abb. 75) auf eine solche Festgesandtschaft. Später beschreibt Apuleius das Isis-Fest in Kenchreai, mit dem die Schiffahrtssaison beginnt. Hier führt man nicht nur im Festzug eine schiffsförmige Lampe mit, sondern die Feier gipfelt in der Abfahrt eines festlich geschmückten Schiffs der Göttin (Abb. 61), die die „Öffnung" des Meeres für die Schiffahrt anzeigt.

Sehen wir von Weihungen wie den Schiffsgraffiti von Korphí t'Aroniú auf

Naxos aus dem 3. Jt. v. Chr. ab, so finden sich die ältesten Zeugnisse griechischer Meeresreligion bei Homer. Als Agamemnon sein Heer über See nach Troja führen will, schickt Artemis widrige Winde, die kein Ende nehmen. Ein Orakel rät dem Herrscher, seine eigene Tochter Iphigenie zu opfern, um die beleidigte Göttin umzustimmen. Agamemnon läßt wirklich die Tochter zum Sammelplatz der Flotte nach Aulis kommen und zum Opferaltar führen; dann entrückt Artemis sie lebend nach Tauris auf der Krim und sendet den richtigen Reisewind. Dies ist das älteste, drastischste Zeugnis für jene Opferhandlungen, mit denen die Griechen und Römer jede Seeunternehmung eröffneten: sei es die Ausfahrt der Flotte in den Krieg, sei es die Ausreise eines Kauffahrers. Gewiß werden Phöniker, Punier und Etrusker nicht anders verfahren sein.

Als gütige Helferin erweist sich schon früh Athena. Iason erhält von ihr eine sprechende Planke, die in die „Argo" eingebaut wird und den Argonauten bei der Reise ins unbekannte Schwarze Meer den Rat der Göttin mitteilt. Poseidon ist dem Menschen nicht immer so gewogen. Wie oft greift er ein, um Odysseus die Heimreise aus Troja zu erschweren! Der Held kann diesen Widerstand nur mit der Hilfe Athenas und anderer Gottheiten überwinden. Als Poseidon angesichts· der rettenden Küste von Scheria Odysseus' Boot zerschlägt, erhält der Schiffbrüchige in einer der dramatischsten Szenen der Odyssee (5,332 ff.) durch ein Stoßgebet die Hilfe der Göttin Leukothea und kann auf dem von ihr geliehenen Schleier schwimmend das Land erreichen, wo ihm Hilfe zuteil wird. Am Strand angekommen, gibt Odysseus gleich den Schleier dem Meer zurück, wie Leukothea es verlangt hatte. Ein ähnliches „Vertragsverhältnis" (im Sinne des *do ut des*) herrscht auch sonst zwischen dem Seefahrer und der von ihm verehrten Gottheit; sie wird bei der Ausfahrt mit Bittopfer und Gebet um Hilfe angegangen, und ihr Beistand wird bei glücklicher Heimkehr durch Dankopfer (Abb. 48) belohnt. Natürlich ehrt man bei der Vorbeifahrt an Heiligtümern auch deren Gottheiten durch „Zwischenopfer". – Als Dankvotive sind öfters Anker bezeugt, wie jener steinerne Ankerstock aus Graviscae, den der für seine Handelserfolge berühmte Äginete Sostratos im 6. Jh. v. Chr. dem Apollon weihte. Vielfach werden aus dem Zehntteil des Ertrags von Unternehmungen aller Art (sogar der Piraterie) Weihgeschenke angefertigt. Manchmal werden sogar Schiffe selbst geweiht. Der Brauch läßt sich im Hera-Heiligtum von Samos besonders früh nachweisen: ein Steinfundament für ein Schiff stammt aus früharchaischer Zeit, und schon zuvor sind geschnitzte Holzmodelle von Langschiffen als Votive ins Heraion gekommen. Als Weihegabe ist gewiß auch die Ton-Bireme (Abb. 67) vor Gytheion im Meer versenkt worden. – Vom 5. Jh. v. Chr. an sind dann Schiffsweihungen nach Seesiegen wiederholt bezeugt. Aus der Beute von Salamis haben verschiedene Götter Schiffe erhalten. Thukydides bezeugt den Brauch für den Peloponnesischen Krieg. Aus dem 3. Jh. v. Chr. sind in

Delos Reste einer Halle erhalten, in der vielleicht Antigonos nach dem Sieg von Kos sein Flaggschiff aufgestellt hat. Und schließlich weiht noch 31 v. Chr. Octavian dem Apollon von Actium gleich zehn Beuteschiffe, vom ,,Einer" bis zum ,,Zehner". Zusätzlich hat der fromme Sieger dem Apollon einen Altar errichtet, in den erbeutete Bronze-Rammsporne eingelassen waren. Sonst wurden Gottheiten, denen man einen Seesieg verdankte, mit einem Aphlaston in der Hand dargestellt.

Verschiedentlich treten Steindenkmäler von Schiffsvorderteilen, auf denen eine Gottheit wie die Siegbringerin Nike steht, an die Stelle der vergänglichen Originalschiffe. Die ,,Nike von Samothrake" (Abb. 78) ist unter ihnen am berühmtesten. – In diesen Denkmälern (und noch deutlicher bei Münzprägungen aus Anlaß von Seesiegen, wie der Actium-Serie Octavians oder der Nike-Serie Constantins; Abb. 105) mischt sich fromme Dankbarkeit mit einem propagandistischen Anliegen, das freilich auch bei der Weihung von Original-Trophäen nicht fehlt.

Wo Licht ist, ist auch Schatten: der frommen Hinwendung des Schiffsvolks zu den Göttern hat schon in der Antike ein ebenso kräftiger Aberglaube entsprochen, wie er noch heute den Seeleuten eigen ist. Einige Beispiele müssen genügen. So wird ein frommer ,,Eusebés" unter den Passagieren von den Göttern beschützt werden und dem Schiff eine gute Reise (euploīa) sichern, während ein gottloser ,,Asebés" ein Risikofaktor ist. Auch Frauen an Bord werden mit Mißtrauen betrachtet, und der Intimverkehr auf See ist tabu. Zumal Fischerboote werden durch ihre Form und Bemalung als Seegetier ,,verkleidet", um die Meeresbewohner nicht zu reizen; das mag mit ein Grund dafür sein, daß antike Schiffe aufgemalte Augen haben. Und gelegentlich schlagen sich Fälle aus dem Grenzbereich zwischen Religion und Aberglauben sogar in der Geschichtsschreibung nieder. So 415 v. Chr., als die Athener eines Morgens kurz vor dem Auslaufen der Flotte nach Syrakus bemerken, daß nachts viele Hermen (dem Hermes heilige Bildpfeiler) in der Stadt umgestürzt oder beschädigt worden sind (Thuk. VI,27). Welch böses Omen! Die geängstigten Athener lasten den Frevel dem Strategen Alkibiades an, und seine Gegner verstehen es, aus solchen Vorwürfen gegen den Freigeist innenpolitisch Kapital zu schlagen.

Ähnlich schillernd ist die Situation, als im 1. Punischen Krieg am Morgen der Seeschlacht von Drepanum (Trapani) die Orakelhühner auf dem Flaggschiff des Konsuls Claudius Pulcher nicht fressen wollen: ein bedenkliches Zeichen. Der Konsul ist aber zur Schlacht entschlossen und läßt die Hühner über Bord werfen, ,,damit sie saufen, wenn sie schon nicht fressen wollen". Die Schlacht endet mit einer schweren Niederlage der Römer, und trotz der zweifelhaften Reputation des Hühnerorakels muß die Niederlage doch weithin als Folge der ,,Untat" Pulchers angesehen worden sein, sonst wäre die Episode nicht überliefert.

Viele Kriegs- und Handelsschiffe (wie die ,,Isis") sind nach Gottheiten benannt, die dem Schiff durch Bilder und Zeichen wie die *Stylís* (Abb. 135) ihren Schutz verleihen. Beim Lindos-Schiff (Abb. 79) befindet sich ein kleines Götterbild unter dem Trierarchenstuhl. Die ,,Syrakusia'' hatte sogar ein Tempelchen an Bord, und Altäre auf dem Achterdeck sind verschiedentlich bezeugt (Abb. 48). Neben Brandopfern sind Weinspenden den Meeresgöttern besonders genehm. – Von Augustus' letzter Reise wissen wir, daß die Schiffsbesatzung zu Kulthandlungen weiße Festkleidung anlegte.

In der frühchristlichen Kunst sind Schiffe, Anker und Häfen als Sinnbilder für die Lebensreise und die Geborgenheit im Frieden Gottes weit verbreitet. Seltener wird auf das ,,Schiff der Kirche'' angespielt. Ein beliebtes Sarkophag-Thema ist Jonas' Errettung aus dem Bauch des Walfischs. – Nur erwähnt sei das alte heidnische Motiv vom Totenfährmann Charon (zu ,,Inseln der Seligen'' s. S. 33).

Nautik und geographisches Weltbild

Gelegentlich heißt es, erst die Einführung des Magnetkompasses im Mittelalter habe es dem Seefahrer ermöglicht, außer Sicht der Küste zu segeln. Das ist falsch. Noch heute legen die mikronesischen Seefahrer den Kurs für ihre erstaunlichen Fernreisen nach dem Aufgangspunkt bestimmter Sterne fest, und der Kompaß ist nur ein bequemes, jedoch entbehrliches Hilfsmittel, diesen Kurs einzuhalten. Wahrscheinlich sind die Sterne auch im Mittelmeer schon sehr früh als Richtmarken genutzt worden. Dafür sprechen Felszeichnungen und die Sternmuster bei den Schiffsbildern auf kykladischen ,,Pfannen" aus dem 3. Jt. v. Chr., indirekt auch die Erwähnung von Reisen von Ägypten nach Kreta. Später gelten die phönikischen Sidonier als Väter der astronomischen Nautik. Sie sollen den Kleinen Bären als Marke für die Nordrichtung erkannt haben; daß dieses Sternbild auch dem Odysseus den Weg zum Phäakenland weisen soll, spricht dafür, daß die frühen Griechen vom phönikischen Erfahrungswissen profitierten. Nimmt man Homer wörtlich, so will es scheinen, Odysseus habe auf der Fahrt nach Scheria tags geschlafen und sein Boot treiben lassen, um nur nachts zielstrebig zu segeln.

Auch später sind die Sterne wichtige Geleiter geblieben.[39] Aus Paulus' Reisebericht spricht die Ratlosigkeit der Schiffsleute, als sie am diesigen Winterhimmel die Gestirne nicht ausmachen können. Ohne Kompaß und ohne Landsicht können sie nicht erkennen, in welche Richtung der Sturm das Schiff treibt. Daß der Himmel während der winterlichen Regenzeit im Mittelmeer oft bedeckt ist, und der Seefahrer somit nur nach Landsicht navigieren könnte, mag ein ebenso schwerwiegender Grund gewesen sein, das Meer vom Oktober bis April für die Schiffahrt zu ,,schließen", wie die Gefahr von Seestürmen (wer einen sommerlichen Sturm in der Ägäis erlebt hat, weiß, daß es im Winter kaum schlimmer kommen könnte!).

Die Rotation des Sternenhimmels ist schon Homer geläufig. Vielleicht hat Thales von Milet sie im 6. Jh. v. Chr. wissenschaftlich erforscht. Sein Lehrbuch der Nautik, das nach Breusing wohl viel phönikisches Wissen enthielt, ist aber verloren. In den erhaltenen Schriften antiker Gelehrter und Historiker findet sich wenig über die Methoden der Navigatoren. Dies sind verschiedene Welten. So bezweifelt Herodot die ägyptische Überlieferung, die Phöniker hätten bei der vom Pharao Necho befohlenen Afrika-Umsegelung zeitweilig ,,die Sonne zur Linken gehabt". Theoretisch mußte das unmöglich erscheinen; praktisch beweist es gerade, daß diese Seefahrer wirklich die Südhalbkugel der Erde erreicht haben müssen.

Halten wir fest, daß man (wenn nicht schon zuvor) im frühen 1. Jt. v. Chr. imstande gewesen ist, nach den Sternen steuernd große Meeresstrecken zu überwinden, wie jene von Kreta direkt zum Nil, und daß man dieses Wissen auch ohne viel Aufhebens angewendet hat. Direktfahrten in der Kaiserzeit wie von Spanien nach Italien oder – auf der Heimreise der Annona-Segler – von Italien nach Alexandria stehen gewiß in einer langen Tradition. Kritisch wird es bei solchen Hochseefahrten, wenn man sich, möglicherweise bei Nacht, endlich einer Küste nähert. Dann kann nur das regelmäßige Ausloten der Wassertiefe warnen, wie es bei Paulus erwähnt wird. Tags haben die Schiffer im Orient Vögel fliegen lassen, um eine noch unsichtbare Küste anzuzeigen. Noahs Taube bei der Sintflut ist bekannt; später sollen die Phöniker Krähen mitgenommen haben, die den Weg zum Land weisen und zugleich vor der Küste warnen sollten.

War Land in Sicht, kamen die Küstenbeschreibungen zu ihrem Recht. Spätestens vom 6. Jh. v. Chr. an haben Griechen und Punier begonnen, Reiseanleitungen (*períploi,* ,,Umfahrten‘‘) für das Mittelmeer und den Atlantik zu erarbeiten; später kommen weitere für das Schwarze Meer, das Rote Meer und den Indischen Ozean hinzu. Wir unterscheiden zwei Arten von ,,Reiseanleitungen‘‘: Manche, wie das Werk des Pseudo-Skylax (4. Jh. v. Chr.) oder der spätantike *Stadiasmus maris magni,* sind für Seefahrer angelegt und wirken mit ihren Angaben über Ansteuerungsmarken, Hafeneinfahrten, Ankergründe und Wasserstellen wie frühe Segelhandbücher. Andere beschränken sich darauf, die Abfolge der Küstenstädte und ihre Entfernung voneinander zu nennen. Die geschätzten Entfernungen sind in Stadien (ca. 185 m) angegeben, daher der Name *stadiasmós* für einige dieser Werke.

Es ist ungewiß, zu welcher Gruppe der ,,*Alte Períplus*‘‘ gehört hat, der unter anderem eine Beschreibung der bretonischen Küste enthielt, die aus dem spätantiken Lehrgedicht *Ora maritima* des Avienus erschlossen wurde. Die Meinungen sind geteilt, ob sich Avienus auf das Werk des Euthymenes (um 500 v. Chr.), jenes des Pytheas (um 300 v. Chr.) oder auf einen dritten, sonst unbekannten *Períplus* gestützt hat.

Die Küstenbeschreibungen konnten den Eindruck entstehen lassen, die Seefahrt der Antike wäre grundsätzlich Küstenfahrt gewesen. Gewiß trifft das für Kleinschiffe und auch für viele Handelsfahrten größerer Fahrzeuge wirklich zu – aber kaum in so engem Sinne, wie es die Bezeichnung annehmen läßt. Schüle hat nämlich gezeigt, daß am Mittelmeer genügend weithin sichtbare Berge und hohe Inseln existieren, um den Seefahrer auch bei der Fahrt nach Landsicht weithin vom sklavischen Verfolgen der Küstenlinie selbst unabhängig zu machen.

Dennoch besteht ein gewisser Widerspruch zwischen den astronomischen Segelanweisungen bei Homer und den streng landbezogenen Angaben der *Períploi.* Hier stehen sich wohl zwei verschiedene Quellengattungen gegenüber: ein uraltes Erfahrungswissen der Seeleute selbst, das als Erzählgut in die Odyssee als ein nichtwissenschaftliches Werk eingeflossen ist, bzw. die literarisch kodifizierte Kenntnis von Entdeckern und Erkundern, die die Küsten abgefahren sind und ihre Beobachtungen zum Nutzen späterer Reisender gewissenhaft aufgeschrieben haben.

Vielleicht ist sogar schon früh kartiert worden. So sollen die von Dareios (auf drei phönikischen Schiffen) mit dem Griechen Demokedes nach Unteritalien geschickten Perser die Küsten Griechenlands ,,aufgezeichnet'' haben (Hdt. III,136): eine weitschauend geplante Vorarbeit für die persischen Angriffe auf das griechische Mutterland, die nur durch den Schiffbruch der Gesandtschaft in Italien erfolglos blieb.

Wie steht es überhaupt mit Karten? ,,Weltkarten'' gab es in Griechenland seit dem 6. Jh. v. Chr. Die älteste wird dem Milesier Anaximander zugeschrieben, der auch eine Himmelskarte geschaffen haben soll. Die Weltkarte wurde wenig später durch Anaximanders Landsmann Hekataios verbessert. Vermutlich ist es diese Karte, die der milesische Tyrann Aristagoras beim Ionischen Aufstand nach Sparta mitnahm, um die geopolitischen Argumente für sein Hilfsbegehren zu liefern. Wie diese, in eine Metallplatte gravierte Darstellung der damals bekannten ,,Welt'' ausgesehen hat, wissen wir nicht. Vielleicht war sie nicht realistischer als gleichzeitige babylonische Karten, die nur schematisch über die Lage einzelner Länder Auskunft geben. Für eine höhere Qualität spricht allenfalls, daß man sich später, nachdem Ephoros, Dikaiarchos und Eratosthenes (3. Jh. v. Chr.) Kartenwerke mit recht genauen Entfernungsangaben und sogar einem Gradnetz gezeichnet haben, über diese frühen ionischen Karten nicht lustig gemacht hat.

Die wissenschaftliche Kartographie aufgrund von gemessenen Angaben zur geographischen Breite und (viel ungenaueren) der Länge erreicht um 100 durch Marinus und dann besonders im 2. Jh. durch Ptolemaios einen Stand, der erst nach dem Mittelalter übertroffen worden ist. Bezeugt ist auch eine (verlorene) Weltkarte Agrippas, ein wissenschaftliches Werk des großen Admirals aus den Jahren nach dem Ende der Bürgerkriege.

Eine andere Frage ist es, wie weit solche Weltkarten oder auch kleinräumige Aufnahmen, wie sie im 5. Jh. v. Chr. Aristophanes in Athen bespöttelt, für den Gebrauch auf See verfügbar und anwendbar gewesen sind. Qualitätskarten, die ja nur durch genaues Abzeichnen vervielfältigt werden konnten, waren gewiß teuer und nicht für jeden Kapitän oder Steuermann erschwinglich. Und Alternativen, wie die *Tabula Peutingeriana,* eine Straßenkarte, wären für die Navigation wertlos gewesen. Die Anwendbarkeit streng wissenschaftlicher Karten für die Navigation hingegen hängt von den nautischen Instrumenten ab, die an Bord antiker Fernreiseschiffe vorhanden waren (Fischer und Küstenfahrer dürften schon aus Kostengründen darauf verzichtet haben und brauchten sie auch nicht, wenn sie in Landsicht blieben).

Daß der Kompaß als Richtungsweiser noch nicht verwendet wurde, haben wir bereits angesprochen. Nur erwähnt sei, daß auch Fernrohre unbekannt waren; sie wurden erst um 1600 erfunden. Sextanten und Chronometer (zur Bestimmung der geographischen Länge) sind noch später eingeführt worden.

Für die Antike lassen sich nur zwei Instrumente nennen, die der Nautik dienen konnten: der *Gnómon* und das *Astrolábium*. Der Gnomon ist eine Art Sonnenuhr: ein Schattenstab auf einem Tablett mit eingezeichneten Hilfslinien, die die Beobachtung der Schattenlänge und -richtung ermöglichen. Mit dem einfachen Gerät läßt sich die Tageszeit ungefähr bestimmen, zur Mittagsstunde die Nord-/Süd-Richtung sowie die geographische Breite des Standorts. Die Meßwerte sind ungenau und dürften unbrauchbar gewesen sein, wenn das Schiff unruhig in der See lag.

Nachts konnte das Astrolabium verwendet werden, ein vergleichsweise präzises Peilgerät, mit dem sich die Höhe markanter Fixsterne feststellen und zur Ermittlung der geographischen Breite des eigenen Standorts sowie der Stunde nutzen ließ; für den letzteren Zweck reichten freilich auch Sand- oder Wasseruhren aus. Die Kenntnis der Tages- bzw. Nachtstunde ermöglichte es dann dem Navigator, aufgrund des Standes der Sonne oder des Sternenhimmels die Himmelsrichtungen mehr oder weniger genau zu schätzen.

Besonders das Astrolabium läßt es zu, den Breitengrad des Ziels anzusteuern und ihm dann in östlicher oder westlicher Richtung zu folgen, bis Land in Sicht kommt. Diese Methode entspräche dem ,,Nachtsprung'' der Wikinger; sie ist auch in Ozeanien bekannt. Hierfür wären wissenschaftliche Karten oder Breiten-Angaben in den Períploi unentbehrliche Ausgangspunkte. Daß man imstande gewesen wäre, nach solchen abstrakten Unterlagen auch Kurse festzulegen, die von der Ost-West-Richtung abwichen, und mehr oder minder genau auf das Ziel zu treffen, darf bezweifelt werden. Hierfür wäre es unerläßlich gewesen, auch die geographische Länge sowohl des Ziels als auch des eigenen Standorts zu kennen: eine Voraussetzung, die erst der moderne Chronometer geschaffen hat. Direktkurse über hohe See dürften eher die Folge generationenlanger Erfahrungen gewesen sein als theoretischer Überlegungen.

Alles in allem hat die Nautik spätestens im Hellenismus einen Stand erreicht, der erst nach dem Mittelalter übertroffen wurde. Die theoretischen Grundlagen wurden kontinuierlich erweitert und präzisiert. Daß sich die Steuerleute schon lange vor der Kaiserzeit nicht mehr ängstlich an die Küstenlinien klammerten, zeigt sich an der Selbstverständlichkeit, mit der Jahr für Jahr die Annona-Flotten von Süditalien aus über offenes Meer nach Ägypten heimkehrten. Das Mittelmeer und die wichtigsten Nachbarmeere waren gut bekannt. Fehlerrisiken ergaben sich für die Navigatoren einerseits aus der Abhängigkeit von den Beobachtungsmöglichkeiten der

Sonne und der Sterne, andererseits aus der geringen Genauigkeit der Meßwerte von Gnomon und Astrolabium und den mehr als beschränkten Möglichkeiten zur Bestimmung der geographischen Länge. Diese Faktoren
konnten aber offensichtlich durch die Erfahrung der Seefahrer weitgehend
ausgeglichen werden. Sie war durch kein Lehrbuch, keinen Periplus und
keine Karte zu ersetzen.

Abschließend sei erwähnt, daß in einem Wrack aus dem 1. Jh. v. Chr. vor
Antikythera ein bronzenes Zahnräderwerk gefunden wurde, das als eine
Art Astronomische Uhr gedeutet wird. Eine solche hätte die nächtliche
Navigation erleichtern können. Es ist aber ungewiß, ob sie an Bord verwen-
det worden ist oder nur zur Ladung gehörte. Daß es sich um ein Meister-
werk der Feinmechanik handelt, ist in jedem Falle sicher.

Seefahrt, Wirtschaft, Staat

Im gegebenen Rahmen wäre es aussichtslos, die Wechselbeziehungen dieser Faktoren erschöpfend behandeln zu wollen. Sie sind zu vielfältig, und zu oft müßten wortreiche Spekulationen an die Stelle gesicherter Überlieferung treten. So muß denn auch hier eine Auswahl von Beispielen ausreichen, dem Leser die Spannweite des Themas anzudeuten.[40] – Von menschlichen Aspekten, wie sie schon beim wasserscheuen Hesiod anklingen, darf keine Rede sein, obwohl Menschenverluste auf See und das Überleben der unversorgt Hinterbliebenen viel drängendere Probleme aufgeworfen haben werden als heute. Sie sind aber kaum je als öffentliches Anliegen empfunden worden.

Seefahrt und Staat – man könnte die Faktoren vertauschen und nach „dem Staat zur See" fragen. Da wäre natürlich an die staatlichen Kriegsflotten und ihre Stellung in der nichts weniger als „heilen" Welt der Antike zu denken. Wir haben schon bemerkt, daß eine negative Wertung dieses Zweigs der Seefahrt der Sachlage nicht gerecht würde. Die Grenzen zwischen Seekrieg und Handelskrieg verschwimmen bereits in der Antike. Außerdem bedarf der eigene Handel nicht nur im Kriege des Schutzes vor der Bedrohung durch feindliche Staaten, sondern auch im Frieden vor der permanenten Gefährdung durch Seeräuber. Seehandel setzt Seemacht voraus.

Haben sich antike Staatswesen, wie heute im sozialistischen Block, auch selbst am Handel beteiligt? In archaischen Tyrannenstaaten Griechenlands, wie Samos unter Polykrates, erschiene das nicht undenkbar, läßt sich aber nicht erweisen. Im 5. Jh. v. Chr. ist in Athen vorgeschlagen worden, durch eine staatliche Handelsflotte unmittelbar vom Güterverkehr zu profitieren. Der Vorschlag wurde aber nicht aufgegriffen, und auch später haben sich die Staaten des Altertums darauf beschränkt, indirekte Einkünfte aus dem Seehandel zu beziehen. Von einem Grenzfall, der Getreideversorgung, ist bereits die Rede gewesen (S. 74). Zuvor sei an einige nicht-staatliche Aspekte des Seewesens erinnert, die sich unmittelbar auf Gesellschaft und Wirtschaft auswirkten.

Wie viele Menschen haben der See ihren Lebensunterhalt verdankt! Hier ist zunächst an die Fischer zu denken, die noch heute ein unentbehrlicher Faktor in der Nahrungsbilanz der Mittelmeerländer sind. Meist werden sie als „Kleinunternehmer" mit eigenen Booten (Abb. 62–65) Küstenfischerei betrieben haben wie noch heute. Wenn aber im 6. Jh. v. Chr. in einem Orakel an Peisistratos von Netzen die Rede ist, in die ein Thunfisch-Schwarm hineinströmt, so setzt das ein ebenso gut organisiertes Gemeinschaftsunternehmen einer größeren Zahl von Fischerbooten voraus, wie es dann in der Kaiserzeit Aelian (XV,5) für das Schwarze Meer beschreibt. Hier tun sich viele, recht große Ruderboote (mit 12 Rojern) unter dem Kommando eines erfahrenen ,,Wächters" auf einer Art Ansitz am Ufer zusammen, kreisen die Fische ein und geben dann nach strenger Ordnung die schweren Netze aus. Das Verfahren wurde bis in die Gegenwart geübt, nur daß der gewählte Kommandant (Reïs) mit an Bord war. – Als bei den Römern Fischkonserven und ,,Sardellenpaste" (*garum*) mancherorts wie in Südspanien fast industriell produziert werden, gewinnen solche ergiebigen Fangmethoden noch an Bedeutung. Aelian erwähnt, Fischer hätten ihm erzählt, ein einziger Sardellenschwarm könne 50 Fischerboote füllen. Aus der Kaiserzeit sind dann auch Zünfte bezeugt, die (z. B. in Holland) vom Staat die Fischereirechte in bestimmten Gewässern pachten. So geraten sie in eine enge Interessenverflechtung mit der Obrigkeit.

Denken wir auch an die zahllosen Menschen, Freie wie Sklaven, die als Seeleute und Offiziere auf den Handelsschiffen ihr Brot verdient haben. Natürlich nur während der Reisesaison: im Winter mußten sich die Matrosen irgendwie durchbetteln, denn soziale Sicherheit gab es nicht oder nur (in Rom) für ausgediente Berufssoldaten. In der Spätantike haben christliche Gemeinden den arbeitslosen Seeleuten bewußt ihre Almosen zugewendet.

Nur am Rande sei erwähnt, welch wichtige Folgen die Freizügigkeit des Schiffsvolks für die ethnische Zusammensetzung der Bevölkerung gehabt hat. Wir erwähnten schon die Thraker (,,Barbaren") im Piräus, die vielen Griechen und (ebenfalls ,,barbarischen") Illyrer an Bord der römischen Kriegsschiffe, den alexandrinischen Offizier der Rheinflotte in Köln. Viele Flottensoldaten haben sich nach ihrer Entlassung im Umkreis ihres letzten Standorts angesiedelt. Ein noch bunteres Völkergemisch wird auf den Handelsschiffen geherrscht und seine Spuren in den Vergnügungsvierteln und Slums der Hafenstädte hinterlassen haben, nicht anders als weiland Kuddel Daddeldu. Ebenso wertfrei sei daran erinnert, daß zu manchen Zeiten, in manchen Ländern auch die Seeräuberei für viele Menschen die wirtschaftliche Lebensgrundlage gewesen ist.

Die eigentliche Bedeutung der Seefahrt liegt, im Altertum wie auch noch heute, auf anderem Gebiet. Wie ist ihre Stellung und Funktion im Wirtschaftsgefüge der Antike?

Rohmaterial für Werkzeuge (Obsidian) bzw. Schmuck (Muschelschalen) ist bereits in der Steinzeit über See beschafft und befördert worden, obwohl man eigentlich nicht zwingend auf solche Importe angewiesen war. Als vom 4. Jt. v. Chr. an Metalle (Kupfer, Zinn, Silber, Gold) begehrte Rohstoffe werden, ist der Seeverkehr zu ihrer Beschaffung unerläßlich: zu ungleichmäßig sind die Lagerstätten verteilt, und oft sind die technologisch höher entwickelten Verarbeitungsländer weit davon entfernt. Ein Tauschhandel entsteht. Die metallarmen Hochkulturländer am Ostmittelmeer scheinen oft mit Luxusgütern wie Kosmetika, feinen Textilien, vereinzelt vielleicht sogar mit Möbeln „bezahlt" zu haben. Doch beschränken sich ihre Importe nicht auf Rohstoffe: so hat Ägypten im 3. Jt. v. Chr. Öle zur Körperpflege und zur Mumifizierung vom Libanon und wohl auch aus Kreta eingeführt und außerdem auch Delikatessen wie Honig und Traubenwein. Im 2. Jt. v. Chr. wird erstmals der Getreideexport faßbar, als im Hethiterreich Hungersnot herrscht und befreundete Staaten in der Levante mit Kornlieferungen aushelfen.

Spätestens vom 7. Jh. v. Chr. an hat der Fernhandel soviel Eigendynamik, daß mit einem regelmäßigen Warenaustausch unter den Hochkulturländern gerechnet werden kann. Manche Völker, wie die Phöniker, Ionier und Korinther scheinen u. a. vom Zwischenhandel und vom Transportgeschäft profitiert zu haben. Merkantile Gesichtspunkte sprechen auch bei den Koloniegründungen mit, durch die Rohstoffgebiete und Absatzmärkte für die Produkte der Mutterstädte erschlossen, Stützpunkte für die Kauffahrer geschaffen werden. Teils im Gefolge, teils als Voraussetzung von Handel und Kolonisation wird die Welt erforscht und beschrieben. Waren wie die korinthische und ionische, später die attische Keramik gelangen in weite Teile des Mittelmeerraumes und dienen stellenweise der einheimischen Produktion zum Vorbild. Wie der „ägyptische" Proportionskanon an frühgriechischer Großplastik andeutet, ist sogar die hohe Kunst durch fremdländische Einflüsse angeregt worden. Berichte reisender Gelehrter, wie im 5. Jh. v. Chr. Herodots, machen mit der Eigenart und Geschichte anderer Länder bekannt, und naturwissenschaftliches Wissen des Ostens wird in Ionien aufgegriffen und weiterentwickelt.

So folgenschwer diese Kontakte in kulturgeschichtlicher Hinsicht sind, stellen sie doch nur Begleiterscheinungen des Seeverkehrs dar. Primär geht es den privaten Unternehmern um Profit (für die Schiffseigner aus dem Verkauf der Transportleistung, für die Kaufleute aus dem Umsatz ihrer Waren), während es der Öffentlichkeit um die Versorgung mit Nahrungsmitteln geht, wenn die Eigenproduktion den Bedarf nicht deckt. Und überall will der Staat mitprofitieren: er hat somit ein fundamentales Interesse am Funktionieren des Handels.

Am unmittelbarsten gilt das für die Getreideversorgung (S. 74), die in Athen schon im 5. Jh. v. Chr. auf Importe angewiesen ist. Der in seiner Wirtschaftspolitik grundsätzlich liberale attische Staat sorgt durch ein Ausfuhrembargo von Brotgetreide für einen ausreichenden Vorrat des Grundnahrungsmittels. Rom ist anfangs nur bei Mißernten im eigenen Lande auf Importe angewiesen. Später zwingt das Anwachsen der Stadtbevölkerung zu regelmäßigen Einfuhren, die noch in republikanischer Zeit im Annona-System (S. 75) organisiert werden. Während der Blütezeit des Seeverkehrs im 1. und 2. Jh. bedarf es dann für die Kaiser keiner schwerwiegenden

Eingriffe, aus dem vorhandenen Angebot an Frachtkapazität die benötigten Leistungen abzuschöpfen. Während der Niedergangsphase der Schiffahrt im Gefolge der Reichskrise (S. 77) muß der Staat zu drakonischen Mitteln greifen, um die Annona noch halbwegs in Gang zu halten.

Von dieser besonderen Situation abgesehen, partizipiert der Staat, im Altertum nicht anders als heute, durch die Besteuerung der Unternehmer und durch die Erhebung von Zöllen an den Erträgen des Handels. Im Griechenland der Klassik und des frühen Hellenismus ist als spezielle „Seesteuer" die Trierarchie (S. 123) zu nennen. Bald muß die Last auf mehr als einen Kontributoren pro Schiff verteilt werden, und im ptolemäischen Ägypten wird dann die persönliche Trierarchie durch eine unpersönliche Trierensteuer ersetzt. Rom hat auf solche gezielten Sondersteuern verzichtet, und die Kriegsflotten aus dem allgemeinen Steueraufkommen erbaut und unterhalten.

Einer der bedeutendsten Aktivposten der Staatshaushalte sind im Altertum die Ein- und Ausfuhrzölle. Korinth verdient daran unter Periander schon so gut, daß man auf direkte Steuern verzichtet. Damals, um 600 v. Chr., gibt es noch kein gemünztes Geld: Staatsabgaben sind älter als die Geldwirtschaft. Später wird in Griechenland ein einheitlicher Prozentsatz vom Wert der Waren als Zoll („ad valorem") erhoben, meist ¼₀ (2,5%). Athen schöpft im 5. Jh. v. Chr. aus dieser Quelle jährlich etwa 200000 Drachmen, das hellenistische Rhodos mit seiner monopolartigen Stellung im Ägyptenhandel schon eine Million: Grund genug, den Warenverkehr in Krieg und Frieden zu schützen und zu fördern. Doch gelenkt haben ihn die griechischen Staaten nicht, wenn man vom Getreidehandel absieht.

Erst im ptolemäischen Ägypten mit seiner zentral gesteuerten Wirtschaft wird die Möglichkeit erkannt, durch differenzierte Zollsätze für bestimmte Waren Einfluß auf den Handel zu nehmen und zugleich die höchstmöglichen Einnahmen zu erzielen. So wird die Einfuhr orientalischer Waren durch Zölle von 25% des Werts erschwert; bei der Wiederausfuhr in andere Mittelmeerländer profitiert der Staat nochmals in gleicher Höhe. Auch Schutzzölle werden erhoben. Bei Waren, die auch im Inland hergestellt werden, ist der Einfuhrzoll dem Steuersatz der einheimischen Produzenten angeglichen, so daß die fremden Waren nicht billiger auf den Binnenmarkt kommen können als die ägyptischen und die Staatskasse so oder so keine Einkünfte verliert.

Beim Export versuchen die Ptolemäer, an eigenen Monopolprodukten, wie dem Papyrus (= „Papier") als Schreibmaterial, soviel zu profitieren wie irgend möglich. Freilich wird Papyrus dadurch im Ausland so teuer, daß man dort mehr und mehr auf Pergament als Schreibmaterial ausweicht.

Rom hat, anfangs ausschließlich und im Weltreich der Kaiserzeit überwiegend, ad-valorem-Zölle (meist 2,5%) erhoben. Das Reich ist in Zollregionen unterteilt, in denen jeweils eigene Ein- und Ausfuhrzölle gelten (die

,,Vierzigstel" – *quadragesima Galliarum, Iberiae, Britanniae* usw.). Wenn eine Ware, z. B. beim Transport von Syrien nach Lusitanien (Portugal), mehrere Zollgrenzen passieren muß, verdient der Staat also mehrfach. Die Zölle *(portoria)* bilden den zweitwichtigsten Aktivposten im Staatshaushalt. Da noch mancherlei andere Gebühren (für die Benutzung von Häfen, Ankergründen usw.) zugunsten der öffentlichen Hand hinzukommen, verteuern sich die Waren im Fernhandel erheblich.

In Ägypten hat Rom das ptolemäische System beibehalten. So bleibt es auch in der Kaiserzeit Aufgabe dieses Reichsteils, durch extrem hohe Zölle auf orientalische Luxusgüter den Abstrom unersetzlicher Goldwährung in den Osten möglichst zu bremsen – freilich ebenso erfolglos wie zur Zeit der Ptolemäer.

Soviel zur direkten Nutznießerrolle des antiken Staats am Welthandel, der in erster Linie zur See verläuft. Es ist klar, daß die Zölle eine unverzichtbare Einnahmequelle darstellen. Selbst wenn in Rom liberale Kaiser den Handel von allen Abgaben befreien wollten, ist das stets am Einspruch des Senats gescheitert oder baldmöglichst rückgängig gemacht worden.

So muß der Staat daran interessiert sein, daß der Handel floriert. Der Schutz der Seewege vor Piraten und im Kriege vor feindlicher Blockade ist aus dieser Sicht eine logische und letztlich rentable Maßnahme. Demselben Zweck dienen aber auch zivile Maßnahmen, wie in Athen die Einrichtung der Seegerichtshöfe und die Aufstellung gesetzlicher Normen für den Warenverkehr zur See, die im ,,Rhodischen Seegesetz" Ausdruck gefunden haben.

Die attischen Seegerichte sind insofern neuartig und dem internationalen Handel förderlich, als sie grundsätzlich Ausländern ebenso offenstehen wie attischen Bürgern. Zuvor mußte die Gerichtsfähigkeit von Ausländern als Sonderfall durch Verträge zwischen den Staaten geregelt werden. Athen öffnet im 5. Jh. v. Chr. diese Gerichtshöfe, deren Urteile durch die politische, militärische und wirtschaftliche Macht des Seebunds Autorität erhalten, den Kaufleuten und Schiffseignern aus aller Welt und führt dafür Verfahrensordnungen ein, die einfacher sind als im normalen attischen Zivilprozeß. Zudem werden als Richter Sachkenner bestellt, die selbst mit den Praktiken des großen Seehandels vertraut sind. Man zielt darauf ab, daß ein Prozeß zügig in der winterlichen Ruhezeit der Seefahrt abgewickelt werden kann, so daß der Kaufmann oder Schiffseigner durch die Wahrnehmung seiner Interessen vor Gericht keine wertvolle Reisezeit in der Schiffahrtssaison verliert. Verglichen mit der oft viel längeren Dauer normaler Zivilprozesse dürfte dies Grund genug gewesen sein, Rechtsstreitigkeiten vor den Seegerichten auszutragen; und wer nach Athen kam, brachte Waren mit und unterstützte so dessen Handel. Eine wesentliche Grundlage für das beschleunigte Gerichtsverfahren ist, daß nur über schriftlich fixierte Verträge verhandelt wird, in denen die Art des Transports (bestimmte Waren bzw.

Passagiere), der Zielhafen und ein Abschlußtermin für die Ausführung des Auftrags festgelegt sind: ein wirksamer Schritt, den Handel und das Transportgeschäft auf eine solide Rechtsgrundlage zu stellen. In Rom mußten solche Verträge später sogar in mehrfacher Ausfertigung notariell bestätigt werden; ein Exemplar verblieb im Archiv des Notars.

Ebenso nachhaltig hat sich das Rhodische Seegesetz ausgewirkt, das Gewohnheitsrechte verschiedener Mittelmeerländer zusammenfaßt und kodifiziert. Hier werden die Rechtsfragen geregelt, die sich im friedlichen Seewesen ergeben. Die kaufmännische Kompetenz des Schiffseigners bzw. seines an Bord mitreisenden Agenten *(naúkleros)* wird gegenüber der seemännischen des Schiffsführers *(kybernétes, gubernator:* ,,Steuermann'') abgegrenzt, der disziplinarisch an Bord die letzte Instanz bildet wie heute der Kapitän (nach dem modernen, andersartigen System ließe sich der Naukleros ungefähr mit dem Superkargo vergleichen). Jede Instanz haftet für ihren Entscheidungsbereich. Die kaufmännischen Rechtsfragen zwischen dem Naukleros und dem Charterer bzw. den verschiedenen Befrachtern werden ebenso geregelt wie die seemännischen, besonders bei Seeunfällen. Beim Totalverlust des Schiffes auf See gelten andere Regeln, als wenn es von der Besatzung aufgegeben wird, doch herrenlos weitertreibt. Scheitert es an der Küste, wird das Eigentum vor dem ,,Strandrecht'' der Küstenanwohner zu schützen versucht (was freilich nur in Zeiten allgemeiner Sicherheit durch eine starke Staatsgewalt Aussicht auf Erfolg hatte, so im 1. und 2. Jh.). Oft genug hat die Küstenbevölkerung durch falsche Leuchtfeuer in Sturmnächten absichtlich Schiffe und Besatzungen in den Tod bzw. die Sklaverei gelockt. Die Beispiele müssen genügen. Alles in allem hat das Seegesetz Maßstäbe gesetzt, die weit über die Kaiserzeit und Byzanz hinaus gültig geblieben sind und den Seeverkehr auf eine feste Rechtsgrundlage gestellt haben. Insofern geht es über die gewohnheitsrechtlich-pragmatischen Entscheidungen der attischen Seegerichte hinaus.

Andere Verantwortlichkeiten überschneiden sich mit den Regeln des normalen Zivilrechts. Dies gilt besonders für jene Fragen, die mit der Finanzierung des Seehandels zusammenhängen, denn offenbar ist schon in früher Zeit oft mit Darlehen gearbeitet worden. Auch hier ist die Situation des Schiffseigners bzw. des Naukleros eine andere als die des Charterers bzw. der Befrachter. Daß Schiffseigner selbst Handel trieben, war wohl schon in der Klassik die Ausnahme: sie verkaufen die Transportleistung an Kaufleute, die selbst kein Schiff besitzen.

Die Handelsschiffsbauten werden normalerweise vom Eigner oder einer Eignergemeinschaft (z. B. reiche Landbesitzer, die nicht selbst zur See fahren, sondern sich an Bord durch Naukleroi vertreten lassen) selbst finanziert. Erst das kaiserliche Rom gibt bei Versorgungskrisen staatliche Darlehen für den Bau großer Frachtschiffe, die dann für die Annona fahren müssen.

Grundsätzlich kann der Eigner *(navicularius)* bzw. sein Bord-Agent das Schiff auch beleihen, z. B. wenn unterwegs zur Reparatur von Seeschäden unvorhergesehen Bargeld benötigt wird. Solche speziellen ,,Seedarlehen‘‘ dienen aber viel häufiger, wenn auch nicht als Regelfall, dem Kaufmann *(émporos, negotiator/mercator)* zur Finanzierung siner Handelsreisen. Vielleicht kennt schon Hesiod den Brauch. Klar erkennbar ist das System vom 4. Jh. v. Chr. an, als in Athen Demosthenes als Anwalt in Prozessen um solche Seedarlehen auftritt. Die Kaufherren nehmen vor Beginn einer Reisesaison bei privaten Finanziers Geld auf; oft wird eine Bank als Vermittler eingeschaltet (zum Bankhaus ,,Antisthenes, Archestratos & Pasion‘‘ in Athen siehe Casson). Mit diesem Kapital erwirbt der Kaufmann Waren, die er verschifft und anderswo verkauft. Den Erlös investiert er in andere Handelsgüter, mit denen er zum vereinbarten Endhafen zurückkehrt. Dort wird die Ladung wieder zu Geld gemacht, mit dem die Unkosten bezahlt und das Darlehen 30 Tage nach der Ankunft zurückerstattet wird. Die Zinsen sind hoch: wohl 33⅓% für die Saison. Es ist deutlich, daß man im Seehandel mit außerordentlich hohen Erträgen rechnet.

Dieser Zinssatz für Seedarlehen ist fast dreimal so hoch wie bei normalen Darlehen, wo er 12% für das ganze Jahr beträgt. Die Differenz ist ein Risikozuschlag: denn geht das Schiff auf See verloren, so wird die Rückzahlungsforderung des Finanziers an den Darlehensnehmer oder seine Erben hinfällig. Der Schaden trifft den wohlhabenden Kapitalisten, während der Kaufmann mit erneut geliehenem Geld wieder seinem Gewerbe nachgehen kann – ein schlagender Beweis dafür, wie unentbehrlich für das antike Wirtschaftsgefüge der Handel ist. – Der Risikozuschlag entfällt am 30. Tage nach der Heimkehr des Schiffes; ist das Seedarlehen dann nicht zurückgezahlt, läuft es als normales, zum geringen Zinssatz, weiter. – Einen praktischen Fall im Umgang mit Seedarlehen läßt Petronius seinen Antihelden Trimalchio schildern: er hätte einmal in einer einzigen Saison fünf Schiffe (eher deren Ladungen!) verloren; in der folgenden habe er andere ausgeschickt, um Wein nach Rom zu bringen, und daran 10 Millionen Sesterzen verdient. Von den Schulden aus dem Vorjahr ist nicht mehr die Rede: sie sind erloschen.

Es versteht sich, daß unredliche Kaufleute und Schiffseigner ihre Finanziers zu betrügen versuchen: sie spiegeln den Verlust von Schiff und Ladung vor, um das Darlehen nicht zurückzahlen zu müssen. Oder das Schiff wird mit nur vorgeblich wertvoller Ladung bewußt auf See versenkt; dann müssen freilich der Naukleros und die Matrosen mitspielen. Dasselbe gilt, wenn ein Eigner ein Darlehen genommen hat und sich der Rückzahlung entziehen will, indem er das Schiff verlorengehen läßt. Das scheint öfters vorgekommen zu sein; die Seeleute hatten auch wegen solcher Betrügereien keinen guten Ruf. Kein Wunder, daß die Finanziers (bzw. bei Annona-Reisen der Staat als Eigentümer der Ladung) Seeunfällen gerichtlich nachgehen. Dabei werden Sklaven (und selbst Naukleros und Kybernetes sind oft Sklaven) gefoltert, um die Wahrheit herauszupressen. Aus diesem Grunde tritt der heilige Augustinus (Predigten 356,4) die Erbschaft des Schiffseigners *(navicularius)* Bonifatius nicht an: er will nicht Menschen der Tortur ausgeliefert wissen, und die Kirche (in der Stellung des Navicularius) hätte kein Geld, um dem Staat gegebenenfalls eine verlorene Ladung zu ersetzen.

In der späteren Kaiserzeit ist der Navicularius um seine Stellung gegenüber dem Staat nicht zu beneiden. Zu dieser Zeit engt die Verpflichtung zu regelmäßigen Versorgungsfahrten für die Annona oder das Heer seine unternehmerische Freiheit bedrückend ein. Wie steht es aber mit seinen Einkünften, wenn das Schiff nicht im öffentlichen Auftrag unterwegs ist und kein Seeunfall eintritt?

Konkrete Angaben über die Frachtraten finden sich erst im „Preisedikt" Diokletians, mit dem der Kaiser zur Überwindung der Reichskrise die eingerissene Inflation durch die Festsetzung von Höchstpreisen einzudämmen versucht. Das Reedergewerbe hat in der Krise gelitten; die Schiffe sind kleiner und weniger zahlreich als während der Blütezeit im 1. und 2. Jh. Wahrscheinlich ist Schiffsraum knapp und daher besonders teuer. Alles läßt vermuten, daß die Frachtraten höher sind als zuvor.

Im Edikt wird der Preis für die Beförderung eines *kastrensis modius* (17,51 kg) Getreide von Alexandria nach Rom auf 16 Denare festgesetzt (von Syrien nach Portugal: 26 Denare). Bezogen auf den Handelswert (100 Denare) beträgt die Fracht also 16%, etwa ⅙. Das wäre ein maßvoller Gewinn für den Navicularius. Doch spricht manches für die Vermutung, daß dieser Richtpreis irrealistisch ist oder nur bei Staatsaufträgen zugrundegelegt worden ist, während auf dem freien Markt zu dieser Zeit schon Frachtraten von mehr als 100% des Warenwerts erzielt werden konnten. Selbst dann betrügen die Frachtkosten zur See aber nur einen Bruchteil jener zu Lande.

Über das Fahrgeld von Passagieren, eine weitere wichtige Einnahmequelle für die Navicularii, ist wenig zu erfahren. Reisegelddotationen von Kirchenmännern im 3. Jh. deuten an, daß Seereisen kostspielig sind; aber vielleicht hängt das mit der Krisenzeit zusammen und läßt sich nicht verallgemeinern. Außerdem konnten sich schon in Griechenland Reisende als eine besondere Art von Matrosen verdingen, um Fahrgeld zu sparen. Kaufleute mit Waren an Bord hatten ohnehin Rabatt.

Erstaunlich teuer ist die Beförderung von Tieren, besonders von Großvieh. Rougé errechnet nach Diokletians Edikt einen Preis von 1900 Denaren für den Transport eines Stiers von Alexandria nach Rom, von 650 Denaren für ein Schwein. Er schätzt, daß ein großes Schiff dem Eigner pro Fernreise etwa 200000 Denare eingebracht hat. Hiervon gehen freilich erhebliche Beträge für die Entlohnung der Mannschaft, Unterhalt und

Amortisation des Schiffes, Steuern und Abgaben ab, um von dem Haftpflichtrisiko zumal bei Staatsreisen zu schweigen.

Das Edikt hat den Niedergang des Seetransportgewerbes ebensowenig aufgehalten wie den Anstieg der Preise. Im 5. Jh. könnten die Frachtraten schon bis zum Dreifachen des Warenwerts betragen haben. Zu dieser Zeit sind die meisten Handelsschiffe nicht mehr größer als ein heutiges Kaïki. Massengüter wie Getreide und Speiseöl oder Brennholz für die öffentlichen Bäder lassen sich auf so kleinen Fahrzeugen eigentlich nicht rationell befördern, doch der Staat hat keine andere Wahl und erzwingt trotzdem den Einsatz für Pflichtreisen. Das ,,freie'' Transportgewerbe und somit auch der Handel dürfte sich auf hochwertige Güter von geringem Gewicht konzentriert haben. Von einer durch enge Verbindungen zusammengeschlossenen ,,Weltwirtschaftszone'' im Mittelmeerraum kann jedenfalls kaum noch die Rede sein. Die Konsolidierung des byzantinischen Reichs führt dann im Ostmittelmeer wieder zu günstigeren Verhältnissen, doch im Westen hat der Zerfall des Reiches und die Entstehung verschiedener Regionalstaaten unter germanischer Herrschaft wahrscheinlich auch den Seehandel zugrundegehen lassen (anders aber H. Pirenne). Vor diesem Hintergrund muß Theoderichs Anordnung gesehen werden, 1000 ,,Dromonen'' – also eigentlich Kriegsschiffe – bauen zu lassen, die ,,auch zum Korntransport geeignet'' sein sollen. Der pflichtbewußte germanische Fremdherrscher kann doch das Stadtproletariat in seinem neuen Reich in Italien nicht einfach verhungern lassen. Und das Gefüge des Transportwesens und des Seehandels war im Westen wohl schon so irreversibel zusammengebrochen, daß sich diese Versorgungsaufgabe nur noch im Rahmen staatswirtschaftlicher Maßnahmen lösen ließ.

Wir stehen am Ende unseres Überblicks. Es ließ sich zeigen, wie lebhaft die Entwicklung des Seewesens im Altertum verlaufen ist. Seine Auswirkungen erstrecken sich auf alle Lebensbereiche, von der Wirtschaft über die Versorgung der Bevölkerung mit Nahrungsmitteln bis hin zur Bereicherung der Staatskassen durch Zölle und Abgaben, vom Rechtswesen bis hin zu Religion, Kunst und Kultur. Blüte- und Niedergangsphasen des Seeverkehrs decken sich im Mittelmeer mit denen des allgemeinen Wohlstands, ohne den auch kulturelle und künstlerische Leistungen nicht entstehen konnten. Die Übereinstimmung ist so eng, daß sich ein ursächlicher Zusammenhang vermuten läßt. Die antike Wirtschafts-, Kultur- und Staatengeschichte hätte wohl einen anderen Verlauf genommen, wenn nicht viele Generationen namenloser Seefahrer die Länder an Mittelmeer und Schwarzem Meer, am Atlantik und Indischen Ozean zu einem Verkehrs- und Wirtschaftsgebiet zusammengeknüpft hätten, in dem Waren und Menschen, Ideen und Informationen über weite Entfernungen hin schnell und zuverlässig ausgetauscht werden konnten und ausgetauscht worden sind.

Diese Erkenntnis klingt schon in der Antike an. Zivilisationskritiker wie

Hesiod, oder viel später Horaz, stellen heraus, daß die Seefahrt im ,,Goldenen Zeitalter" der Urzeit unbekannt gewesen wäre und es auch in der paradiesischen Endzeit, an die nicht nur die Christen glaubten, wieder sein werde; sie gehöre ganz zum negativ bewerteten ,,Eisernen Zeitalter" der Gegenwart. Positivistische Naturen wie Vergil (Georgica I, 121 ff) haben dagegen den Beitrag des Seewesens zur damals erreichten Kulturhöhe als Geschenk wohlwollender Götter gepriesen.

Diese gerade in der Gegensätzlichkeit der Argumentation eindeutige Aussage dürfte begründen, warum wir hier die Seefahrt als einen absolut unentbehrlichen Faktor für die Entstehung und Entwicklung der Kultur des Altertums darzustellen versuchen konnten.

Anmerkungen

1 D. Ellmers, Ein Fellboot-Fragment der Ahrensburger Kultur aus Husum, Schleswig-Holstein? Offa 37, 1980, 19 ff.

2 V. E. G. Kenna, Two Ancient Trade Routes. Athens Annals Archaeol. 1, 1968, 278 ff. Verf., in: J. Thimme (Hrsg.), Kunst u. Kultur der Kykladeninseln im 3. Jt. v. Chr. (Ausstellungskat. Karlsruhe 1976) bes. 168 ff. P. L. Kohl, The First World Economy. In: H. J. Nissen u. J. Renger (Hrsg.), Mesopotamien und seine Nachbarn. XXVe Rencontre assyriologique internat., Berlin 1978 (1982) 23 ff.

3 Zuletzt: Chr. Doumas, The Minoan Thalassocracy and the Cyclades. Arch. Anz. 1982, 5 ff.

4 E. Vermeule, Greece in the Bronze Age, 1972⁵, 254 f.

5 L. Palmer, Mycenaeans and Minoans, 1965², 144 f. R. Hope Simpson u. J. F. Lazenby, The Catalogue of the Ships in Homer's Iliad, 1970.

6 Dazu GOS 138; 159. J. S. Morrison, Greek Naval Tactics. IJNA 3, 1974, 21 ff.; 25.

7 K. Meister, Das persisch-karthagische Bündnis von 481 v. Chr. Historia 19, 1970, 607 ff. A. E. Furtwängler, Auf den Spuren eines ionischen Tartessos-Besuchers. Athen. Mitt. 92, 1977, 61 ff.

8 RF 30.

9 W. Tarn, Alexander's Plans. JHS 59, 1939, 124 ff. GOS 235 ff. SSAW 97 ff.; 137 ff.

10 SSAW 121 ff.; 139 f.

11 Ebd. 127 ff.; 306 ff.

12 R. Hennig, Terrae Incognitae I, 1944², 156 (Plinius XXXVII, 11 „Abalus"); 159 (Diodor V, 23.1 „Basileia"); 171 f.

13 SSAW 105. MA 111 ff. RF 169 ff. B. Caven, The Punic Wars, 1980.

14 RF 104 f.

15 SSAW 161; 167 f. P. Pomey u. A. Tchernia, Le tonnage maximum des navires de commerce romains. Archaeonautica 2, 1978, 233 ff.

16 MA 141. Anders aber Kienast 133; 154.

17 Kienast 139.

18 Allgemein zu Wrackfunden:
G. F. Bass, Archäologie unter Wasser, 1967². Ders., Taucher in die Vergangenheit, 1972. UNESCO, Unterwasserarchäologie, 1973. P. Throckmorton, Versunkene Schiffe – gehobene Schätze, 1976. Kataloge von Wrackfunden: SSAW 214 ff. A. J. Parker u. J. M. Painter, A computer-based index of ancient shipwrecks. IJNA 8, 1979, 69 f. Auswahl von Funden: G. Bass, Cape Gelidonya. A Bronze Age Shipwreck. Transactions American Philosoph. Soc. 57: 8, 1967. J. P. Joncheray, Une épave grecque ou étrusque au large de St.-Tropez: le navire de

Bon-Porté. Dossiers de l'archéol. 29, Juli-Aug. 1978, 62 ff. M. L. Katzev, Das Schiff von Kyrenia. In: Bass, 49 ff. H. W. Swiney u. M. L. Katzev, The Kyrenia shipwreck: a fourth-century B. C. Greek merchant ship. In: D. J. Blackman (Hrsg.), Marine Archaeology, 1973, 339 ff. H. Frost u. a., Lilybaeum. Not. Scavi 30, 1976, Suppl. (Marsala). O. Testaguzza, Portus, 1970. S. M. Scrinari, Le navi del porto di Claudio, 1979. G. Ucelli, Le navi di Nemi, Nachdr. 1983. P. Marsden, The County Hall Ship. Transactions London and Middlesex Archaeol. Soc. 21, 1965, 109 ff. Ders., A Boat of the Roman Period Discovered at the Site of New Guy's House. Ebd. 118 ff. (London). Ders., A Roman Ship from Blackfriars, London, 1967. M. D. de Weerd, Römerzeitliche Transportschiffe u. Einbäume aus Nigrum Pullum/Zwammerdam. Bonner Jahrb. Beiheft 38, 1977, 187 ff. G. de Boe u. F. Hubert, Binnenhafen u. Schiffe der Römerzeit von Pommeroeul im Henne-gau. Arch. Korrespondenzbl. 6, 1976, 227 ff. G. Rupprecht (Hrsg.), Die Mainzer Römerschiffe, 1984[3]. Verf., Spätröm. Schiffsfunde in Mainz. Arch. Korrespon-denzbl. 12, 1982, 231 ff.

19 Zu Schiffsmodellen und -denkmälern:
A. Göttlicher, Materialien für ein Corpus der Schiffsmodelle im Altertum, 1978. F. Krauß, Die Prora a. d. Tiberinsel in Rom. Röm. Mitt. 59, 1944, 159 ff. J. Fel-bermeyer, Sperlonga. The Ship of Odysseus. Archaeology 24, 1971, 137 ff. A. Er-meti, Il rilievo navale di Lindos. Rend. Lincei 33, 1978, 175 ff. Dies., L'agora di Cirene III,1. Il monumento navale, 1982. A. W. Sleeswyk, The prow of the ,,Nike of Samothrace" reconsidered. IJNA 11, 1982, 233 ff. Beispiel für Verwendung: Kyros schenkt Brasidas eine goldene Triere; dieser weiht sie nach Delphi (Plu-tarch, Lysander 18). Verwahrung mythischer Schiffe in der Antike: A. Merlin u. L. Poinssot, Épotides de bronze trouvées en mer près de Mahdia. In: Ve Congr. Internat. Archéol., Alger 1930 (1933), 236 f.

20 Zu Flachbildern:
F. Moll, Das Schiff i. d. bildenden Kunst, 1929. Frühzeit: Gray G 33 ff. Thera: zuletzt H.-E. Giesecke, The Akrotiri ship fresco. IJNA 12, 1983, 123 ff. A. Ra-ban, The Thera Ships: Another Interpretation. AJA 88, 1984, 11 ff. Myken. Va-sen auch: GOS 9 f. SSAW 31 f. Vermeule (Anm. 4) 258. Geometrische Kunst: GOS 18 ff. SSAW 49 ff. Gray G 57 ff. H. Tréziny, Navires attiques et navires corinthiens à la fin du VIIIe siècle. MEFRA 92, 1980, 17 ff. Frühes Etrurien: S. Paglieri, Origine e diffusione delle navi etrusco-italiche. Studi Etruschi 28, 1960, 209 ff. J. C. Biers u. S. Humphreys, Eleven ships from Etruria. IJNA 6, 1977, 153 ff. Archaik, Frachtschiffe: GOS 109. SSAW 169 ff. Kriegsschiffe: GOS 84 ff. SSAW 60 ff. Klassik: GOS 169 ff. SSAW 77 ff. Nordwesten des röm. Reichs: H. G. Frenz, in: Rupprecht (Anm. 18) 78 ff. Mosaiken: P.-M. Duval, La forme des navires romains d'après la mosaïque d'Althiburus. MEFRA 61, 1949, 118 ff. SSAW 161 f. C. Belz, Marine Genre Mosaic Pavements of Roman North Africa, Diss. Los Angeles 1978 (1979). Münzen: P.-M. Duval, Monnaies au navire de l'Europe occidental. Mélanges Bidez et Cumont, Coll. Latomus 2, 1949, 91 ff. A. L. Ben-Eli, Ships and Parts of Ships on Ancient Coins I, 1975. L. Morawiecki, Political Propaganda in the Coinage of the Late Roman Republic, 1982. R. Schei-per, Bildpropaganda der röm. Kaiserzeit unter besonderer Berücksichtiung der Trajanssäule in Rom u. korrespondierender Münzen, 1982. Graffiti: J. Le Gall, Graffites navals du Palatin et de Pompéi. Mémoires soc. nat. antiquaires 9. Sér. 3, 1954, 41 ff. L. Basch, Graffites navals à Délos. BCH Suppl. 1, 1973, 65 ff.

21 Zu Schriftquellen über Schiffe und Seefahrt:
A. Breusing, Die Nautik der Alten, Nachdr. 1970. J. Rougé, Romans grecs et navigation. Archaeonautica 2, 1978, 265 ff. F. Salviat, Sources littéraires et con-

struction navale antique. Ebd. 253 ff. (Schiffsbau). Fülle u. Streuung literarischer Erwähnungen erhellen aus dem Nachweis SSAW 417 ff. Einzelthemen, Homer: GOS 46 ff. Gray, bes. G 92 ff. C. Kurt, Seemännische Fachausdrücke bei Homer. Zeitschr. vergleich. Sprachforschung, Erg.Heft 1979. Archaik: GOS 119 f. Klassik: GOS 193 ff. Attische Seeurkunden: A. Böckh, Die Staatshaushaltung der Athener III. Urkunden über d. Seewesen des att. Staates, Nachdr. 1967. J. S. Morrison, Note on IG^2 II, 1604,1.56. IJNA 7, 1978, 151 f. Digesten: T. Mommsen u. P. Krüger (Hrsg.) Corpus iuris civilis I, 1954[16]. ,,Isis": SSAW 186 ff.

22 Zur Seefahrt bis ins 3. Jt. v. Chr.:
Orient: M. C. de Graeve, The Ships of the Ancient Near East 2000–500 B. C., 1981. Kohl (Anm. 2). C. Qualls, Boats of Mesopotamia before 2000 B. C., 1982. Turdaş: N. Vlassa, Neoliticul Transilvaniei, 1976, 170 f. Abb. 8–9. Hvar: G. Novak, Prethistorijski Hvar, 1955, Taf. 194. M. Bonino, The Picene Ships of the 7th century B. C. engraved at Novilara. IJNA 4, 1975, 16 f. – Novaks Deutung als ägyptisches Nilboot ist gegenstandslos, die formal verlockende Verbindung mit frühminoischen Siegelbildern (Verf., Atti I Congresso Internaz. Micenologia, 1968, 1176 ff.) wegen des großen Zeitabstands ebenfalls. Kykladen: C. Renfrew, Cycladic Metallurgy and the Aegean Early Bronze Age. AJA 71, 1967, 1 ff. (Modelle). SSAW 30 ff. Gray G 40. P. Johnstone, The sea-craft of prehistory, 1980, 60 ff. Kreta: SSAW 32 ff. Gray G 33 ff. (bisher nie berücksichtigt die Ähnlichkeit der kretischen Modelle mit einem aus der ägyptischen Amrah-Kultur A. Göttlicher u. A. Werner, Schiffsmodelle im alten Ägypten, 1971, Taf. 9,1). Dorak: Gray G 40 (keine Bedenken). Zu Leder- u. Schilfbooten, Flößen, Einbäumen: Johnstone passim. Frühbronzezeitliche Werkzeughorte als Hinweis auf Schiffsbau: K. Branigan, Aegean Metalwork of the Early and Middle Bronze Age, 1974, 102; 104; 133 f.

23 Zur Seefahrt im 2. Jt. v. Chr.:
C. Laviosa, La marina micenea. Annuario Scuola Ital. Atene 47/8, 1969/70, 7 ff. GOS 7; 50 ff. M. Guglielmi, Sulla navigazione in età micenea. Parola del Passato 26, 1971, 418 ff. SSAW 8; 31 ff. J. Betts, Ships on Minoan Seals. In: Blackman (Anm. 18) 325 ff. Gray G 40 ff. Vermeule (Anm. 4) 258. M. C. Shaw, Ship cabins of the Bronze Age Aegean. IJNA 11, 1982, 53 ff. Thera: Giesecke (Anm. 20). M. G. Prytulak, Weapons on the Thera ships? IJNA 11, 1982, 3 ff. Rammsporn (?): GOS 7. L. Basch u. H. Frost, Another Punic wreck in Sicily: its ram. IJNA 4, 1975, 201 ff. Cypern: K. Westerberg, Cypriote Ships from the Bronze Age to c. 500 B. C., 1983.

24 Zur ostmediterranen Seefahrt im frühen 1. Jt. v. Chr.:
GOS 12 ff. (Modell von Lederboot [?], Kreta: Taf. 1 f.). SSAW 43 ff. B. Landström, Das Schiff, 1973, 28. Gray G 57 ff. Phönikische Schiffe: R. D. Barnett, Early Shipping in the Near East. Antiquity 32, 1958, 220 ff.; 226 f. Landström 30 f. E. C. B. MacLaurin, The Phoenician ship from Tyre in Ezekiel 27. IJNA 7, 1978, 80 ff. Mehrzwecktyp: SSAW 67. Lokalformen: Tréziny (Anm. 20). Ischia: A. L. Ermeti, La nave geometrica di Pithecusa. Arch. Classica 28, 1976, 206 ff. Rojetechnik: A. F. Tilley u. V. Fenwick, Ours is to reason why: the iconography of ancient ships. IJNA 9, 1980, 151 ff. Rammsporn (?): Basch u. Frost (Anm. 23). F. H. van Doorninck Jr., Protogeometric longships and the introduction of the ram. IJNA 11, 1982, 277 ff. (für metallverkleidete echte Sporne wie in Til Barsip. Zu Schiffsbildern von Halikarnassos und Fortetsa schon Gray G 57; protogeometrische Datierung in allen Fällen zu früh).

25 Zur frühetruskischen und frühitalischen Seefahrt:
Paglieri (Anm. 20). Ermeti (Anm. 24) 212ff. Biers u. Humphreys (Anm. 20).
M. Gras, Les Étrusques et la mer. Dossiers de l'archéol. 24, Sept./Oct. 1977, 45ff.
Cristofani 45ff. Stele Bologna: A. Menconi Orsini, La nave della stele felsinea di
Vele Caikne. Il Carobbio 5, 1979, 347ff. Zweimaster Tarquinia: SSAW 70; 240
(aber erst spätes 5. Jh. v. Chr.). Rammsporn: SSAW 67. Basch u. Frost (Anm. 23)
210. P. Rebuffat, Naissance de la marine étrusque. Deux inventions diaboliques:
le rostre et la trompette. Dossiers de l'archéol. 24, 50ff. Thalassokratie: K.-W.
Weeber, Geschichte der Etrusker, 1979, 54; 145. M. Grant, The Ports of the
Etruscans. In: B. Marshall (Hrsg.), Vindex Humanitatis, Festschr. J. H. Bishop,
1980, 1ff. Piraterie: M. Gras, La piraterie tyrrhénienne en mer Égée: mythe ou
réalité? In: Mélanges Heurgon I, 1976, 341ff. Weeber 52f. P. A. Gianfrotta,
Commerci e pirateria: prime testimonianze archeologiche sottomarine. MEFRA
93, 1981, 227ff. Cristofani 105ff.; 117ff. M. G. Ientile, La pirateria tirrenica.
Kokalos Suppl. 6, 1983. Schlacht „bei Alalia": M. Gras, À propos de la „bataille
d'Alalia". Latomus 31, 1972, 698ff. Weeber 57ff. Cristofani 112f. Novilara:
Bonino (Anm. 22) 11ff. Sardinische Modelle: J. Thimme, Kunst u. Kultur Sardi-
niens vom Neolithikum bis zum Ende der Nuraghenzeit (Ausstellungskat. Karlsruhe 1980), 401ff.

26 Zu antiken Frachtschiffen, deren Bauweise und Ausrüstungsteilen:
Duval (Anm. 21). Rougé 47ff. SSAW 157ff.; 201f. MA 55ff. RF 121ff. J. Hausen, Schiffbau in der Antike, 1979. Salviat (Anm. 21). A. W. Sleeswyk, Phoenician joints (coagmenta punicana). IJNA 9, 1980, 243f. Landström (Anm. 24)
48ff. J.-P. Cuomo u. J.- M. Gassend, La construction alternée des navires antiques
et l'épave de la Bourse à Marseille. Revue archéol. Narbonnaise 15, 1982, 263ff.
R. Boyer u. G. Vial, Tissus découverts dans les fouilles du port antique de Marseille. Gallia 40, 1982, 259ff. (teergetränkter Stoff zur Verkleidung des Rumpfs).
Großschiffe, u. a. für Spezialaufgaben: C. V. Sølver, Obelisk-Skibe, 1943. H. T.
Wallinga, Nautika I: The unit of capacity for ancient ships. Mnemosyne 4. Ser. 17,
1964, 1ff. SSAW 170ff. R. P. Duncan-Jones, Giant Cargo-Ships in Antiquity.
Class. Quarterly 27, 1977, 331ff. Pomey u. Tchernia (Anm. 15). F. Foerster,
Roman naval construction, as shown by the Palamós wreck. IJNA 12, 1983,
219ff. Takelung: SSAW 239ff. (Rahsegel); 243ff. (Spriet- u. Lateinsegel). RF
126ff. P. D. Emanuele, Ancient square rigging. With and without lifts. IJNA 6,
1977, 181ff. Schmuck: I. Pekáry, Cheniscus. Boreas 5, 1982, 273ff. Dies., Akro-
stolia auf den hellenistisch-römischen Schiffsdarstellungen. Boreas 6, 1983, 119ff.
Anker: H. Frost, From rope to chain. On the development of anchors in the
Mediterranean. MM 49, 1963, 1ff. J. de Nicolás Mascaró, Arqueologia submarina
en Menorca. Cepos de ancla romanos. In: (Kongreßber.) Prehistoria y arqueologia de las Islas Baleares, 1972 (1974), 457ff. M. Perrone Mercanti, Ancorae
antiquae, 1979. P. A. Gianfrotta, First elements for the dating of stone anchor
stocks. IJNA 6, 1977, 285ff. Ders., Ancore ‚romane'. In: D'Arms u. Kopff, 103ff.
D. E. McCaslin, Stone Anchors in Antiquity: Coastal Settlements and Maritime
Traderoutes in the Early Mediterranean c. 1600–1050 B.C., 1980. G. Kapitän,
Ancient anchors – technology and classification. IJNA 13, 1984, 33ff. Pumpen:
F. Foerster, New views on bilge pumps from Roman wrecks. Ebd. 85ff.

27 Zum keltischen Schiffsbau:
R.- Y. Creston, Les navires des Vénètes. In: Atti II Congr. Internaz. archeol.
sottomarina, Albenga 1958 (1961), 369ff. D. Ellmers, Keltischer Schiffbau.
Jahrb. RGZM 16, 1969, 73ff. Ders., Vor- u. frühgeschichtl. Schiffahrt am Nord-
rand der Alpen. Helvetia archaeol. 5 Heft 19/20, 1974, 94ff. P. Marsden, Celtic

ships of Europe. In: S. McGrail (Hrsg.), Sources and techniques in boat archaeology. BAR Suppl. Ser. 29, 1977, 281 ff. P. Maurice-Garçon, Les vaisseaux engagés par les Vénètes contre la flotte de César en 56 av. J.-C. Bull. Soc. Antiquaires de France 1978/9, 248 ff. Verf., „Keltisch" oder „römisch"? Jahrb. RGZM 30, 1983, bes. 411 ff.

28 Zur Versorgung der Großstädte:
Rougé 247 f.; 265 ff.; 359 f. A.R. Hands, Charity and Social Aid in Greece and Rome, 1968, bes. 104 ff.; 167. B. Gallotta, L'Africa e i rinfornamenti di cereali all'Italia durante il principato di Nerone, 1975. H. Pavis d'Esturac, La préfecture de l'Annone, 1976. L. Casson, The Role of the State in Rome's Grain Trade, in: D'Arms u. Kopff, 21 ff. S. Panciera, Olearii, ebd. 235 ff. G. Rickman, The Grain Trade Under the Roman Empire, ebd. 261 ff. G. Vitelli, Grain Storage and Urban Growth in Imperial Ostia. World Archaeol. 12, 1980/81, 54 ff. G. Thür u. Chr. Koch, Prozeßrechtl. Kommentar zum „Getreidegesetz" aus Samos, 1981. G.E. Rickman, The Corn Supply of Ancient Rome, 1982. P. Garnsey, Grain for Rome. In: Ders., K. Hopkins u. C.R. Whittaker (Hrsg.), Trade in the Ancient Economy, 1983, 118 ff. D.J. Thompson, Nile Grain Transport under the Ptolemies, ebd. 64 ff. P.M. Rogers, Domitian and the Finances of State. Historia 33, 1984, 60 ff.

29 Zum Handel mit Luxusgütern:
W. Wheeler, Der Fernhandel des röm. Reiches in Europa, Afrika u. Asien, 1965, bes. 122 ff. J. Innes Miller, The Spice Trade of the Roman Empire, 1969. W. Raunig, Bernstein – Gewürze – Weihrauch, 1971. M.G. Raschke, Papyrological Evidence for Ptolemaic and Roman Trade with India. In: Proceed. 14th Internat. Congr. Papyrologists, 1975, 241 ff. C.G. Koehler, Evidence around the Mediterranean for Corinthian Export of Whine and Oil. In: Beneath the Waters of Time. Proceed. 9th Conference Underwater Archaeol., Austin 1978, 231 ff. L. Casson, Die Seefahrer der Antike, 1979, 277 ff. Ders., Rome's Trade with the East. Transactions American Philos. Assoc. 110, 1980, 21 ff. R. Olmos u. M. Picazo, Zum Handel mit griech. Vasen u. Bronzen auf der iberischen Halbinsel. Madrider Mitt. 20, 1979, 184 ff. A. Tchernia, Quelques remarques sur le commerce du vin et les amphores. In: D'Arms u. Kopff, 305 ff. B. Bouloumié, Le vin étrusque et la première hellénisation du Midi de la Gaule. Revue archéol. Est 32, 1981, 75 ff. N. Groom, Frankincense and Myrrh, 1981, bes. 55 ff. U. Heimberg, Gewürze, Weihrauch, Seide, 1981. R. Adinolfi, I rapporti tra l'Impero Romano e la Cina antica, 1982. A. Tchernia, Italian Wine in Gaul at the End of the Republic. In: Garnsey (Anm. 28), 87 ff.

30 Zur Kolonisation:
C. Mossé, La colonisation dans l'Antiquité, 1970. Simposio internacional de colonizaciones, Barcelona 1971 (1974). A. u. W. Schüle, Kolonialismus in Europa vor Christi Geburt. Antike Welt 7 Heft 2, 1976, 38 ff. L. Braccesi, Grecità adriatica, 1977². (Kongreß) Insediamenti coloniali greci in Sicilia nell' VIII e VII secolo, Siracusa 1977 (1980). Problemy grečeskoi kolonizacii severnogo i vostočnogo Pričernomor'ja. Materials First All-Union Symposium of the Ancient History of the Black Sea Littoral, Tskhaltubo 1977 (1979). M. Bendala Galan, Las más antiguas navegaciones griegas a España y el origen de Tartesos. Archivo español arqueol. 52, 1979, 33 ff. M. Marazzi u. S. Tusa, Die myken. Penetration im westl. Mittelmeerraum. Klio 61, 1979, 309 ff. M. Torelli, Colonizzazioni etrusche e latine di epoca arcaica. In: Gli Etruschi e Roma. Atti dell'incontro di studio in onore M. Pallottino, Roma 1979 (1981), 71 ff. J. Boardman, Kolonien u. Handel der Griechen, 1981. K. Branigan, Minoan Colonialism. BSA 76, 1981, 23 ff. P. Faure,

Die griech. Welt im Zeitalter der Kolonisation, 1981. A.X. Kocybala, Greek Colonization on the North Shore of the Black Sea in the Archaic Period, 1981. Nouvelle contribution à l'étude de la société et de la colonisation eubéenne, Cahiers Centre J. Bérard 1982. H.G. Niemeyer (Hrsg.), Phönizier im Westen, Sympos. Köln 1979 (1982). Cristofani 66 ff.; 95 ff.; 111 ff.; 128 f. E. Ripoll i Perello, Els Grecs a Catalunya, 1983. Bedeutung der Flüsse: E. Lepore, Fiumi e città nella colonizzazione greca di Occidente. In: P.-M. Duval u. E. Frézouls (Hrsg.), Thèmes de recherche sur les villes antiques de l'Occident, Sympos. Straßburg 1971 (1977) 267 ff. Y. Burnand, Le rôle des communications fluviales dans la genèse et le développement des villes antiques du Sud-Est de la Gaule, ebd. 279 ff. M. Le Glay, Le Rhône dans la genèse et le développement de Vienne, ebd. 307 ff. E. de St.-Denis, Le Rhône vu par les Grecs et Latins de l'antiquité. Latomus 40, 1981, 545 ff. Schiffsmaterial: J. Alvar, Los medios de navegación de los colonizadores griegos. Archivo español arqueol. 52, 1979, 67 ff.

31 Zum Reiseverkehr:
GOS 196 f. MA 48 f. L. Casson, Reisen in der Alten Welt, 1976. H. Bender, Römischer Reiseverkehr, 1978, bes. 28 f. Pomey u. Tchernia (Anm. 15) 249. Pilgerreisen: J. Wilkinson, Jerusalem Pilgrimage before the Crusades, 1977. H. Donner, Pilgerfahrt ins Heilige Land, 1979. E.D. Hunt, Holy Land Pilgrimage in the Later Roman Empire, 1982. Kaiserreisen: Kienast 13. Ch.G. Starr, The Roman Imperial Navy, 1975[2], 201 Anm. 35. Sklaventransport: W.V. Harris, Towards a Study of the Roman Slave Trade. In: D'Arms u. Kopff, 117 ff. D. Musti, Il commercio degli schiavi e del grano: il caso di Puteoli, ebd. 197 ff. „Fährverkehr" Brindisi-Durazzo: MA 189 f. Indischer Ozean: R. Delbrueck, Südasiatische Schiffahrt im Altertum. Bonner Jahrb. 155/6, 1955/6, 8 ff.; 229 ff.

32 Zu Risiken im Seeverkehr:
Allgemein: Wachsmuth 431 ff. Rhodische Hilfsfahrten: ebd. 426 f. Piraten: Delbrueck (Anm. 31) 232; 235; 257; 271. Rougé 335 ff. H.G. Dell, The Origin and Nature of Illyrian Piracy. Historia 16, 1967, 344 ff. H. A. Ormerod, Piracy in the Ancient World, 1978[2]. P. Brulé, La piraterie crétoise hellénistique. Annales litt. Univ. Besançon 223, 1979. Gianfrotta (Anm. 25). Cristofani (ebd.). Ientile (ebd.). Feuer: J.-M. Gassend, Vestiges d'une épave antique dans le port de Pommègue (Marseille). Archaeonautica 2, 1979, 107. Seeungeheuer: M. Lawrence, Ships, Monsters and Jonah. AJA 66, 1962, 289 ff. Kollision: A.S. Toby, Another look at the Copenhagen sarcophagus. IJNA 3, 1974, 205 ff. Schiffsverluste von 64 im Claudius-Hafen: A. Saccocci, La figurazione del porto di Ostia sui sesterzi di Nerone. Bull. Mus. Padova 62, 1972, 105 ff. (Zusammenhang der Münzserie mit der Katastrophe). Seefahrtssaison: Rougé 32 ff. SSAW 270 f. MA 22 f. RF 123. G.L. Snider, Hesiod's Sailing Season (Works and Days 663–665). Amer. Journal Ancient Hist. 3, 1978, 129 ff. Alvar (Anm. 30) 72 f.

33 Zum Kriegsschiffbau:
R.C. Anderson, Oared Fighting Ships, 1962. GOS passim. SSAW 43 ff. P. Johnstone, The Archaeology of Ships, 1974. J. S. Morrison, The Ship. Long Ships and Round Ships, 1980. Alvar (Anm. 30). Til Barsip: W. Orthmann, Der Alte Orient, 1975, Farbtaf. XVI. A.S. Toby, A warship from Elmali. IJNA 8, 1979, 7 ff. Archaische Zweimaster: L. Casson, Two-masted Greek ships. IJNA 9, 1980, 68 ff. Ursprung der Triere: L. Basch, Phoenician Oared Ships. MM 55, 1969, 139 ff.; 227 ff. L. Casson, Another Note on Phoenician Galleys. MM 56, 1970, 340. SSAW 77; 81; 94. A.B. Lloyd, Were Necho's Triremes Phoenician? JHS 95, 1975, 45 ff. J.S. Morrison, The First Triremes. MM 65, 1979, 53 ff. A. B. Lloyd, M. Basch on Triremes: some Observations. JHS 100, 1980, 195 ff. (für griech.

Ursprung). L. Basch, M. le Prof. Lloyd et les trières. Ebd. 198f. Klassik: SSAW 77ff. RF 39ff. V. Foley, W. Soedel u. J. Doyle, A trireme displacement estimate. IJNA 11, 1982, 305ff. A. W. Sleeswyk, A new reconstruction of the Attic trieres and bireme. IJNA 11, 1982, 35ff. Hellenist. Großkampfschiffe: L. Casson, The Super-Galleys of the Hellenistic Age. MM 55, 1969, 185ff. (dazu: L. Basch, The Tesserakonteres of Ptolemy IV Philopator. Ebd. 381f.). SSAW 99ff. RF 49ff. V. Foley u. W. Soedel, Antike Kampfgaleeren. Spektrum der Wissensch. Juni 1981, 106ff. (für Katamarane mit Remen zwischen den Rümpfen; dazu Basch, MM 55: eher ohne Innenremen). G. Roux, Le Neôrion et le ,,vaisseau de Délos" (Pausanias I 29,1). BCH 105, 1981, 61ff. J. u. T. Pekáry, Kataphraktos u. Zweireiher. Boreas 2, 1979, 76ff. J. S. Morrison, Hemioliai, trihemioliai. IJNA 9, 1980, 121ff. Rom: SSAW 143ff. (oft ,,phönik." Typ ohne Remenkästen). RF 19ff. ,,Turmschiff": ebd. 57ff. Mehr als drei Remenreihen: M. Reddé, Galères à quatre, cinq, six rangs de rames dans l'antiquité. MEFRA 92, 1980, 1025ff. ,,Vierer" auf calenischer Schale: RF 292 Bild 17 (bes. deutlich: rechtes u. unteres Schiff). Späte Kaiserzeit: MA 142 (Carausius' Schiffe ,,kein mediterraner Typ"; anders aber Duval 1949 [Anm. 20] 95 nach Panegyrici latini V,12). SSAW 148. Verf. (Anm. 27) 403ff. Radantrieb: E.A. Thompson, A Roman Reformer and Inventor, 1952. MA 147. Verrat der ,,Geheimnisse des Schiffbaus" an Barbaren mit Todesstrafe bedroht: E. Henriot, Kurzgefaßte illustr. Geschichte des Schiffbaus, 1971, 28. Punier: P. Bartoloni, Le navi da guerra cartaginesi di età ellenistica. Antiqua (Rom) 12, 1979, 19ff. Münzbilder: L. Villaronga, Las monedas hispano-cartaginesas, 1973, Taf. 5. Wracks Marsala: Frost (Anm. 18). Illyrer: M. Jurišić, On Illyrian shipbuilding in the Adriatic up to the second century B.C. Prinosi odjela za arheologiju, Zagreb 1983, 5ff. Münzbilder: M. Kozličić, Surveys of ships on coins of the Daors tribe. Glasnik zemaljskog muzeja Sarajevo, Arheologija 35/36, 1981, 163ff. Waffen: J.R. Steffy, The Athlit Ram. MM 69, 1983, 229ff. Katapulte: E.W. Marsden, Greek and Roman Artillery, 1969; 1971. RF 101ff. E. Schramm, Die Geschütze der Saalburg, Nachdr. 1980. D. Baatz, Hellenistische Katapulte aus Ephyra. AM 97, 1982, 211ff. Enterhaken: SSAW 121; mit Katapulten verschossen: ebd. 122. RF 95f. Johnstone (Anm. 33) 117. ,,Rabe": H. Wallinga, The boarding-bridge of the Romans, 1956. SSAW 121. RF 96ff. L. Poznanski, Encore le corvus de la terre à la mer. Latomus 38, 1979, 652ff. Brandwaffen: SSAW 122f.; 176. Johnstone (Anm. 33) 118. RF 116ff. Kampftürme: SSAW 122. RF 67ff. Schmuck: G.M.A. Hanfmann, A Roman Victory. In: Opus nobile, Festschr. U. Jantzen, 1963, 63ff. Pekáry (Anm. 26). Wichtige Dokumente; Gytheion: L. Basch, Trois modèles de navire au musée de Sparta. Antiquité class. 38, 1969, 430ff. (,,röm."). Ermeti 1981 (Anm. 19) 76ff. (verweist auf Modell aus ,,5." Jh. v. Chr.). ,,Tuch" am Heck: Moll (Anm. 20) Taf. B VI 115–117, 131. GOS Taf. 12b. Nymphaion: N.L. Grač, Discovery of a new historical source in Nymphaion. Vestnik drevnei istorii 1984 Heft 1, 81ff. Nemi: Ucelli (Anm. 18). Schiffsdenkmäler: s. Anm. 19.

34 Zu Bau u. Bemannung der Kriegsflotten:
GOS 7; 257f.; 322ff. B. Jordan, The Athenian Navy in the Classical Period, 1975. J.H. Thiel, A History of Roman Sea Power before the second Punic War, 1954. Kienast passim. MA 129ff. RF 237ff. Starr (Anm. 31) passim. Karthago, Kriegsschiffe Privatbesitz, nur im Krieg requiriert: G.-G. Lapeyre u. A. Pellegrin, Carthage punique, 1942, 190 (Polyb. I,64.4). Trierarchie: GOS 248; 256; 261ff. SSAW 301f. Offiziere: GOS 266ff. SSAW 300ff.; 307ff. RF 239ff. Starr 30ff. Mannschaften: GOS 254ff. SSAW 303ff. RF 237ff. Abwerbung der Rojer: GOS 234 (Thuk. I,31; I,35; I,121. Demosthenes 50,7.14). Rojer ,,wehrpflichtig":

SSAW 324. Sklavenfrage: Kienast 11. H. Chantraine, Kaiserliche Sklaven im röm. Flottendienst. Chiron 1, 1973, 253ff. SSAW 326f.; 332 (Thuk. I,55; VI,62; VII,13). Ärzte: H. Callies, Zur Stellung der medici im röm. Heer. Medizinhistor. Journal 1968 Heft 3, 22. V. Nutton, The Doctors of the Roman Navy. Epigraphica 32, 1970, 66ff. Holzversorgung für Schiffsbau: Thuk. IV,108 (Amphipolis/ Makedonien); VII,25 (Kauloi/Unteritalien). R. Meiggs, Sea-borne Timber Supplies to Rome. In: D'Arms u. Kopff, 185ff. J.V. Thirgood, Man and the Mediterranean Forest. A History of Resource Depletion, 1981. R. Meiggs, Trees and Timber in the Ancient Mediterranean World, 1983, bes. 116ff.; 325ff. Schiffsnamen: SSAW 348ff. RF 259.

35 Zu Schiffskampf und Seekrieg:
Frühzeit: SSAW 36ff. E. Linder, Naval warfare in the El-Amarna Age. In: Blackman (Anm. 18), 317ff. F. Cornelius, Geschichte der Hethiter, 1973, 276 (Hethiter „verbrennen" feindl. Schiffe). Gray G 51f. Johnstone (Anm. 33), 26; 116f. Johnstone (Anm. 20), 79f. Homers Zeit: GOS 54. G. Ahlberg, Fighting on Land and Sea in Greek Geometric Art, 1971, 25ff.; 45ff.; 58f.; 106ff. SSAW 49; 346. Gray G 122f.; G 131ff. Morrison (Anm. 33), 14f.; 16f. van Doorninck (Anm. 24). Archaik: GOS 135f.; 159; 315ff. Gras (Anm. 25), 698ff. MA 107. Morrison (Anm. 33), 28f. Klassik: GOS 157ff. Morrison (Anm. 6). R.B. Nelson, The Battle of Salamis, 1975. Hellenismus: SSAW 121ff.; 139f. Johnstone (Anm. 33), 117ff. N.G. Ashton, The Naumachia near Amorgos in 322 B.C. BSA 72, 1977, 1ff. Foley u. Soedel (Anm. 33), 118ff. Rom: Kienast 15ff.; 134ff.; 137ff. SSAW 122; 176 Anm. 42; 313. MA 122f.; 140f. RF 157ff. Ausbildung: Hdt. VI,12 (Ionier lehnen 495 v.Chr. Gefechtsdrill ab: wohl eine Neuerung); VII,44 (pers. „Manöver", Abydos). GOS 135f.; 308ff. SSAW 278. Ausonius, Mosella 200ff. („Schiffsspiele", Trier). „Delphine" (Fallgewichte auf Frachtern bei Spezialeinsätzen): SSAW 239. Handelskrieg (im Peloponnesischen Krieg): Thuk. I,120; II,67 u. 69; III,86; IV,9 u. 67 u. 90; VIII,4. Kriegslisten: SSAW 133f.; 304. Landtransport von Kriegsschiffen: SSAW 136. Brander: Thuk. VIII,53 (Syrakus). RF 165 (Rom). Sabotage: GOS 187. Signalwesen: GOS 134; 197f. SSAW 245ff. RF 239; 243. W. Leiner, Die Signaltechnik der Antike, 1982.

36 Zur Flußschiffahrt:
Nil: F. Caspari, Das Nilschiff Ptolemaios' IV. Jahrb. Deutsches Arch Inst. 31, 1916, 1ff. (katamaranartiges Palastschiff). SSAW 331ff. F. Hauben, Le transport fluvial en Égypte ptolémaïque. In: Proceedings 15th Internat.Congr.Papyrologists, Bd. 4, 1979, 68ff. Ägypt. Steuermann Horus in Köln: H. Geist u. G. Pfohl, Römische Grabinschriften, 1976², 122 Nr. 319. Tiber: L. Casson, Harbor and River Boats of Ancient Rome. Journal Roman Stud. 55, 1965, 31ff. SSAW 332f. Testaguzza (Anm. 18). Scrinari (Anm. 18). Po: N. Alfieri, Tipi navali nel delta antico del Po. In: Atti Convegno Internaz. di Studi sulle antichità di Classe, Ravenna 1967 (1968), 187ff. Rhein, Donau: W. Heydendorff, Die röm. Flotte auf der norischen u. oberpannonischen Donau. Unsere Heimat (Wien) 23, 1952, 149ff. D. Ellmers, Rheinschiffe der Römerzeit. Beiträge Rheinkunde 25, 1973, 25ff. Ders., Shipping on the Rhine during the Roman Period: the pictorial evidence. In: J. du Plat Taylour u. H. Cleere (Hrsg.), Roman Shipping and Trade: Britain and the Rhine Provinces. CBA Research Report 24, 1978, 1ff. B. Arnold, Gallo-Roman boat finds from Switzerland, ebd. 31ff. G. de Boe, Roman boats from a small river harbour at Pommeroeul, Belgium, ebd. 22ff. M.D. de Weerd, Ships of the Roman period at Zwammerdam/Nigrum Pullum, Germania Inferior, ebd. 15ff. P. Marsden, A boat of the Roman period found at Bruges. IJNA 5, 1976, 23ff. Marsden (Anm. 27) bes. 286f. M. Bollini, Le flotte militari sul Reno e nel

Mare del Nord. Corsi di cultura sull'arte ravennate e bizantina 24, 1977, 105 ff.
S. Neu, Ein Schiffsrelief vom Kölner Rheinufer. Boreas 5, 1982, 133 ff. A.W.
Sleeswyk, The rudder of the Blussus ship. IJNA 11, 1982, 153 f. Mainz: Verf.
(Anm. 18; 27). Bei Typ B sind Flußschiffe mit zentraler Hütte, doch ohne Mast,
auf vorrömischen Keltenmünzen (Duval [Anm. 20] 91 ff.) noch nicht berücksich-
tigt; trotzdem geht Typ B eher auf südliche Vorbilder zurück als auf diesen alten
Lokaltyp. Kleinflüsse: M. Eckoldt, Schiffahrt auf kleinen Flüssen Mitteleuropas in
Römerzeit u. Mittelalter, 1980. Kämpfe der Rheinflotte: Kienast 147 ff. Verf.,
Rheinschiffe aus der Zeit Ammians. Antike Welt 13:3, 1982, 40 ff.

37 Zu Häfen und Hilfseinrichtungen:
   K. Lehmann-Hartleben, Die antiken Hafenanlagen des Mittelmeeres, Nachdr.
1963. Rougé 107 ff. J.W. Shaw, Griechische und röm. Hafenanlagen. In: Bass
(Anm. 18) 87 ff. S.E. Ostrow, The Topography of Puteoli and Baiae on the eight
Glass Flasks. In: Puteoli. Studi Storia Antica 3, 1979, 77 ff. D.J. Blackman, Ancient harbours in the Mediterranean. IJNA 11, 1982, 79 ff.; 185 ff. K.D. White,
Greek and Roman Technology, 1984, 104 ff. Levante, Afrika: R. Bartoccini, Il
porto romano di Lepcis Magna, 1958. B. Kemp u. D. O'Connor, An ancient Nile
harbour. IJNA 3, 1974, 101 ff. (Kunsthafen; 2. Jt.v.Chr.). J.H. Humphreys, Apol-
lonia, the Port of Cyrene, 1976. A. Flinder, The island of Jezirat Fara'un. IJNA 6,
1977, 127 ff. Kleinasien: P. Knoblauch, Die Hafenanlagen u. anschließenden See-
mauern von Side, 1977. J. Schäfer (Hrsg.), Phaselis, 1981, 55 ff. Griechenland:
P. Knoblauch, Die Hafenanlagen der Stadt Ägina. Arch.Deltion 27:1, 1972, 50 ff.
L. Ibrahim u.a., Kenchreai, Eastern Port of Corinth I, 1978. Italien: J.D. Lewis,
Cosa: an early Roman harbour. In: Blackman (Anm. 18) 233 ff. F. Castagnoli,
Installazioni portuali a Roma. In: D'Arms u. Kopff, 35 ff. A.M. Colini, Il porto
fluviale del Foro Boario a Roma, ebd. 43 ff. G.W. Houston, The Administration of
Roman Seaports During the First Three Centuries of the Roman Empire, ebd.
157 ff. B. Frau, Graviscae. Il porto antico di Tarquinia e le sue fortificazioni, 1981.
Andere Länder: C. Martin u.a., Lousonna I, 1969, bes. Plan bei S. 96 (Vidy b.
Lausanne). S.E. Rigold, The Roman Haven at Dover. Archaeol.Journ. 126, 1969,
78 ff. J. Fryer, The harbour installations of Roman Britain. In: Blackman
(Anm. 18) 261 ff. H. Cleere, Roman harbours in Britain south of Hadrian's Wall.
In: du Plat Taylour u. Cleere (Anm. 36) 36 ff. J. Morel u. M.D. de Weerd, Early
Roman Harbours in Velsen. In: W.S. Hanson u. L.J. Keppie (Hrsg.), Roman
Frontier Studies II. BAR Internat. Ser. 71, 1980, 475 ff. G. Milne u. B. Hobley
(Hrsg.), Waterfront Archaeology in Britain and Northern Europe. CBA Research
Report 41, 1981. G. Wolff, Das Römisch-Germanische Köln, 1981, bes. 218 ff.;
253. Mainz: Verf. (Anm. 18) 232 Abb. 1 Nr. 1;5: wohl Militärhafen wie Velsen
(auch Hinweise auf mehrere zivile Ladeplätze). Technische Anlagen: Rougé
162 ff. (bes. Kräne). B. Frau, Note di tecnologia meccanica antica: i ,,Polyspastos"
e altri mezzi di sollevamento, 1980. B.S. Isserlin, The Cothon at Motya. Archaeology 27, 1974, 188 ff. (pun. Trockendock). A. Linfert (Hrsg.), Die Skeuothek des
Philon im Piräus, 1981. Hafenpersonal, Zünfte: Rougé 179 ff.; 188 ff.; 295 ff.
SSAW 370. F.M. Ausbüttel, Untersuchungen zu den Vereinen im Westen des
röm. Reiches, 1982, bes. 36; 42 f.; 45; 47; 100 ff. G. Hermansen, Ostia. Aspects of
Roman City Life, 1982, 55 ff.; 239 ff. Leuchttürme: S. Hutter, Der röm. Leuchtturm von La Coruña, 1973. D. Giorgetti, Il faro di Alessandria fra simbolica e
realtà. Rend.Lincei 32, 1977, 245 ff. M. Reddé, La représentation de phares à
l'époque romaine. MEFRA 91, 1979, 845 ff. Kanäle: Hdt. II,158; IV,39 (vom Nil
zum Roten Meer); VII,22 ff. (Athos). M. Eckoldt, Über das röm. Projekt eines
Mosel-Saône-Kanals. Deutsches Schiffahrtsarchiv 4, 1981, 29 ff. White (s.o.),

110ff. Diolkos: N.M. Verdelis, Der Diolkos am Isthmus von Korinth. AM 71, 1956, 51ff.

38 Zu religiösen Aspekten:
Wachsmuth passim (immer noch unübertroffen). R. Merkelbach, Roman u. Mysterium in der Antike, 1962, 55ff. (Symbolwert Schiff/Hafen). Ders., Isisfeste in griechisch-römischer Zeit, 1963. T. Heydenreich, Tadel u. Lob der Seefahrt, 1970, 16f. SSAW 115f.; 139; 181f. MA 206ff. R. Thouvenot, La mosaïque du ,,navigium Veneris" à Volubilis. Revue archéol. 1977, 37ff. A. Göttlicher, Nautische Attribute römischer Gottheiten, 1981. ,,Inseln der Seligen": B. Andreae, Studien zur röm. Grabkunst, 1963, 57f., 131ff., 136, 153ff. (,,Letzter Hafen"). Skeptisch aber: J. Engemann, Untersuchungen zur Sepulkralsymbolik der späteren röm. Kaiserzeit. 1973, bes. 44ff., 60ff. Weihungen: S.-A. Deyts, Ex-voto du sanctuaire des Sources de la Seine, Catalogue, 1966. G. Kopcke, Votivschiffe. AM 82, 1967, 145ff. (Heraion Samos). W. Gauer, Weihgeschenke aus den Perserkriegen, 1968. G.R. Culley, The Restoration of Sacred Monuments in Augustan Athens, Diss. Chapel Hill 1973, 102f. (Steindenkmal auf Salamis als Ersatz für geweihtes Beuteschiff). P.A. Gianfrotta, Le àncore votive di Sostrato di Egina e Faillo di Crotone. Parola del Passato 30, 1975, 311ff. (Ankerweihung des Sostratos in Graviscae; auch C. Tronchetti, ebd. 366ff.). B. Rocco, La Grotta Regina. Atti Accad.Palermo 35, 1975–6, 81ff. (pun. Höhlenheiligtum, u. a. Schiffsbilder). P. Amandry, Le portique des Athéniens. BCH 102, 1978, 582ff. (Weihung erbeuteter Taue der pers. Hellespontbrücke durch Athen in Delphi). H. Kyrieleis, Archaische Holzfunde aus Samos. AM 95, 1980, 87ff. (Schiffsmodelle, Heraion Samos). Ermeti (Anm. 19) 47ff. C. Martini, in: A. Giuliano (Hrsg.), Museo Nazionale Romano. Le sculture I:2, 1981, 350 (schiffsförmige Basen für Votivsäulen). Roux (Anm. 33) 129 (Schiffsweihung des Antigonos Gonatas, Delos; auch SSAW 115; 139). H. Jucker, Apollo Palatinus u. Apollo Actius auf augusteischen Münzen. Mus.Helveticum 39, 1982, 82ff. Festfahrten: O. Walter, Zum Lenormantschen Schiffsrelief, in: Festschrift A. Rumpf, 1952, 131ff. Culley 118. Schiffswagen: A. Frickenhaus, Der Schiffskarren des Dionysos in Athen. Jahrb. Deutsches Archäol.Inst. 27, 1912, 61ff. Bordheiligtum: GOS 123. G. Maetzke, Nuove testimonianze della presenza del tabernacolo abordo delle navi romane. In: Gli archeologi italiani in onore di A. Maiuri, 1965, 245ff. SSAW 181f. G. Kapitän, Louteria from the sea. IJNA 8, 1979, 97ff. Ders., Three terracotta braziers from the sea off Sicily. IJNA 9, 1980, 127ff. Christentum: G. Stuhlfauth, Das Schiff als Symbol i.d.altchristl.Kunst. In: Reallexikon f. Antike u. Christentum 19, 1942, 111ff. Lawrence (Anm. 32). C.A. Kennedy, Early Christians and the Anchor. Biblical Archaeol. 38, 1975, 115ff. H. Brandenburg, Die Darstellungen maritimen Lebens. In: H. Beck u. P.C. Bol (Hrsg.), Spätantike u. frühes Christentum, Ausstellungskat. Frankfurt 1983, 249ff. Profanere Aspekte: A. Göttlicher, Fortuna Gubernatrix. Antike Welt 12, 1981, 27ff. Münzen als ,,Bauopfer" in Mastspur z.B.: Chrétienne A (F. Dumas, Épaves antiques, 1964, 99ff.); Anse Gerbal (Y. Chevalier u.a., Revue archéol. Narbonnaise 1, 1968, 263). Nachleben: B. Neutsch, Schiffsvotive u. Schiffsprozessionen am Cap Palinuro. Klearchos 25–28, 1965, 93ff.

39 Zu Nautik und geographischem Weltbild:
Barnett (Anm. 24), bes. 230. Wachsmuth 190 (Vögel). G. Schüle, Navegación primitiva y visibilidad de la tierra en el Mediterraneo. In: Crónica XI Congr.nacional de Arqueologia, Mérida 1969, 449ff. (Fern-Landsicht). Casson (Anm. 31), 98ff. D. Ellmers, Der Nachtsprung an eine hinter dem Horizont liegende Gegenküste. Deutsches Schiffahrtsarchiv 4, 1981, 153ff. D. Pingree, Mesopotamian

Astronomy and Astral Omens in Other Civilizations. In: Nissen u. Renger (Anm. 2), 613 ff. Zum Vergleich: D. Lewis, Wind, Wave, Star, and Bird. National Geographic 146:6, 1974, 747 ff. (Ozeanien). Instrumente: G. Buchner, Antike Reiseuhren. Chiron 1, 1971, bes. 473 f. (Gnomon). D. de Solla Price, Gears from the Greeks. The Antikythera Mechanism, 1975. A. Szabó, Astronom. Messungen bei den Griechen im 5. Jh. v. Chr. u. ihr Instrument. Platon 32/33, 1981, 293 ff. Karten: O. Neugebauer, A Greek World Map. In: Le monde grec, Hommages à C. Préaux, 1975, 312 ff. O. Dilke, Mapping of the North African Coast in Classical Antiquity. In: Proceedings 2nd Internat. Congr. of Studies on Cultures of the Western Mediterranean, Malta 1976 (1978), 154 ff. J.D. Muhly, Ancient Cartography. Expedition 20:2, 1978, 26 ff. L. Bosio, La Tabula Peutingeriana, 1983. Entdeckungsreisen: R. Hennig, Terrae Incognitae I, 1944². M. Cary u. E.H. Warmington, Die Entdeckungen der Antike, 1966. MA 172 f. J. Ramin, Le Périple d'Hannon. BAR Suppl. Ser. 3, 1976. J.P. Murphy (Hrsg.), Ora maritima, 1977 (Avienus). L. Whittaker, The Problem of Pytheas' Thule. Class. Journal 77, 1981–2, 148 ff. C. Picard, Les navigations de Carthage vers l'Ouest. In: Niemeyer (Anm. 30), 167 ff. G.C. Picard, Le Périple d'Hannon, ebd. 175 ff. F. Vian, Les navigations des Argonautes. Bull. Assoc. Budé 1982, 273 ff. Odyssee (als Beispiele für die schier unerschöpflichen Interpretationsmöglichkeiten von Homers Text): H. Steuerwald, Weit war sein Weg nach Ithaka, 1981. Chr. Pellech, Die Odyssee – eine antike Weltumsegelung, 1983. A. u. H.H. Wolf, Die wirkliche Reise des Odysseus, 1983². Períploi: G. Brizzi, Gli empori siro-libanesi, Peripli i scrittori. Felix Ravenna 111/112, 1976, 3 ff. V. Purcaro Pagano, Le rotte antiche tra la Grecia e la Cirenaica e gli itinerari marittimi e terrestri lungo le coste cirenaiche e della Grande Sirte. Quaderni Archeol. Libia 8, 1976, 285 ff. A. Dihle, Die entdeckungsgeschichtl. Voraussetzungen des Indienhandels der röm. Kaiserzeit. In: Aufstieg u. Niedergang der röm. Welt II,9,2, 1978, 546 ff. A. Peretti, Il periplo di Scilace, 1979. L. Siviglia, Il periplo della Sicilia secondo Strab. VI 2,1. In: Miscellanea in onore E. Manni VI, 1980, 1997 ff. G.W.B. Huntingford, The Periplus of the Erythraean Sea, 1982.

40 Zu Seefahrt, Wirtschaft, Staat:
Fischerei: H. Höppener, Halieutika, 1931. D. Bohlen, Die Bedeutung der Fischerei für die antike Wirtschaft, Diss. Hamburg 1937. W. Radcliffe, Fishing from the Earliest Times, Nachdr. 1976. G. Purpura. Pesca e stabilimenti antichi per la lavorazione del pesce in Sicilia. Sicilia archeol. 15, 1982, 45 ff. Inschrift Beetgum: CIL XIII Nr. 8830. E. Sadée, Bonner Jahrb. 130, 1925, 308 (Zunft pachtet Fischereirechte vom Staat). Bevölkerung: L. Cracco Ruggini, Nuclei immigrati e forze indigene in tre grandi centri commerciali dell'impero. In: D'Arms u. Kopff, 55 ff. Steuern u. Zölle: S. de Laet, Portorium, 1949. Rougé 439 ff. Casson (Anm. 31) 349 ff. K. Hopkins, Taxes and Trade in the Roman Empire (200 B.C. – A.D. 400). Journ. Roman Stud. 70, 1980, 101 ff. R.E.A. Palmer, Customs on Market Goods Imported into the City of Rome. In: D'Arms u. Kopff, 217 ff. Preise: Rougé 361 ff. S. Lauffer, Diokletians Preisedikt, 1971. A. Balil, Notas sobre precios y costes en época romana. Cuadernos de Historia Economica de Catalunya 1975, 9 ff. Handel: Rougé 415 ff. A.J. Parker, The evidence provided by underwater archaeology for Roman trade in the Western Mediterranean. In: Blackman (Anm. 18), 361 ff. M. Zuffa, I commerci ateniesi nell'Adriatico e i metalli d'Etruria. Emilia Preromana 7, 1971–4, 151 ff. MA 162 ff.; 174 ff. M. Lazarov, Les rapports commerciaux de Rhodes avec les cités ouest-pontiques à l'époque hellénistique. Izvestija Varna 13, 1977, 1 ff. R.M. Cook, Archaic Greek Trade: Three Conjectures. JHS 99, 1979, 152 ff. C.J. Eiseman u.a., The Mediterrane-

an Market: aspects of trade in classical times. Expedition 21:4, 1979, 4ff. A. Mele, Il commercio greco arcaico. Prexis ed emporie, 1979. D'Arms u. Kopff (Anm. 26). L. Casson, Maritime Trade in Antiquity. Archaeology 34:4, 1981, 37ff. C.G. Koehler, Corinthian Developments in the Study of Trade in the fifth Century. Hesperia 50, 1981, 449ff. T. Pekáry, Zur Bedeutung des Handels in der Antike. In: Lagon, Festschr. P. Berghaus, 1981, 11ff. R.J. Hopper, Handel u. Industrie im klass. Griechenland, 1982. Garnsey (Anm. 28). Frühzeit: J.D. Muhly u.a., The Cape Gelidonya shipwreck and the Bronze Age metal trade in the Eastern Mediterranean. Journ. Field Archaeol. 4, 1977, 353ff. Kohl (Anm. 2). Marazzi u. Tusa (Anm. 30). R. Torrenc, Die Obsidiangewinnung u. -bearbeitung auf d. griech. Insel Melos. Der Anschnitt 33, 1981, 86ff. Cristofani 11ff.; 33ff.; 99ff.; 111. Metallhandel: H.-G. Buchholz, Keftiubarren u. Erzhandel im 2. vorchristl. Jahrtausd. Prähistor. Ztschr. 37, 1959, 1ff. G. Tonsheva, Cape Kaliakra, Balchik. IJNA 3, 1974, 322f. (Kupferbarren vor bulgar. Küste). Oben: Zuffa; Muhly. Keramikhandel: H. Gallet de Santerre, Les exportations de céramique attique pendant la première moitié du Ve siècle av. J.-C. dans le Midi de la France. In: Stele, Festschr. N. Kontoleon, 1980, 187ff. I. Scheibler, Griech. Töpferkunst, 1983, 135ff. Marmor: P. Baccini Leotardi, Marmi di cava rinvenuti ad Ostia e considerazioni sul commercio dei marmi in età romana. In: Scavi di Ostia X, 1979, 41ff. J.B. Ward-Perkins, The Marble Trade and its Organisation. Evidence from Nikomedeia. In: D'Arms u. Kopff, 313ff. Varia: H. Huvelin u. J. Lafaurie, Trésor d'un navire romain trouvé en Méditerranée. Revue numismat. 22, 1980, 75ff. (Geld). D. Mulliez, Notes sur le transport du bois. BCH 106, 1982, 107ff. Seedarlehen: Rougé 345ff. Ders., Prêt et société maritime dans le monde romain. In: D'Arms u. Kopff, 291ff. P. Millett, Maritime loans and the structure of credit in fourth-century Athens. In: Garnsey (Anm. 28), 36ff. Rechtswesen: Rougé 335ff.; 381ff. E.E. Cohen, Ancient Athenian Maritime Courts, 1973. MA 160ff. W. Ashburner, Nómos Rhodiōn nautikós. The Rhodian Sea Law, Nachdr. 1976. A.J.M. Meyer-Termeer, Die Haftung der Schiffer im griechischen u. römischen Recht, 1978. Vgl. auch Anm. 21.

Zeittafel:
Wichtigste Ereignisse früher Seefahrtsgeschichte

9. Jt. v. Chr.	Altsteinzeitliches Fellboot von Husum.
ab 6. Jt. v. Chr.	Neolithische Fahrten nach Melos, Zypern, Kreta.
3. Jt. v. Chr.	Kykladenkultur. Seehandel Sumers mit Indien. Ägyptische Punt-Reisen. Cheops.
2. Jt. v. Chr.	Minoische Thera-Fresken. Trojanische Krieger. Seevölker.
9. Jh. v. Chr.	Erste geometrische Schiffsbilder.
8. Jh. v. Chr.	Phönikische, griechische Kolonisation beginnt. Rammsporn (Til Barsip). Erfindung der Triere (?).
7. Jh. v. Chr.	Kolonisation. Frühetruskische Vasenbilder. Erste Konflikte Karthagos mit Griechen. Korinth wird Seemacht (Periander).
6. Jh. v. Chr.	Samos Seemacht (Polykrates). Perser erobern Ionien. Phokäer unterliegen bei Korsika Karthagern und Etruskern (Alalia). Etruskische Thalassokratie. Entdeckungsreisen (Skylax, Hekataios; Hanno).
5. Jh. v. Chr.	Ionischer Aufstand gegen Perser (Schlacht Lade). Persische Angriffe auf Hellas (Artemision, Salamis). Syrakus schlägt Etrusker (Kyme). 1. Attischer Seebund. Peloponnesischer Krieg (431–404).
4. Jh. v. Chr.	2. Attischer Seebund. Im Westen Erfindung Vierer, Fünfer. Alexander. Nearchos befährt Indischen Ozean. Pytheas in Nordeuropa.
3. Jh. v. Chr.	Diadochenkriege: Großschiffe; Katamarane. Niedergang Athens. Rhodos Seemacht. 1. (264–241), 2. Punischer Krieg (218–201): Rom wird Seemacht,
2. Jh. v. Chr.	auch in Ägäis (Delos wird Freihafen). Ägyptischer Seehandel mit Indien beginnt.
1. Jh. v. Chr.	Pompeius schlägt Piraten. Bürgerkriege in Rom. Caesar in Gallien, Britannien. Octavian nach Sieg Actium (31) Kaiser (Augustus): Pax Romana.
1. Jh.	Seehandel blüht (auch im Indischen Ozean). Großschiffe für Annona. Portus. Römische Flotten auf Nordsee, Rhein, Donau (Dakerkriege Traians).
2. Jh.	Seehandel blüht. Die (friedlich genutzten?) Kriegsflotten bestehen weiter.
3. Jh.	Rhein, Donau durch Germanen bedrängt. Sonderreiche in Gallien, Britannien z. T. unter Flotteneinsatz beseitigt (Constantius I.). Bürgerkriege, Rezession, Inflation schwächen Handel und Wirtschaft.
4. Jh.	„Preisedikt" Diocletians gegen Inflation. Constantin I. schlägt an Dardanellen Licinius (Kleinschiffe). Wachsender germanischer Druck nur zeitweise (Constantin, Iulian) gemindert. Konstantinopel wird Hauptstadt. Agonie des weströmischen Reichs.

Abkürzungen und Sigel

AJA .... American Journal of Archaeology

AM .... Mitteilungen des Deutschen Archäologischen Instituts, Athenische Abteilung

BCH .... Bulletin de Correspondance Hellénique

BSA .... Annual of the British School at Athens

Cristofani .... M. Cristofani, Gli Etruschi del mare, 1983

D'Arms u. Kopff .... J.H. D'Arms u. E.C. Kopff (Hrsg.), The Seaborne Commerce of Ancient Rome. Memoirs American Academy Rome 36, 1980

GOS .... J.S. Morrison u. R.T. Williams, Greek Oared Ships 900–322 B.C., 1968

Gray .... D. Gray, Seewesen. Archaeologia Homerica Kap. G, 1968.

Hdt. .... Herodot

IJNA .... International Journal of Nautical Archaeology

Il. .... Homer, Ilias

Jh. .... Jahrhundert nach Chr.

Jh.v.Chr. .... Jahrhundert vor Chr.

JHS .... Journal of Hellenic Studies

Jt. .... Jahrtausend

Kienast .... D. Kienast, Untersuchungen zu den Kriegsflotten der römischen Kaiserzeit, 1966

MA .... J. Rougé, La marine dans l'antiquité, 1975

MEFRA .... Mélanges de l'École Française à Rome, Antiquité

MM .... Mariner's Mirror

Od. .... Homer, Odyssee

RF .... H.D.L. Viereck, Die römische Flotte, 1975

Rougé .... J. Rougé, Recherches sur l'organisation du commerce maritime en Méditerranée sous l'empire Romain, 1966

SSAW .... L. Casson, Ships and Seamanship in the Ancient World, 1971

Thuk. .... Thukydides, Geschichte des Peloponnesischen Krieges

Wachsmuth .... D. Wachsmuth, POMPIMOS HO DAIMON: Untersuchungen zu den antiken Sakralhandlungen bei Seereisen, Diss. FU Berlin 1967

Sachregister

Urhebernachweis

Die Vorlagen zu den genannten Abbildungen und die Erlaubnis zur Veröffentlichung verdanke ich folgenden Institutionen bzw. Personen:

Foto Alinari (48, 56). – Athen, Akropolismuseum (44); Deutsches Archäologisches Institut (68); Dr. Th. Schäfer (133). – Bologna, Museo Civico (35). – Corinth Excavations (71). – Den Haag, Rijksmuseum Meermanno-Westreenianum (45). – Dijon, Musée Archéologique de Dijon (115). – Glasgow, University Museum, Hunter Coin Cabinet (99). – Karlsruhe, Badisches Landesmuseum (31). – Köln, Römisch-Germanisches Museum/Rheinisches Bildarchiv (111). – L'Aquila, Museo Nazionale degli Abruzzi (97). – London, British Museum/Courtesy Trustees of the British Museum (43, 66, 73, 86). – Lübeck, Dr. D. Viereck (97). – Mainz, Prof. W. Böhler (119); Dr. E. Künzl (30, 132); Mittelrheinisches Landesmuseum (57); Römisch-Germanisches Zentralmuseum (59, 90, 100, 107, 110, 114, 129, 130); E. Walti (79, 120); Fotos des Verfassers: 80, 118, 121. – München, Bayerische Staatsbibliothek (104); Fotoarchiv Hirmer (76, 82); Staatliche Antikensammlungen/ Foto C. H. Krueger-Moessner (70). – Neuchâtel, B. Arnold (112). – Rom, Deutsches Archäologisches Institut (47, 60, 62, 94, 95, 102, 108, 116). – Torino, Museo di Antichità di Torino (128). – Trier, Rheinisches Landesmuseum (113). – Tunis, Musée National du Bardo (54, 65, 103). – Zürich, F. Sternberg (105).

Für die Zeichnungen (Verf.) wurden meist mehrere Vorlagen verwendet, um Unklarheiten möglichst zu vermeiden. Bei unveränderter Übernahme von Abbildungen aus der Literatur ist der Urheber in der Legende genannt. Dasselbe gilt für Pläne, die z. T. die Erkenntnisse mehrerer Autoren berücksichtigen.

Besonders danke ich dem Eigentümer jener attischen Kanne (Fotos: F. Brommer, Odysseus [1983] Taf. 33b; 34), deren Hauptbild (72) ich nach dem Original zeichnen und vorlegen durfte.

Buchanzeigen

Geschichte der Seefahrt
und der Entdeckung der Welt

Elfriede Rehbein
Zu Wasser und zu Lande
Eine Geschichte des Verkehrswesens von den Anfängen bis
zum Ende des 19. Jahrhunderts
1984. 232 Seiten mit 171 Abbildungen, davon 10 in Farbe,
sowie 1 Karte. Leinen

National Maritime Museum
Das Britische Schiffahrtsmuseum in Greenwich
bei London
Herausgegeben von Basil Greenhill. 1982. 144 Seiten mit
330 Farbabbildungen. Broschiert (Museen der Welt)

Friedrich-Karl Kienitz
Das Mittelmeer
Schauplatz der Weltgeschichte von den frühen Hochkulturen bis
ins 20. Jahrhundert
1976. 345 Seiten mit 24 Abbildungen. Leinen
(Beck'sche Sonderausgaben)

Die Entdeckung und Eroberung der Welt
Dokumente und Berichte
Herausgegeben von Urs Bitterli
Band I: Amerika, Afrika. 1980. 354 Seiten und 8 Karten. Leinen
Band II: Asien, Australien, Pazifik. 1981. 364 Seiten und 8 Karten. Leinen
(Beck'sche Sonderausgaben)

Die großen Entdeckungen
Herausgegeben von Matthias Meyn, Manfred Mimler,
Anneli Partenheimer-Bein und Eberhard Schmitt
1984. XIX, 659 Seiten mit 21 Karten. Leinen
(Dokumente zur Geschichte der europäischen Expansion.
Herausgegeben von Eberhard Schmitt. Band 2)

Verlag C.H.Beck München

Kultur und Geschichte der Antike

John Boardman
Kolonien und Handel der Griechen
Vom späten 9. bis zum 6. Jahrhundert v. Chr.
1981. 367 Seiten mit 313 Abbildungen und 6 Karten. Leinen

John Gray Landels
Die Technik in der antiken Welt
3., durchgesehene Auflage. 1983. 276 Seiten mit 85 Abbildungen.
Leinen (Beck'sche Sonderausgaben)

Michel Austin und Pierre Vidal-Naquet
Gesellschaft und Wirtschaft im alten Griechenland
1984. XVI, 344 Seiten mit 4 Karten. Broschiert

Frank Kolb
Die Stadt im Altertum
1984. 306 Seiten mit 40 Abbildungen. Leinen

Moses I. Finley
Die Sklaverei in der Antike
Geschichte und Probleme
1981. 242 Seiten. Leinen

Kenneth J. Dover
Homosexualität in der griechischen Antike
1983. 244 Seiten mit 108 Abbildungen. Leinen

Robert J. Hopper
Handel und Industrie im klassischen Griechenland
1982. 282 Seiten mit 13 Abbildungen. Leinen

Verlag C.H.Beck München